YSÉ TARDAN-MASQUELIER

L'ESPRIT DU YOGA

Albin Michel

ESPACES
libres

Spiritualités vivantes

L'ESPRIT DU YOGA

ESPACES
libres

Je dédie ce travail à mes amis de la rue Aubriot ;
qu'ils trouvent au fil de ces pages
l'écho de notre quotidien
si dense et vivant grâce au yoga.

Préface

Il y a une vingtaine d'années, le père Jean Vernette, aujourd'hui décédé, eut le projet d'une collection d'études autour des phénomènes spirituels contemporains. Il me demanda un livre, paru aux éditions Droguet et Ardant en 1991, sous le titre *Le Yoga, du mythe à la réalité*. En 1995, il ressortait, sous le simple titre *Le Yoga*, avec quelques ajouts, aux éditions Plon-Mame qui avaient repris la collection.

Cet ouvrage me semble aujourd'hui en grande partie dépassé. Des évolutions, sensibles aussi bien en Inde qu'en Europe ou qu'aux États-Unis, ont modifié à la fois l'enseignement de la pratique et le paysage social dans lequel elle s'inscrit. Évolutions internes : le yoga est mieux connu, enseigné de manière plus cohérente et sa littérature fondatrice est plus largement, plus scientifiquement traduite. Évolutions du contexte : nos modes de vie changent et ce que nous demandons à cette discipline millénaire venue de l'Inde se transforme à mesure. Il y a donc beaucoup à dire de nouveau, et c'est un autre livre qui sort de ces constats.

À cela s'ajoutent des considérations plus personnelles. Je n'ai cessé de réfléchir au croisement de chemins intellectuels, et cela m'a conduite à des engagements parallèles et divers. Enseignant l'histoire comparée des religions, je suis confrontée aux paradoxes d'une « ultramodernité » qui réclame de la spiritualité, et de religions qui sont facteurs de paix et de violence à la fois. Chargée de cours sur l'hindouisme, je m'efforce d'offrir une approche généraliste de ses grandes phases historiques et de ses concepts fondamentaux[1]. Outre cet enseignement universitaire, le yoga tient une grande place dans ma vie. Sa pratique familière depuis longtemps s'est ouverte sur des responsabilités culturelles et administratives : présidence de la Fédération nationale des enseignants de yoga (FNEY) de 1981 à 1992, direction de l'École française de yoga (EFY)[2] depuis 1984. Le contact humain, avec les enseignants, les étudiants en formation et les pratiquants, les tâches d'édition – *Revue française de yoga*, livres issus de colloques –, l'animation d'une équipe aux compétences nombreuses font la richesse de ce quotidien. J'ai longtemps éprouvé la difficulté de travailler en même temps dans l'institution universitaire et à sa marge. Cet écart m'a pourtant appris qu'entre la recherche en sciences humaines et les quêtes de ce qu'il est convenu d'appeler le « grand public », un déficit de communication bien dommageable existait. Cette constatation rencontra une intuition analogue chez mon ami Frédéric Lenoir, sociologue auteur d'une thèse sur le bouddhisme en Occident. Elle nous incita à réaliser deux entreprises collectives : l'*Encyclopédie des religions* et le *Livre des sagesses*, qui reposent sur l'équilibre entre savoir universitaire et vulgarisation au meilleur sens du terme.

Au fil de ce parcours et de ces constats, des aspects nouveaux me sont apparus, en ce qui concerne les traditions indiennes du yoga aussi bien que leurs réinterprétations dans une société en pleine mutation, et les fonctions autres qu'elles y remplissent. C'est pourquoi j'ai préféré, à la paresse d'une simple réédition, un remaniement complet à la lumière de ces avancées.

Ce livre n'est pas un manuel de yoga ; il n'explique pas comment on doit faire du yoga, mais tente de saisir pourquoi on en fait : quel est le sens ? quelle est la finalité ? D'ailleurs, des manuels de yoga, il en existe d'excellents – de très mauvais aussi, hélas ! – et, en réalité, le yoga s'apprend moins dans les manuels qu'au contact d'une personne vivante et formée.

Ce livre n'est pas non plus une « défense et illustration du yoga ». Évidemment, je considère le yoga comme une merveilleuse sagesse, surtout par nos temps troublés. Mais je ne partage pas le goût de la célébration qui caractérise souvent la littérature contemporaine sur cette belle pratique. Que les écrits indiens la sacralisent, c'est le fait de tout langage traditionnel, que l'on retrouve dans les vies des maîtres spirituels et qui constitue l'un des modes majeurs de la transmission, en Orient ou ailleurs. Mais que nous renoncions à ce qui fait la richesse et l'inconfort de notre évolution intellectuelle – le questionnement, le regard distancié sur les contextes et les interprétations –, cela me semble un parti intenable aujourd'hui.

Mon premier essai avait pour sous-titre « Du mythe à la réalité ». Je l'entendais en un double sens. D'abord au sens où le passage du yoga à la modernité occidentale repose sur un changement du discours et des significations. Des faits, gestes et écrits des grands yogis au développement d'un métier défini par la compétence professionnelle, il y a loin. Toute fidélité n'est pas impossible, mais elle doit prendre acte de cet écart historique, accepter cette coupure qui nous a faits différents. Cela n'est pas seulement vrai de la mise en pratique du yoga, mais de celle des grandes sagesses antiques : le « Connais-toi toi-même » de Socrate ou le bonheur selon Aristote ne sont pas inapplicables, mais après Freud, comment se croire disciple de Socrate ou d'Aristote sans réinterpréter de l'intérieur tous leurs concepts ? Le même exercice inévitable concerne le legs de l'Inde et nécessite, même si cela est douloureux, de renoncer au projet d'enseigner un « yoga traditionnel », un yoga qui serait comme en Inde autrefois. Cette part de mythe qui auréole notre discipline doit donc céder la place à un réel guidé par la recréation des sources, au vif de notre tissu social, participant d'un engagement ici et maintenant. Le deuxième sens que j'assignais à ce sous-titre me faisait devoir de débarbouiller le yoga de toute une mythologie qui rebute, à raison, un certain nombre de personnes réfléchies. Cette mythologie est solidaire des conditions dans lesquelles la diffusion du yoga vers les pays d'Occident s'est accomplie. Les théosophes du XIXe siècle, les gurus néohindous, les hippies des sixties ont puisé en lui les éléments d'une contre-culture protestataire : méfiance envers le mental, réhabilitation du corps et de l'émotion, idéologie de la non-violence, réincarnation du principe spirituel, thérapie initiatique. Cette nébuleuse d'idées réactives à une modernité trop peu humaniste s'inscrit dans le projet légitime d'un « réenchantement du monde ». Elle produit encore des effets profondément positifs, mais son influence sur l'image du yoga est ambiguë, et elle se défait difficilement d'un ésotérisme désuet, inadapté aux défis que nous avons à relever aujourd'hui.

Je vois maintenant ces réflexions, déjà anciennes, sur un certain imaginaire qui s'empare du yoga comme un travail d'approche de ce qu'est réellement l'« esprit » de cette voie. Ce nouveau livre tente en effet d'aller plus loin dans le discernement, de mieux définir l'optique dans laquelle on peut entendre des propos contemporains et européens sur une sagesse millénaire venue de l'Inde. Le mot « esprit » m'a paru le plus propice à éveiller des échos de cette réciprocité entre modernité et tradition, entre Orient et Occident.

D'abord, l'esprit transcende la lettre. Quand on a compris l'esprit d'une sagesse, on en a perçu l'essentiel. On peut alors la véhiculer partout, dans le temps et l'espace, sans risque de la perdre, car la fidélité en esprit, issue d'une recréation de l'intérieur, reste ancrée à l'essentiel. Pour autant, il serait mal venu de mépriser les formes historiques, car l'« esprit » ne peut s'exprimer que par la « lettre », la médiation d'un langage, d'une situation culturelle. C'est au fond le paradoxe de toute transmission, et pas seulement de celle du yoga : il est impossible de se passer des traditions, au risque de bricoler dans l'incohérence, mais on ne peut s'en tenir à elles, sous peine de figer ce qui doit circuler, transiter d'un être à un autre. Dans cette perspective, j'irai jusqu'à penser que nos formes actuelles de yoga passeront comme bien d'autres, mais que la place assignée à une sagesse qui s'incarne dans une expérience consciente du corps, elle, ne passera pas.

S'il faut donner une autre raison à ce titre, je dirai que « esprit » convient particulièrement bien à « yoga », puisqu'il trouve son origine dans le mot latin *spiritus*, lui-même formé sur la même racine qui a donné le verbe « respirer ». La parenté de l'esprit et du souffle court à travers bien des pages de ce livre, car elle « inspire » toute pratique de yoga authentique.

Enfin, l'« esprit du yoga », c'est aussi une certaine vigilance lumineuse, intense chez les grands spirituels, mais qui peut s'éveiller chez chacun d'entre nous, à sa mesure. Ce qui est de l'ordre de l'esprit est clair, délesté des considérations inutiles, détaché des confusions et des complications auxquelles nous réduisons souvent l'activité de la pensée. C'est une forme de simplicité, de présence à soi et aux autres, qui peut se découvrir sur un tapis de yoga. Cet esprit-là ne s'oppose pas au corps, bien au contraire il s'incarne et fait l'expérience de la vie à travers ce corps, qui devient ainsi son médiateur.

Telles sont quelques-unes des significations que le mot « esprit » abrite et met en écho pour celui qui pratique le yoga.

J'ai pensé qu'il fallait commencer par envisager le yoga ici et maintenant, et donc par offrir un tour d'horizon sociologique depuis l'observatoire privilégié que constituent les institutions où je travaille – FNEY et EFY. C'est ensuite seulement que je donnerai toute sa place à la longue évolution du yoga en Inde. Vu l'énormité de la tâche, j'ai pensé diviser la documentation en référence à un moment central, celui de la rédaction des *Yoga Sûtras*. Il y a en effet un « avant » et un « après » les *Yoga Sûtras* : ce traité fondateur rassemble en une structure des connaissances antérieures diffuses, puis à partir de lui se déploie un éventail d'enseignements, de commentaires, de pratiques. Ensuite, autour du mot « sagesse », je voudrais mettre en regard l'héritage de ce grand texte et les recréations contemporaines, montrer que la fidélité aux anciennes expériences de soi et du monde prend sens dans une réinvention continuelle, vivante, porteuse de valeurs pour aujourd'hui. Enfin, je ne me soustrairai pas à la nécessité de poser des questions de fond qui naissent de la place que le yoga, discipline venue d'Orient, occupe désormais dans notre vie. Est-il un genre de « nouveau mouvement religieux » ? Est-il si étroitement lié à l'hindouisme qu'il faille, le pratiquant, adopter une vision hindoue de l'homme et du divin ? Des chrétiens, des juifs, des musulmans peuvent-ils pratiquer la méditation selon le yoga sans introduire dans leur foi des éléments étrangers ? Toutes ces questions sont délicates, et je n'ai pas de position définitive sur beaucoup d'entre elles. Elles ne concernent finalement pas seulement le yoga, mais le rapport que nous entretenons avec l'autre, différent, dans un monde de contacts et d'échanges. Mon but n'est pas de jeter l'anathème sur telle ou telle forme de pratique, mais d'ouvrir un espace de réflexion. Après tout, si le yoga fait aujourd'hui partie de notre culture, c'est qu'il correspond à des expériences humaines qui méritent respect et considération.

CHAPITRE I

État des lieux

Je vais commencer par raconter ce que j'ai vu, ce que je vois quotidiennement, soit à travers les médias, surtout la presse écrite, soit encore dans la mouvance de certains groupes que je ne fréquente pas – pour des raisons qui paraîtront évidentes au fil de ces pages – mais dont je connais l'existence. Ma première constatation, c'est que le yoga aujourd'hui en Europe est totalement intégré à notre société, mais qu'il n'a pas encore tout à fait cessé de faire figure d'exotisme. Nous l'avons adopté, en avons modulé les formes selon nos rythmes, qui ne ressemblent guère à ceux de l'Inde traditionnelle, et nos approches de la relation interpersonnelle dans lesquelles la transmission de maître à disciple a quasiment disparu. Il y a donc une nouvelle étape dans l'histoire du yoga, marquée par la rupture d'avec son contexte culturel premier, et qui engendre un yoga européen moderne. Cette transplantation d'un univers social et mental dans un autre est périlleuse. À quelles perversions cette opération peut donner lieu, à quelles projections elle sert de support, du désir de pouvoir aux erreurs de jugement les plus primaires, je ne le cache pas. Mais j'ai aussi le sentiment de toucher à une phase de notre civilisation, avec ses oscillations entre certitudes technologiques et angoisses métaphysiques, une civilisation en mal d'une sagesse.

Un « état des lieux » entend le « vrai ». Mais il suggère toujours autre chose, et il forme le support de l'imaginaire pour le spectateur. Ici nous serons entre réalité et représentation : ce que l'on fait du yoga, ce que l'on en dit, ce que l'on en attend, ce que l'on redoute. Et nous constaterons que le yoga est souvent mis à mal, non sans raisons parfois, au royaume de l'image !

I.

Le yoga, miroir d'une société en mutation

Le yoga constitue, selon l'expression consacrée, un « phénomène de société ». Il révèle les failles d'un tissu social, ses points de fracture, les lieux où s'insinuent des déviations de son humanisme, mais par où pénètrent aussi les idées nouvelles, impulsant une créativité qui apparaît comme marginale en regard des institutions, finissant cependant par les vivifier. Le yoga, en tant que pratique, n'est qu'un moyen ; sa forme reste donc tributaire des milieux et des périodes dans lesquels il s'implante. On ne peut pas, à proprement parler, employer le terme d'« adaptation » pour décrire ce processus : « adapter » indique l'intention consciente de choisir, dans un ensemble considéré comme traditionnel et purement indien, des éléments censés convenir à l'homme d'Occident, et transformés pour entrer dans le cadre de ses habitudes de vie et de pensée. Or un tel projet émane d'une ou de plusieurs personnes qui, même expertes, projettent leur propre subjectivité dans l'idée qu'elles se font des fidélités et des innovations nécessaires. Ici, nous cherchons plutôt à saisir une évolution involontaire, née de besoins mal identifiés, mais d'autant plus forts. En abordant à la fois les impasses stériles et les attentes fécondes, c'est le portrait de notre société que nous ferons. Plutôt que de désigner des groupes qui véhiculeraient une vérité, et d'autres que l'on pourrait considérer comme déviants par rapport à celle-ci, j'ai préféré demeurer dans une optique sociologique, pour repérer en quoi même ceux qui proposent des conduites évidemment corrompues sont solidaires d'une époque de mutations où cohabitent faux mythes et quêtes authentiques. Autrement dit, il n'y a pas un « mauvais » et un « bon » yoga, il y a un monde moderne en crise d'identité, et qui s'égare ou se redécouvre à travers une pratique venue d'ailleurs, apte peut-être à lui permettre d'inventer de nouvelles règles de vie.

1. Ambiguïtés et déviations

Une lecture régulière de la presse, qui parle peu du yoga et qui, lorsqu'elle le fait, n'est pas toujours tendre, nous apprend beaucoup sur les incapacités de notre quotidien à prendre en charge certains désirs infantiles pour les faire mûrir à l'épreuve de la réalité. Ce ne sont généralement pas les journalistes qu'il faut mettre en cause, mais plutôt la méconnaissance de ces aspirations qui, alors, se perdent dans des voies peu défendables au regard de l'intelligence et de la liberté de la personne humaine. Quatre exemples très typiques se présentent à nous, ils requièrent des observateurs autant d'humour que de sérieux – on les trouvera d'ailleurs classés par ordre croissant de gravité.

Le fakirisme, ou devenir Superman

Le goût du merveilleux demeure enraciné dans l'âme du scientiste ou de l'athée le plus certain de ses convictions ; faire ou voir faire des choses extraordinaires est un bonheur dont on ne se lasse pas, et apparemment on attend aussi du yoga qu'il réponde à ce besoin.

Nice Matin, le 17 août 1985, donne ainsi cette information affligeante : « Le champion des fakirs est lillois : un fakir, couché sur des tessons de bouteilles, a supporté pendant près de 9 secondes, jeudi près de Lille, la pression sur son corps de 1 700 kg, ce qui constituerait un nouveau “record du monde”. Le fakir “El Moudji” était allongé sous un tremplin de 200 kg sur lequel était placée une voiture de plus de 1 400 kg à bord de laquelle quatre hommes avaient pris place, jeudi, au parc d'attractions de Lomme, près de Lille. “El Moudji”, un Nordiste de 22 ans, a déclaré après son exhibition, se sentir “très bien”. Il affirme qu'au cours d'un tel exploit “on ne pense à rien, grâce à une très forte concentration qui emporte tout et qu'il parvient à obtenir en pratiquant quotidiennement quatre heures de yoga”. »

La Voix du Nord, quant à elle, se fait l'écho, le 17 octobre 1985, d'une soirée intitulée « Du fantastique à l'insolite », à laquelle participait le « yogi » Coudoux : « Ce superbe athlète de 1,85 m et 80 kg, qui maîtrise parfaitement sa respiration et affiche une parfaite sérénité, a expliqué que son corps ne souffrait nullement quand, au prix de contorsions fantastiques, il réalisait des “postures”. Essayez donc de vous gratter l’oreille gauche avec le gros orteil du pied droit en passant la jambe, bien sûr, derrière la tête ; ou encore de rentrer par une petite porte dans une cage hermétique de 56 cm de hauteur, 40 cm de largeur, et 41 cm de profondeur ! À n’en point douter, le yogi a fait preuve, samedi soir, d’une grande souplesse mais également d’une certaine technique, surtout en ce qui concerne la maîtrise du rythme cardiaque. Il paraît que c’est son lot quotidien et qu’il aime cela ! »

Ailleurs, pour annoncer l’ouverture d’un cours de yoga, on peut lire l’information suivante : « En élargissant les horizons de votre conscience, vous pourrez faire ce que vous voudrez de votre vie, vous deviendrez votre propre maître » (*Le Provençal*, 28 septembre 1985).

Il y a beaucoup plus drôle. Lors d’un séminaire d’enseignants de yoga (où on ne se grattait pas l’oreille gauche avec l’orteil droit, même si certains pouvaient le faire sans difficulté), j’ai reçu la visite d’un monsieur, d’origine australienne, je crois, momentanément employé comme illusionniste par le casino de la ville où nous nous trouvions. Il espérait diffuser dans notre groupe sa philosophie – puisque yogi il se déclarait – et me laissa à cet effet un prospectus rose au sigle de la SARL qu’il avait créée et qui répondait au doux nom de Miracles unlimited. Il nous y conviait à un « *metaphysical luncheon* » au cours duquel il nous ferait partager ses expériences d'aller-retour pour l'éternité (« *travels to eternity and back* »).

La tendance à faire du yoga le plus court moyen de créer l'événement convient particulièrement bien à ceux qu'on appelle les « gens du spectacle » et qui se trouvent parfois dans l'obligation de découvrir le « truc magique » qui les rendra encore plus performants. Même de très bons acteurs se laissent séduire par cette réduction purement utilitaire d'une discipline qui pourrait leur apporter beaucoup plus. Ainsi, le père Ralph de Bricassart, incarné par Richard Chamberlain dans le feuilleton télévisé tiré du célèbre roman *Les oiseaux se cachent pour mourir*, accordait-il toute sa confiance à Brigh Joy, son médecin californien : « Brigh est capable de vous transformer en Superman. Il m'a fait découvrir la méditation, le yoga » (*France-Soir*, 3 octobre 1985). Le yoga a d'ailleurs bonne réputation auprès de beaucoup de stars. Odette Laure, vedette du *Viager*, disait que « sa forme physique quasi olympique, elle la [devait] beaucoup au yoga », bien que pour le reste elle préférait le rire : « La concentration, c'est bidon. Ça donne des acteurs angoissés, nerveux. Rien ne vaut un bon éclat de rire avant d'entrer en scène. » Ce qui est vrai… du moins pour l'usage du rire. Depuis, on a carrément inventé le « yoga du rire » : « Ce soir on (s')éclate de rire. Une thérapie d'origine indienne, qui débute par une série de mouvements empruntés au yoga » (*Le Nouvel Observateur*, 13 novembre 2003).

Dans l'esprit du public, malheureusement, l'aspect un peu magique et très exotique demeure d'autant plus auréolé de mystère que quelques

« yogis » ont le goût de la publicité et convoquent des journalistes afin de leur présenter des réalisations, exactement comme des illusionnistes montrant leurs tours. Ces prodiges n'ont évidemment de yoga que le nom, mais ce qui crée la confusion, c'est que certains exercices énergétiques ont été tirés du yoga et, cultivés unilatéralement pour eux-mêmes, privés de la symbolique qui les sous-tendait. Comme si un gymnaste, au lieu de développer harmonieusement son corps, ne faisait que travailler pendant des années un bras, obtenant de lui des performances inouïes, mais créant un déséquilibre pathologique… Un exemple, typique, est fourni par la démonstration publique de lévitation qu'a tentée en août 1986, avec ses élèves, Maharishi Mahesh Yogi, le fondateur de la « méditation transcendantale », une pratique prétendument dérivée du yoga indien classique. Même lorsqu'ils ne les soupçonnent pas de trucage, les journalistes conviés ont répondu par un scepticisme caustique, mais non dénué d'humour. Qu'on en juge plutôt par le simple énoncé des titres et sous-titres : « Une assomption au ras des pâquerettes. Avez-vous essayé le "vol yoguique" ? On décolle assis, jambes croisées. Excellent pour les abdominaux, le vol proprement dit reste extrêmement court » (*Le Matin*) ; « Yogi soit qui mal y pense. Il y a les ULM à Couhé-Vérac. Et les champions de la lévitation à Asnois. Un petit bond pour l'homme, un grand bond pour l'humanité… » (*Nouvelle République du Centre-Ouest*) ; « Le yoga volant, c'est champion » (*Libération*) ; « La violence ? Il vaut mieux léviter. Le "vol yoguique", une technique qui, selon Mahavishi

Mahesh (*sic*), devrait conduire le monde à la paix » (*Libération*, encore) ; « N'évitez pas ceux qui lévitent » (*Jeune Afrique*). On comprend les journalistes d'être goguenards…

Évidemment, ces bons mots sont faciles et féroces, mais ils sanctionnent une tendance paranoïaque à se servir du yoga pour entretenir le mythe de la performance et le goût du spectaculaire, deux orientations tout à fait contraires à son esprit, fait de non-compétition et d'intériorité. Le fakir, l'acteur capable d'exercices extraordinaires, l'illusionniste, incarnent un rêve : s'ils font ce qu'ils font grâce à une intense pratique, pourquoi pas moi à condition que mon assiduité égale la leur ? D'autant plus que leur réussite plaide pour l'efficacité de la discipline en question. Les *Yoga Sûtras*, le premier grand traité qui n'a pas loin de deux mille ans et que l'on invoque selon des interprétations fort diverses, proposent tout de même, sur ce point, une réponse sans appel : « C'est en renonçant à ces pouvoirs eux-mêmes que l'homme détruit l'imperfection dans son germe et atteint la libération, car se complaire dans cette situation supérieure et céder à la convoitise et à l'orgueil, ce serait tomber dans le malheur » (III, 50-51).

Aujourd'hui se développent aux États-Unis des formes moins spectaculaires et moins débiles, mais non moins pernicieuses. Le *power yoga* porte bien son nom : il faut être tonique, dynamique ; il faut transpirer pour que cela en vaille la peine. Mais cela vous donne un « corps fort, beau et sain ». « Une heure de *power yoga* équivaut, en ce qui concerne la réponse musculaire, à sept à dix heures d'aérobic » (*Santé Yoga* n° 40, mai 2004). C'est le yoga des stars, qui doit sa notoriété à Madonna et à Sting. Parfois on fait du *hot yoga*, dans une salle surchauffée, car, paraît-il, la musculature à température élevée s'étire beaucoup plus facilement. Le culte de la performance est bien vivant, et il continue de nous arriver de l'autre côté de l'Atlantique !

Douce non-violence

L'attitude de non-violence a été l'une des révélations que l'Inde a faites à l'Occident, mais son mode d'emploi n'est pas toujours bien appliqué. Oubliant que Gandhi comme Aurobindo ont fait de la prison et ont déclenché des conflits qu'ils croyaient justifiés, beaucoup de non-violents recherchent cette bienheureuse et illusoire paix où tous les risques de conflagration semblent avoir disparu, non pas parce que l'on arbitre, mais parce que l'on cède. La non-violence vis-à-vis de l'autre requiert une extraordinaire fermeté, mais on peut observer qu'elle est rarement comprise comme telle ; elle consiste bien souvent à abandonner ses propres opinions pour s'habituer à une attitude de neutralité où l'on ne sait plus très bien soi-même ce que l'on est.

La non-violence vis-à-vis de soi-même n'est pas mieux interprétée ; sous un même étendard sont souvent confondus lâcher-prise et laisser-aller. Il suffit, pour s'en rendre compte, de voir l'air étonné des profanes à qui l'on affirme que le yoga nécessite une musculature ferme, une volonté sans faille et une pensée droite. En réalité se cache là-dessous une illusion aussi vivace que pernicieuse, celle de la découverte d'une technique qui permettrait de se transformer sans peine. Bien souvent, pratiquer la non-violence vis-à-vis de soi équivaut à ne se demander aucun effort, à ne pas se bousculer. Ainsi, Ali Mac Graw, l'héroïne de *Love Story*, après avoir sacrifié sans succès aux rites épuisants des salles de musculation, a-t-elle choisi de se rééquilibrer par le yoga. Pour en faire profiter un large public, elle a réalisé une superbe cassette vidéo dans le désert de l'Arizona. Tout en blanc sur un sable blanc pur, elle incarne la facilité et la sérénité retrouvées. La cassette, diffusée en France en 1995, n'a d'ailleurs pas séduit un large public.

Enfin, la prétendue « non-violence » voile aussi un désir fusionnel, souvent érotique, d'intimité sans faille, sans distance avec soi-même et avec les autres. C'est peut-être ainsi que l'on peut expliquer l'étonnante expression d'un professeur de danse qui a créé un amalgame baptisé « yoga-danse » et qui, célébrant la douceur particulière de cette nouvelle discipline, dit à une journaliste : « C'est un peu comme un câlin à l'intérieur du corps » (*Médecines douces*, septembre 1985).

Il est vrai que le yoga, grâce à l'attention extrêmement fine portée aux sensations, induit une conscience du corps très agréable, légère, détendue, mais rares sont ceux qui y accèdent sans un effort opiniâtre pour dissoudre les tensions, négocier avec elles dans telle posture difficile, restructurer un dos dissymétrique, rassembler un mental dispersé, pacifier une respiration saccadée… L'erreur, ici, plus grave que de faire du yoga un spectacle, serait de penser qu'une transformation globale de la personne s'obtient sans travail, et qu'abandon signifie démission. L'homme occidental cherche impatiemment à sortir du carcan d'activisme et de volontarisme dont il a souffert depuis plusieurs générations. Il a tendance à croire qu'en Extrême-Orient, on fait très peu usage de la volonté, car il ne la reconnaît pas sous un aspect intériorisé et serein. Ce qui lui semble donc attirant dans le yoga, c'est sa réputation de facilité qui le fait assimiler à une forme millénaire de relaxation. Sans être entièrement fausse, cette approche très édulcorée ne permet malheureusement pas d'avancer très loin dans son évolution personnelle.

Guérir, être guéri

On cantonne souvent le yoga dans un culte du « bien-être-dans-sa-peau » qui montre à la fois le besoin qu'a notre génération de mieux s'incarner, de renouer avec la dimension corporelle, et sa méfiance des spiritualités et des métaphysiques. La « philosophie » des stars californiennes du mieux-vivre diffère de celle des mouvements hippies qui, il y a quarante ans, avaient enrôlé le yoga dans les rangs de leur révolution pacifiste. La tendance actuelle privilégie non seulement l'esthétique, le corps-spectacle, mais la santé, l'autoconservation de toutes ses énergies contre la drogue, la pollution, la maladie. Il n'est donc pas rare de voir le yoga classé parmi les techniques à visée thérapeutique. Tantôt il apparaît comme une super-gymnastique, tantôt comme un remède naturel à toutes sortes de maux : la constipation due à la sédentarité, la colite consécutive à la suralimentation, les troubles respiratoires et nerveux imputables à la difficulté de s'accorder à son environnement et de maîtriser ses conditions de vie. Et il est bien évidemment vrai que le yoga propose une alternative satisfaisante à la persistance ou au retour chronique de ces affections psychosomatiques. Est-ce une raison suffisante pour se contenter de le voir, dans les salons consacrés au mieux-vivre, siéger entre la voyance, les phénomènes paranormaux, les bains de siège et les pots de miel ?

Plus intelligemment, la revue *Santé Yoga*, fondée par un groupe de presse essentiellement axé sur la santé, s'inscrit dans ce créneau qui idéalise le yoga comme thérapie et en même temps le réduit à cette seule fonction. Sa lettre promotionnelle de 2004 déclare : « S'il existe de nombreuses recettes pour garder la santé, ou la retrouver quand la maladie vous a frappé, aucune, comme le yoga, ne peut se prévaloir de trois mille années d'expériences et de succès. Le yoga est la seule médecine qui convient à tout le monde. Et, à la seule condition de pratiquer régulièrement, vous pouvez vraiment, efficacement, empêcher la maladie de s'installer. On peut commencer le yoga à tout âge. C'est la science qui vous apporte la force et la souplesse, la santé physique, morale et mentale. C'est le meilleur ami de l'homme ! La plupart des systèmes thérapeutiques ont leurs partisans et leurs détracteurs. Par contre, le yoga, s'il compte beaucoup d'amis, n'a jamais reçu, de personne, le moindre reproche ! »

Ici, le mythe de la non-nuisance soutient le besoin thérapeutique, pour créer ce produit récent, hautement valorisé par des malades que les médecines lourdes ont intoxiqués : une thérapie non violente, une « médecine douce ». Il y a là un malentendu dans la mesure où le yoga n'a pas pour projet ou pour visée de soigner quoi que ce soit. Mais il se trouve que, d'une part, en agissant à sa manière propre, en conséquence, il rétablit des équilibres perturbés ; et que, d'autre part, il a déclenché chez certains médecins une réflexion sur la nocivité des thérapies agressives. La participation du yoga à l'élaboration d'une autre vision de la maladie et de la santé est en réalité à placer à son actif. En effet, la réinsertion de la personne dans son corps et la logique synthétique ou globalisante du yoga sont parmi ses apports fondamentaux : raison supplémentaire pour protester contre ces énumérations et cohabitations totalement incohérentes ! Ou pour refuser qu'une voie d'évolution se réduise à une panoplie de « trucs » qui guériraient d'autres « trucs » dans l'être humain. Des « trucs » comme, par exemple, la peur en avion : « Merci docteur, je n'ai plus peur en avion », titre *Le Figaro Magazine* du 5 octobre 1985. De l'article, je ne citerai que le paragraphe suivant : « La technique de relaxation du Dr Muret s'inspire directement du yoga. “Faites d'abord le vide dans votre esprit, explique-t-il, tête en arrière, respirez profondément, les mains tendues, les doigts écartés, comprimez et relâchez les abdominaux et soufflez, la bouche grande ouverte[1].” »

Il paraît aussi que les médecins ont préconisé le yoga dans les cas de dysérections ; c'était lors des onzièmes Journées annuelles de la Société française de sexologie clinique (voir *Le Panorama du médecin*, 6 novembre 1985). En ce qui concerne le « sevrage tabagique », on peut maintenant proposer toute une panoplie, « du chewing-gum nicotiné au yoga » (*Tonus*, 8 octobre 1985). « Comment chasser la cigarette de sa vie ? » s'interroge *La Dépêche du Midi* (21 octobre 2003), et son tour d'horizon énumère les gommes et timbres à la nicotine, l'homéopathie, l'hypnose, le yoga, etc.

Enfin, il serait tout à fait égoïste de limiter les bienfaits du yoga à la seule espèce humaine. Étant donné que les chats et les chiens, dans les énormes métropoles modernes, sont stressés, déprimés, angoissés, Shigenori Masuda, yogi et psychiatre, a mis au point une méthode spécialement conçue pour eux (*VSD*, 22 mai 1988). Depuis lors, une professeure de yoga américaine, Suzi Teitelman, a inventé le *doga* et des cours sont proposés dans Central Park aux meilleurs amis de l'homme (*Biba*, novembre 2003). Il paraît qu'une chaîne de clubs de gym, Crunch, a intégré, dans plusieurs de ses établissements, des cours hebdomadaires de *doga*. « Les maîtres participent également, car ces sessions sont censées leur apprendre à mieux communiquer avec leurs animaux de compagnie. » Et les journalistes de se gausser : « En général une séance commence par un exercice de concentration où les "oom oom" des humains se mêlent aux "ouaf ouaf" des canins » (*Le Matin*, 2 décembre 2003). Même si ces initiatives ne font de mal à personne, avouons que la sagesse indienne est un peu loin !

Plus dangereux sont ceux qui, par conviction personnelle ou par souci de publicité, laissent croire qu'ils peuvent assumer la fonction de thérapeute sans avoir reçu de véritable formation – quelle qu'elle soit, moderne ou traditionnelle, occidentale ou orientale. On ne répétera jamais assez que le yoga ne doit pas servir d'alibi à ceux qui ne vivent que pour soigner les autres, pour les guérir physiquement, psychiquement et spirituellement, en les faisant adhérer à leur système de pensée, même avec les meilleures intentions du monde. Tôt ou tard, des failles se révèlent, qui vont parfois jusqu'à l'illusion de penser que le cancer ou le sida seraient vaincus par des pratiques tirées des postures, des exercices du souffle et de méditation avec support d'images ou de formules… Hélas ! Entretenir de telles espérances s'avère irréaliste, et donc criminel ; c'est une attitude tout à fait typique de notre société actuelle qui s'efforce d'abolir la maladie et, ayant fait tant de progrès, retombe parfois dans une mentalité magique, pour laquelle ce que la science ne peut accomplir est réalisé par des moyens dits « subtils », sans qu'on sache très bien le contenu recouvert par ce mot. Sans nier l'importance primordiale et oubliée d'une hygiène de vie globale dont le yoga constitue un merveilleux support, il faut en même temps et fermement affirmer qu'il ne fait pas de « miracles », et que jouer, même inconsciemment, avec le dénuement de personnes très malades va totalement à l'encontre de sa déontologie véritable. Ne pas nuire ne consiste pas d'abord à tenter de guérir, mais à permettre à l'élève de s'assumer librement ; être vrai implique de débusquer en soi-même ses croyances erronées afin de ne pas les communiquer à autrui. Sur des bases saines, ainsi définies, la collaboration entre professeurs de yoga et praticiens de la santé peut offrir des résultats significatifs.

L'esprit de secte

L'observation, très superficielle, de notre actualité socioculturelle nous donne à voir une incroyable coexistence de contraires dans le même milieu, voire chez le même individu. D'une part, un matérialisme scientifique, dont l'unique credo consiste à n'adopter que ce que l'on tient pour vérifiable, reproductible et explicable. D'autre part, une attirance qui va jusqu'à la fascination pour le surnaturel – un surnaturel qui n'est plus vécu comme la manifestation du divin, mais comme l'irruption de l'inconscient ou de forces cosmiques, un surnaturel areligieux, en quelque sorte. Cette dualité révèle un désarroi métaphysique, et incite soit à se mettre en question pour changer d'approche, soit à s'en remettre à un système tout construit, véhiculé par un instructeur omnipotent. C'est la moins heureuse de ces deux solutions dont je voudrais évoquer ici le développement sous sa forme la plus pernicieuse : le groupe sectaire.

Car, malheureusement, certains adeptes se saisissent d'éléments empruntés au yoga pour les modeler dans un sens tout à fait imprévu, si bien que, dans la conscience collective, yoga, orientalisme et secte ont quelque chose à voir entre eux. Il est étrange de constater avec quelle rapidité des hommes et des femmes abdiquent tout bon sens et s'imaginent faire du yoga lorsqu'on leur propose des pratiques à faire dresser les cheveux sur la tête ou qu'on leur promet les réalisations les plus improbables. Je reviendrai plus loin sur les liens de notre discipline avec l'appréhension du sacré et de la transcendance. Ici, je voudrais simplement donner un exemple de son détournement et montrer comment les états de conscience profonde, qui fondent en Inde la libération de l'esprit, deviennent de puissants moyens d'asservir les psychismes aux intérêts d'un maître ou d'une communauté.

Normalement, les exercices de concentration ne servent jamais à obtenir un résultat intéressé : pouvoir sur les choses ou les êtres, ou réalisation de ses propres désirs, quels qu'ils soient. Même apprendre à se concentrer pour acquérir plus de mémoire ou de compétitivité, comme on le voit faire en Occident, n'entre pas dans la finalité du yoga classique, qui, en tant que voie d'évolution, vise avant tout une transformation morale et spirituelle. C'est ici qu'il faut bien comprendre le rôle du lâcher-prise, qui consiste en ce moment pendant lequel le moi abdique son règne sur la conscience afin que s'inaugure une ouverture ou un élargissement de celle-ci. Dans la concentration et surtout dans la méditation, le pratiquant est donc très vulnérable, car sa présence à lui-même est toute d'acceptation : il n'a pas perdu son jugement, qu'il retrouvera d'ailleurs clarifié et affermi, mais il l'a levé, suspendu, pour entrer plus profondément en lui-même et, si telle est sa forme de spiritualité, en contact avec une présence divine. On imagine bien à quels excès des instructeurs à tendance paranoïaque, se sentant investis d'une mission urgente pour le monde, peuvent se livrer. Je ne parle même pas de ceux qui, délibérément malhonnêtes, profitent de leur ascendant pour introduire des habitudes répréhensibles au regard de la morale courante. J'envisage plutôt le cas de maîtres qui ont étudié les moyens de calmer le psychisme et de développer ses capacités, savent de quoi ils parlent pour l'avoir expérimenté, et pourtant exploitent la perméabilité de leurs élèves dans ces états particuliers de conscience. Même les idées de justice, de paix ou d'amour universel ne devraient pas être « insufflées » dans ces moments-là – tout au moins pas systématiquement.

A fortiori, des « vérités » douteuses… Or, malheureusement, le lâcher-prise obtenu par des exercices classiques et irréprochables se trouve exploité, parfois, dans le sens d'un véritable « viol » psychique, d'une « effraction » intérieure, termes que l'on jugera peut-être trop forts, mais qui ne le sont pas dans la mesure où les préceptes inoculés dans ces moments de totale réceptivité atteignent l'inconscient et y laissent des traces indélébiles. Les *mantras*, par exemple, ces mots sanskrits sacralisés par une répétition rituelle et séculaire qui a modelé le *nâda-yoga*, la « discipline du son », sont utilisés dans certaines sectes afin de provoquer une auto-hypnose pendant laquelle le sujet, surtout très jeune, absorbe à son insu des directives qui le marginalisent de plus en plus. Le dévoiement atteint ici son degré maximal, au point qu'on peut parler d'un véritable retournement. De discipline tendant à l'autonomie et à une certaine sagesse, ce prétendu yoga se mue en un moyen raffiné de dépendance envers un « maître » ou un groupe fermés et extrêmement voraces. De soutien dans la construction de la personnalité, il devient pratique, préméditée ou non, de la déstructuration et de l'effacement des repères intimes. D'une technique d'éveil et de lucidité, on fait un magma abêtissant, soutenu par un syncrétisme des plus vagues.

Il est pourtant simple, à condition de savoir un tout petit peu en quoi consiste notre pratique, d'en apercevoir les grossières déformations : si la philosophie et les exercices proposés n'incitent pas chacun à mieux vivre – selon une plus claire appréciation de soi-même et d'autrui – ses choix et les responsabilités qui en découlent, c'est qu'ils ne s'inscrivent pas dans la visée du yoga. La très ancienne *Bhagavad Gîtâ* le dit bien : « C'est en honorant par l'exécution de son devoir propre Celui d'où procèdent tous les êtres et par quoi tout cet univers est sous-tendu que l'homme atteint la perfection » (XVIII, 46).

2. *À vraies questions, réponses authentiques*

À ces quatre déviations typiques de notre environnement contemporain, on peut opposer quatre interrogations légitimes : comment développer toutes ses capacités sans tomber dans le fakirisme et dans la recherche systématique de la supériorité ? Comment devenir non violent sans abdiquer ses engagements et sa personnalité ? Le sens même du mot « médecine », évoquant la passivité et la prise en charge, pourrait-il être revu selon une perspective plus active ? Enfin, malgré le « grand bazar du bizarre[2] » qui accompagne le « retour du sacré », y a-t-il une place pour une spiritualité occidentale rénovée par la confrontation avec d'autres univers mentaux, en particulier la vision du monde des peuples orientaux ?

Je ne ferai ici qu'ébaucher quelques réponses puisées dans le yoga, et qu'il faut lire comme des introductions à ce qui va suivre, c'est-à-dire la présentation, dépouillée des oripeaux hétérogènes dont l'actualité l'affuble, de ce qui constitue une vraie sagesse, dans la pleine signification de ce terme.

Refuser la concurrence, aimer réussir

La vie sociale repose sur trop de comparaisons qui fatiguent les individus, car elles les obligent sans cesse à se situer en regard de critères extérieurs, collectifs, qui ne leur conviennent pas toujours. Les jugements de valeur sur l'esthétique, l'énergie, la résistance, créent une tension continuelle pour « être à la hauteur », « assumer », « prendre en charge », toutes expressions ambiguës mais symboliques du culte de la supériorité. Ce stress provoque chez certains un refus d'égale intensité et le désir de sortir de la concurrence en s'écartant de tout ce qui peut, de près ou de loin, y ressembler. Le risque est alors de confondre et de rejeter en bloc le désir de se développer, inhérent à la nature humaine et profondément dynamisant, et le besoin de se mesurer à l'autre, dans une confrontation qui, en effet, fait appel à des zones de la psyché encore très archaïques.

Le yoga ne demande pas à ceux qui le pratiquent de se marginaliser, mais de trouver leur propre forme en sortant du cocon de la mentalité collective ; c'est certainement la raison pour laquelle il était interdit par la constitution de l'ancienne URSS comme activité subversive ! Or l'émancipation de la personne commence par une sensibilisation accrue à ce qui fait d'elle un être unique entouré d'autres êtres uniques, qu'elle peut rencontrer, non point sur le mode régressif de la comparaison, mais sur celui de l'effort poursuivi en commun – par exemple, dans le cours de yoga – pour intégrer, chacun selon ce qu'il est, un fonds d'exercices universels. Seul sur son tapis, les yeux souvent fermés, on n'a pas à se poser la question de savoir comment font les autres et s'ils sont plus ou moins avancés dans telle posture. On s'occupe de réaliser le mieux possible l'exercice demandé, en s'appuyant sur la circulation d'énergies qu'engendre le groupe et qui constitue un soutien appréciable, pour peu que l'enseignant sache la susciter.

Cette attitude suppose un détachement progressif des normes d'excellence auxquelles nous avons l'habitude de nous conformer en tout domaine. Elle conduit à découvrir que les rôles et les fonctions ne constituent pas l'essentiel de la réalisation personnelle, mais que, pourtant, cette réalisation passe aussi par la vie en société qui marque notre mode d'être-au-monde. Aimer réussir n'est pas contraire à l'esprit du yoga, qui distingue entre l'effort, la sensibilité, l'intelligence déployée pour accomplir une action, et les résultats de cette action. Si les deuxièmes se mesurent en termes quantitatifs, et font donc éventuellement l'objet d'une dynamique de concurrence, les premiers seuls sont formateurs et échappent totalement aux lois de la compétition. Lorsqu'on a compris cela, devenir Superman ou rendre « possible l'impossible » n'a aucun intérêt, mais s'interdire de mener à bien ses différentes activités n'a pas plus de valeur. En tant qu'ajustement de l'individu à son environnement, le yoga a un rôle équilibrant, catalyseur et créatif.

La non-violence : de l'idéalisme à la réalité

Ahimsâ, la « non-violence », a été une vertu exaltée en Inde bien avant que Gandhi n'en fasse un instrument moral et politique dans sa double lutte, contre les Anglais colonisateurs et contre les injustices de la société de castes en Inde. Déjà, un texte médiéval, le *Kûrma Purâna*, disait : « Il n'est pas de vertu plus haute que l'*ahimsâ*. » Plus anciennement encore, le *Yajur Veda* affirmait dans une perspective universaliste : « Puissé-je considérer tous les êtres avec l'œil d'un ami. »

Gandhi a largement puisé dans les Écritures saintes de l'hindouisme, et il a reçu aussi l'influence des idées des jaïns, une communauté dont toutes les valeurs morales sont fondées sur la non-violence. « La non-violence complète, disait Gandhi, est absence complète de mauvais vouloir envers tout ce qui vit. La non-violence, sous sa forme active, est bonne volonté pour tout ce qui vit. Elle est amour parfait. » On imagine ce qu'une telle attitude suppose de lucidité, mais aussi de force et de courage. « L'*ahimsâ* n'est pas compatible avec la crainte, disait-il encore. Je vois comment je peux avec succès prêcher l'*ahimsâ* à ceux qui savent mourir, mais non à ceux qui ont peur de la mort[3]. » Il ne s'agit donc pas là d'un idéal abstrait, mais d'une expérience vivante, quotidienne, guidant l'action à travers les conflits.

La compétition actuelle représente une forme de violence, mais en découvrant le qualitatif au détriment du quantitatif – repère de la société industrielle et technologique –, l'individu récupère une valeur fondatrice de sens pour sa vie, et sort du système clos de la comparaison pour adopter un idéal pratique plus respectueux de ses rythmes et de ceux d'autrui, sans pour autant renoncer à son efficacité. Les sportifs, les businessmen qui font du yoga semblent y apprécier cette vraie non-violence, qui n'empêche pas de s'engager pleinement, et qui commence avec les exercices corporels. Lâcher prise, apprendre à accomplir pleinement un geste sans « tirer », sans se faire souffrir, accueillir la respiration dans sa lenteur et son expansion naturelles, écouter les « messages » apportés par les sensations, apaiser les tensions psychiques et mentales – toutes ces habitudes, en transformant leur appréciation de l'obstacle à surmonter, ne les laissent pas désarmés, car elles créent une fermeté sereine sur laquelle s'appuyer avec confiance. Nous sommes loin ici de l'image d'Épinal du non violent « *Peace and love* » ou « *Make love, not war* », mais il ne faudrait tout de même pas oublier que c'est à la révolte idéaliste des jeunes dans les années 60 que nous devons cette approche nouvelle qui touche maintenant des personnes d'âge mûr, bien intégrées dans leur environnement, utilisant le jeu même du matérialisme ambiant pour y infuser plus de conscience.

Quand la violence a fait des ravages irréparables, le yoga est parfois une belle solution, mais seulement si on le détache de tout utilitarisme. Ainsi une dépêche de l'AFP en date du 1er avril 2012 explique qu'en Colombie plus de sept mille personnes vivent avec des séquelles d'accidents dus aux mines antipersonnel et que le gouvernement a mis en place un programme de yoga pour les militaires blessés : « Pour la plupart amputés ou aveugles, les anciens soldats y viennent parfois avec leurs proches, pour apprendre à se détendre, à respirer, afin de mieux surmonter la douleur physique, ne plus penser sans cesse à ce qui est arrivé et faire en sorte que "le handicap du corps ne touche pas l'âme". » En Israël et en Palestine, au Pakistan et en Inde, le yoga est largement reconnu comme force de proposition non violente.

Au-delà de la médecine

Nous ne discuterons pas ici le fait de savoir s'il existe des médecines douces et des médecines lourdes, comment elles se distinguent, quels sont leurs avantages et inconvénients respectifs. Par manque de compétence et de place, je n'aborderai pas un sujet aussi délicat à l'heure actuelle, d'autant plus que le yoga ne me semble pas pouvoir servir de support à une contestation souvent naïve de la science, qui le rendrait peu crédible. Je voudrais simplement proposer quelques pistes de réflexion.

Tout d'abord, une discipline comme la nôtre incite à une prise en charge active, par soi-même, de sa santé ; non point que l'on refuse de faire confiance au spécialiste, mais on a recours à lui sur un mode différent, celui du dialogue, et d'une collaboration active au mieux-être. Cette manière d'envisager ses responsabilités vis-à-vis de son propre organisme permet de passer de l'état de patient, où l'on subit la maladie et son traitement, à une attitude active. Il y faut la même fermeté qui sous-tend la non-violence et une grande lucidité. Il y faut aussi une initiation au langage du corps, sans lequel la sagesse demeure inopérante ou purement mentale. Nous verrons bientôt quelle nouveauté cela représente pour la psychologie des Occidentaux, même si l'on en parle depuis déjà deux générations. En tout cas, la prise de conscience de son entité biologique en tant que partenaire essentiel de l'évolution ouvre un nouveau champ à la connaissance de soi, et modifie profondément l'idée que nous nous faisons de la santé et de la maladie.

C'est ici qu'apparaît la question du sens de tel ou tel symptôme ponctuel, question que les psychanalystes ont placée au centre de l'humanisme contemporain. À l'imposition d'un traitement se substitue ou s'ajoute la quête d'une orientation autre, la maladie venant démontrer l'inadaptation du mode antérieur de vie et de pensée, et exiger un changement plus ou moins radical selon la gravité de l'affection. Or on ne change pas si aisément le système d'équilibres et de compensations qui définit une personnalité, surtout au moment même où elle se trouve fragilisée. Il y faut une approche intuitive, apte à dénouer les enfermements du jugement ; globale, afin de recenser les énergies à tous les niveaux ; symbolique, car comprendre la signification d'une souffrance et remonter à ses origines implique une recherche englobant l'imaginaire, l'émotionnel et le spirituel ; mais également très concrète, simple, pratique, à la portée d'un organisme affaibli. Quelles que soient les thérapies choisies, cette démarche permet de se forger des moyens intérieurs instaurant respect de soi-même, confiance en ses propres forces, acceptation de ses faiblesses – toutes découvertes suffisamment récentes pour susciter parfois des oppositions, mais instauratrices de nouvelles relations entre thérapeutes et malades.

Enfin, le yoga – comme d'autres disciplines orientales – n'a pas perdu le souvenir du lien archaïque entre « santé » et « salut ». Dans les langues indo-européennes, ces deux mots ont la même origine ; d'ailleurs lorsqu'on « salue » quelqu'un, on lui souhaite, en réalité, de continuer à « se bien porter ». L'identification entre ce qui est sain et ce qui sauve participe d'un savoir oublié qui resurgit à notre époque de mutation. Ce lien très fort s'exprime dans l'Inde traditionnelle par la double affirmation que le yoga éradique progressivement les causes d'afflictions, corporelles ou psychiques, et qu'il entraîne la libération métaphysique, la sortie du cycle temporel. Travailler activement à sa propre santé dépasserait donc largement le fait de se soigner ponctuellement ou même de préserver son capital. On n'a encore rien perçu du yoga quand on en a fait une thérapie ou une technique de prévention ; ce qui fait son originalité, c'est de transformer l'incarnation – qui pourrait n'être conçue que comme une chute – en un champ d'expérience préparant le salut ultime. Il est bien révélateur de notre temps d'entendre dire : « Telle posture, c'est bon pour ci, telle autre, c'est bon pour ça » ; tant mieux, lorsque des indications de ce genre sont données par des enseignants compétents et bien formés, mais elles cachent souvent le désir de résultats très rapides et l'implicite volonté de fragmenter une sagesse pour ne pas se trouver dans l'obligation de changer en profondeur… Un « yoga sur ordonnance » ne sera jamais une voie de libération, même si ses effets ont des incidences thérapeutiques !

Le « retour du sacré »

Notre discipline, toujours liée depuis les débuts de son histoire à la perception d'un « sacré » intérieur et extérieur à l'homme, se trouve immergée dans le grand courant contemporain en faveur de nouvelles formes de religiosité. Refoulées par le matérialisme technologique et par la démythologisation de la psyché, les aspirations au dépassement de soi dans la découverte d'une transcendance se font de plus en plus fortes et constituent l'un des éléments moteurs de la crise d'identité présente. Mais elles prennent des allures déconcertantes… La méfiance vis-à-vis de l'institutionnel ne permet pas toujours d'échapper à l'infantilisme ou à l'ambiguïté. L'impatience de satisfaire un besoin de sacralisation trop longtemps réprimé fait confondre les véritables nourritures spirituelles et les ersatz douteux. L'image que l'homme moderne se donne des univers traditionnels renvoie souvent à une quête passéiste, où le paradis perdu d'une intimité originelle avec le divin masque mal la peur d'un avenir déchu après la faillite des idéologies progressistes.

Nous retrouvons ces accents dans les demandes de ceux qui viennent pratiquer sur le tapis, au point que certains espèrent faire du yoga leur nouvelle religion. Dans quelle mesure alors l'enseignement peut-il alimenter la faim d'au-delà ou d'ailleurs (qui n'est pas nécessairement une quête de transcendance), faire droit à l'épanchement de cette source indûment scellée, sans perdre ses repères et les structures qui fondent une progression éprouvée depuis des siècles ? Telle sera la question abordée dans la dernière partie de cet essai. Ici, constatons seulement la présence d'une ambiance collective très particulière, faite d'une abrupte cohabitation de contraires : idéalisme de certaines communautés inventant des règles de vie sages, écologiques, recueillies, au milieu du matérialisme économique, médiatique et culturel ; repliement frileux sur le rite et le dogme dans les fondamentalismes, mais prosélytisme militant des intégrismes politico-religieux ; synthèses bizarres composées d'éléments hétérogènes, qui font provisoirement office de philosophies, mais qui parfois débouchent sur de vraies découvertes intérieures… Tout ceci changeant selon la décennie ou le milieu sociologique, mais entraînant le yoga dans une sorte de maelström qui requiert une observation approfondie.

Les formateurs de la FNEY, réunis en séminaire en 1986 pour se donner une définition « moderne » du yoga – sur laquelle je reviendrai –, disent à ce propos : « Nous avons voulu marquer notre distance vis-à-vis des déformations sectaires qui s'approprieraient le yoga pour en faire une nouvelle religion importée dans un Occident en crise d'identité spirituelle. »

Au terme de ces quelques observations sur la vie contemporaine et la manière dont elle infléchit une discipline suffisamment souple pour répondre à de nouveaux besoins, constatons simplement l'ambiguïté des demandes sous leur aspect collectif. Pour trouver plus de liberté, on sort de l'institution Église et on entre parfois dans un groupe sectaire. On pratique une voie de non-compétition, mais ce peut être, en réalité, pour acquérir plus de pouvoir… La modernité est un risque pour le yoga, et cette ambiguïté pourrait sceller sa faillite dans notre monde, si, heureusement, dans l'alliance entre écoute de sa tradition et conscience de notre modernité, ne s'étaient créées des formes fécondes autour de la connaissance de soi, de la relation pédagogique, et des modes de transmission.

II.

Le yoga en Europe : portrait d'une discipline

Aujourd'hui, le yoga en Europe présente des aspects parfois déroutants ; en effet, déjà multiforme dans son pays d'origine – comme nous le verrons bientôt –, il s'est « teinté » différemment selon les conditions de sa transmission à l'Occident et les besoins que l'on espérait voir comblés par sa pratique. Il est bien évident que le hippie californien ou le cosmonaute soviétique, bien que le pratiquant tous les deux, ne l'ont certainement pas reçu de manière identique, car leurs recherches ne comportaient aucun point commun. Celui qui part étudier auprès d'un ermite de Rishikesh et celui qui entre dans une école de yoga à Paris acquièrent des philosophies de la vie et des langages dissemblables. Ceux qui se limitent et ne veulent voir que l'aspect physique et ceux qui se laissent transformer en profondeur par la globalité de l'approche, là encore, n'emploieront pas les mêmes mots, n'obtiendront pas les mêmes effets. D'où la très grande difficulté de saisir, dans son ensemble, non point la discipline, mais les adaptations qui en sont faites et les compromis qu'on en tire. Un certain nombre de traits originaux et constants se dessinent pourtant.

1. Le cours de yoga

La notion même de « leçon », au sens d'horaire consacré régulièrement à l'apprentissage, constitue un apport spécifique de notre environnement. En Inde, si actuellement cette forme de travail se développe, c'est au fond sur la demande d'Européens qui ont l'habitude des rythmes scolaires. On reçoit donc un cours de yoga, une, deux, voire trois fois par semaine, comme on reçoit une leçon de musique ou de tennis : situation étrangère à l'enseignement traditionnel, pour lequel vivre dans l'immédiate proximité de son guru et le voir vivre formait la base essentielle de la pédagogie. Cette mutation prive évidemment l'adepte d'une partie des avantages de la relation maître-élève. En particulier, il est plus difficile de faire passer le yoga dans l'existence quotidienne et de comprendre que l'amélioration de la qualité de vie constitue le critère fondamental de l'évolution personnelle, sa pierre de touche. L'imprégnation et l'assimilation, moins directes, moins intuitives, passent généralement plus par la technique corporelle ou par la compréhension intellectuelle. On éprouve alors la nostalgie des anciens modes de transmission, sans voir que peut-être les nouveaux, s'ils ont été inventés et fonctionnent depuis plusieurs générations, correspondent assez bien à notre mentalité.

Le cours dure une grande heure, une heure et demie, ou deux heures, rarement plus. Il est dispensé par un professeur, qui n'assume pas les fonctions psychologiques et spirituelles du guru, mais qui ne peut se soustraire à sa responsabilité de catalyseur de transformation. Certains pratiquants iront fort loin dans l'expérience intérieure, à travers ce qu'il véhiculera dans son enseignement. Il devra donc se révéler capable d'une écoute très fine, d'une autonomie véritable qui préserve la liberté de son élève et d'un complet désintéressement dans leurs échanges. Pour ses leçons, il perçoit une rémunération, variable mais clairement établie, ce qui, là encore, crée une situation différente de celle que l'on rencontrait dans les cultures traditionnelles où la réciprocité s'établissait sur le mode du don : de la part du guru, don de sa connaissance et de sa lumière ; de la part de l'élève, cadeaux matériels et aide domestique.

Le cours se déroule selon une structure précise, qui fait l'objet d'exposés dans les manuels. Actuellement, en Europe, de nombreuses formes ou écoles coexistent ; chacune pose des accents spécifiques et fait de certains exercices des éléments clés de sa pédagogie… Mais, quel que soit le style adopté, il y a toujours un schème directeur, une cohérence, une visée. La leçon ne peut en aucun cas se réduire à une séquence de postures ou de rythmes respiratoires sans ordre implicite ou sans progression, ou alors il ne s'agira que de créations fantaisistes. Le plus souvent, une séance très complète présente six éléments fondamentaux.

Au début, un temps plus ou moins long est consacré à la détente : la relaxation en position couchée permet de passer des activités précédentes à un état de calme intérieur, favorisant l'apaisement du rythme cardiaque et de la respiration ; c'est une entrée en soi, une approche de l'immobilité et du silence. Mais, dans certains cours, on commence par se recentrer debout ou assis.

On distingue ensuite, selon les styles, divers exercices destinés à préparer corps et mental pour les postures. Chez certains, ces préliminaires induisent une bonne rectitude de la colonne vertébrale et une amplitude de la cage thoracique. D'autres, à l'aide de mouvements enchaînés et fondus, stimulent les circulations d'énergie. Un type ancien est la « salutation au soleil », enchaînement extrêmement dynamisant et très significatif sur le plan symbolique. On trouve encore bien d'autres formes préparatoires, qui ont toutes leurs raisons d'être.

La troisième phase, habituellement la plus longue, concerne les postures. On les exécute dans un certain ordre, qui provoque un recentrement et une harmonisation, en même temps physique et psychologique. Après chacune, on prend soin de laisser un moment de décontraction et d'intégration avant d'entrer dans la suivante. Certains professeurs proposent une série de séquences ternaires : préparation dynamique / posture immobile / contre-pose (surtout lorsque la position a été intense, ou bien, encore mal maîtrisée, laisse des tensions). Le nombre de postures varie fortement d'un cours à l'autre, dépend du rythme choisi, de la capacité des élèves à rester plus ou moins longtemps dans un état d'immobilité à la fois tonique et détendu… Il dépend aussi des conditions matérielles : un cours privé de deux heures ne se compare évidemment pas avec une formule en club, aux horaires rigides et aux participants pressés. Par ailleurs, le pédagogue peut décider d'un thème de travail particulier et consacrer une ou plusieurs séances à l'acquisition de la relaxation, à l'étude d'un type de postures ou à l'énergétisation de telle ou telle partie du corps. Ces propositions plus spécifiques sont cependant toujours replacées dans la perspective globalisante d'une discipline qui continue de s'adresser à l'être humain dans sa totalité, même lorsqu'on insiste sur certains aspects plus formateurs.

Dès le début du cours, l'attention à la respiration constitue le repère essentiel et permanent. Elle accompagne la détente initiale, s'amplifie grâce aux mouvements préparatoires, se modèle sur chaque posture, induisant une dynamique subtile, invisible, mais fondamentale, car sans elle, l'exercice perdrait son intériorité. « Fil d'or », elle permet un contrôle tout en finesse des tensions musculaires, des pensées et des émotions. Certains enseignants la laissent libre, d'autres demandent de régler très précisément le rapport entre inspiration et expiration. Dans tous les cas, on insiste sur la découverte des états de plénitude et de vide, ainsi que sur leurs effets. Cependant, on consacre, après la succession des postures, un moment plus ou moins prolongé au travail exclusif sur le souffle. Les élèves sont assis, dans une position confortable – le corps se faisant un peu « oublier » ici –, et ils pratiquent divers exercices qui « jouent » avec les rythmes, les vibrations, les durées. Le souffle y devient une sorte de matériau impalpable que l'on « sculpte », ou encore un chemin invisible vers la profondeur de soi-même. Extrême attention et total lâcher-prise sont requis. L'expérience répétée de ces moments consacrés uniquement à la respiration débouche sur une perception du souffle comme symbole de l'élan vital, de la conscience lumineuse et, éventuellement, d'un don divin. À l'enseignant de savoir suggérer cet approfondissement possible, tout en conservant à chaque élève son espace de liberté.

Les états de concentration, et même de méditation, seront abordés progressivement, avec prudence, lorsqu'une connaissance de soi fondée sur l'harmonisation du corps et de l'esprit aura établi une base structurée, ferme, assurance d'équilibre. Le yoga propose un très large éventail d'exercices qu'il est impossible de détailler ici, mais qui tendent à modifier le régime de l'action et des émotions : un rythme plus calme, plus conscient, plus confiant s'établit. Cette cinquième phase nécessite un environnement silencieux, une écoute favorable et un certain entraînement à la vie intérieure ; elle durera cinq minutes ou une heure… Plus parfois ! En réalité, le temps comptable perd ici ses droits, on ne peut prescrire un quart d'heure de méditation tous les matins sans dénaturer cette expérience qui se définit comme une disposition intime à cesser d'agir et de se disperser pour « être ».

Enfin, au moins dans notre mode de vie quotidien, il est nécessaire de réserver une transition entre cet état qui couronne la séance de yoga et le retour aux activités habituelles. Non pas que l'absorption en soi-même induise une fuite par rapport à la réalité, mais le rythme est différent et l'attention doit se reporter sur une relative extériorité. On prend donc le temps de « refaire surface », accordant au passage une grande importance, car il est sage d'éviter toute cassure entre l'intériorité, si délicate et si subtile, obtenue par une séance bien conduite, et les préoccupations multiples de l'existence.

Tel est donc, actuellement, le fil directeur d'un cours de yoga, ce à quoi on peut raisonnablement s'attendre quand on s'inscrit, néophyte, dans cette discipline. Comme on le voit, il n'y a là rien d'extravagant ! Je dois cependant ajouter que certains professeurs ont dans leur salle des bouddhas, des photos de leur guru indien, de l'encens, des bougies, un mandala – ces dessins ésotériques centrés, qui sont en Inde hindoue et bouddhique des supports de méditation. Je ne saurais dire si la présence de ces objets signifie quelque chose quant à la qualité du cours. D'un côté, ils me semblent l'héritage d'un moment de rencontre entre Inde et Europe, ce moment « exotique » des années 60. Bien inoffensifs, ils servent à créer une forme de convivialité où la référence orientale donne sa couleur. D'un autre côté, ils me paraissent inutiles : le yoga n'en a pas besoin, il fonctionne aussi bien sans eux (surtout quand on sait, ironie de l'histoire, que le Bouddha n'appréciait pas du tout le yoga de son époque, qu'il trouvait trop extrême !). Enfin, il est des cas rares où ces signes sont « ostensibles » ou « ostentatoires », comme on dit maintenant. Ils font alors partie d'un ensemble, où le discours délivré tient la première place, et cet ensemble est très nettement religieux. Là, le problème est plus délicat ; je reviendrai d'ailleurs à la « question religieuse » dans le dernier chapitre. Simplement, on pourrait commencer par dire ici que les croyances de l'enseignant, comme celles des élèves, ne devraient rien avoir à faire avec la pratique commune, telle que je l'ai décrite.

2. Qui fait du yoga ?

Les réponses à cette question n'ont pas une précision scientifique dans la mesure où aucune enquête sociologique sérieuse et globale n'a pu être encore réalisée. À ma connaissance, l'analyse la plus intéressante date de 1989 et elle concerne le département des Hautes-Alpes. Ghislaine Guillemin, professeur de yoga, et André Monjardet, sociologue, ont tenté de cerner le profil du pratiquant à partir d'un questionnaire distribué par huit professeurs à environ quatre cents élèves, dont cent soixante-dix-neuf ont répondu[4]. Échantillon modeste certes, mais les conclusions recoupent très étroitement des observations plus générales. 89 % des réponses proviennent de femmes, dont deux tiers ont entre trente et quarante-neuf ans. 75 % exercent une activité professionnelle, principalement dans le secteur tertiaire et impliquant la relation interpersonnelle. Elles sont très majoritairement mariées, avec des enfants, titulaires du baccalauréat et éventuellement de diplômes supérieurs. Elles pratiquent le yoga très régulièrement, au moins depuis deux ans, et n'ont pas l'intention d'abandonner, sauf une. Elles y sont venues grâce au témoignage d'une de leurs connaissances, souvent aussi par le biais de lectures, et elles sont prêtes à y entraîner leur entourage. La suite du questionnaire aborde le contenu de la pratique, les motivations, les effets. J'y reviendrai.

Arrêtons-nous un instant sur ces premières conclusions, en ajoutant quelques observations plus récentes. La pratique du yoga est essentiellement féminine. Ce déséquilibre correspond à un découpage imaginaire entre une pratique douce, intériorisante, ouvrant sur des transformations psychosomatiques, et des pratiques martiales, viriles, comme le judo ou l'aïkido. Encore faut-il nuancer : les profondes mutations auxquelles est soumise la représentation des sexes dans la société actuelle, ainsi qu'une transmission plus « professionnelle » du yoga, incitent plus d'hommes à y venir. On doit être près de la vérité en disant qu'ils sont aujourd'hui 20 à 25 % dans les cours (voir l'enquête publiée dans la revue *Esprit yoga* en septembre-octobre 2013). Les femmes pratiquantes sont dans le milieu de la vie, très actives et bien insérées dans leur contexte, des « femmes modernes », entre famille et travail. Elle est loin l'image d'une pratique pour marginaux, doux rêveurs et hippies attardés ! Ou celle d'une gymnastique douce pour le troisième ou le quatrième âge – même si le yoga est bien utile en ces phases de la vie. Enfin, ces femmes vivent en relation. Avec leur famille tout d'abord : la suite de l'enquête fait ressortir que, pour elles, la pratique du yoga a une influence très positive sur leur couple et sur la communication avec leurs enfants et leurs proches. Avec l'entourage plus large ensuite : leurs métiers attestent qu'elles s'intéressent à l'autre, puisqu'elles exercent dans l'enseignement, le monde médical, l'animation, le sport. « C'est une forte majorité de réponses qui provient de ce secteur, qui, par définition secteur des "services", met en contact les personnes avant d'agir sur des choses ou de traiter des produits », concluent les deux auteurs. Chez des personnes qui ont déjà choisi de donner à leur vie une forte composante relationnelle, le yoga vient en renforcer l'attrait et en améliorer la qualité. Là encore, l'image du yogi dans sa bulle, détaché des affaires de ce monde et préférant la solitude à la rencontre avec l'autre, le silence lénifiant de la méditation au bruit et à la fureur de la modernité, paraît bien décalée.

3. Le professeur de yoga

Ni guru ni psychanalyste, le professeur de yoga, comme tout enseignant, a une vocation et une compétence. La vocation est la part la plus difficile à cerner, car elle découle d'un ensemble de motivations existentielles liées à l'histoire individuelle. Elle s'enracine dans une démarche préalable au projet d'enseigner : exploration de ses propres capacités corporelles, désir de développer un potentiel de concentration, aspiration à se connaître à travers une discipline choisie parce qu'elle met l'accent sur l'intériorisation et sur la globalité de la personne. Il est rare que cette évolution n'ait pas pour point de départ, conscient ou non, une souffrance vitale ou une insatisfaction profonde qui entraînent une quête.

Nous verrons, en retraçant l'histoire indienne du yoga, que cette quête, pour individualiste et contemporaine qu'elle paraisse, rejoint son point d'origine. Car le yoga s'y définit comme une voie pour libérer l'être humain de *duhkha*, un mot sanskrit au sens très large de douleur physique, souffrance psychique, manque, inquiétude, fébrilité, angoisse métaphysique. Ayant contacté en soi une aspiration intense au mieux-être, rencontrant dans cette pratique les éléments d'une expérience structurante et unificatrice, certains se trouvent conduits à souhaiter pour autrui d'emprunter le chemin qui a été bénéfique pour eux : tel est le ressort de la vocation.

Une telle décision impose certaines exigences. Elle modifie une pratique d'abord vécue de manière essentiellement personnelle, qui devient une discipline régulière, cohérente, plus intense. Elle nécessite une investigation de soi lucide, une attention à l'autre et un respect très grand de l'autonomie dans la relation entre les personnes. Cette distance que l'on prend vis-à-vis de ses impulsions immédiates constitue une phase parfois difficile mais indispensable à une attitude juste. Elle fait naître la conscience des limites et déjoue les pièges des situations de pouvoir. Or, comme on s'en doute, un tel travail s'accomplit rarement sans la médiation d'un autre. Le premier référent, c'est son propre enseignant, qui possède une expérience plus ancienne et une compétence. S'ouvrir à lui du projet de s'engager dans le même chemin constitue une étape importante qui permet de s'inscrire dans une transmission. Il se peut aussi que cette phase de profonde réflexion mette au jour des problématiques non résolues, des attachements noués à des situations anciennes, et qu'il faille explorer une part obscure de soi avant de s'aventurer à assumer la responsabilité de transmettre à son tour. Tout exercice d'analyse qui libère et produit de la lucidité est bienvenu, qu'il porte ou non le nom de thérapie. On ne saurait trop insister sur ce point, même s'il n'est pas judicieux d'imposer une règle stricte en un domaine si intime. Une vocation est, à cet égard, différente d'un métier : elle prend sa source au cœur de l'être et se colore de sa singularité.

Au versant subjectif, existentiel, se joignent certaines compétences à acquérir. Des savoirs objectifs participent à la formation du professeur de yoga. Ils appartiennent à trois domaines principaux. Le registre corporel, tout d'abord. Le futur enseignant n'a pas besoin de devenir fakir ou contorsionniste, mais il cultive assidûment les postures, leurs variantes, leur succession en suites organisées. Il en comprend l'architecture, il en étudie les conditions et les effets. Il s'exerce aux modulations du souffle, à la régulation des rythmes respiratoires. C'est pourquoi, dans les écoles de formation, les cours prennent souvent la forme d'ateliers : non seulement on fait, mais on apprend pourquoi et comment on fait. Tout un programme d'anatomie et de physiologie complète et soutient l'exploration sur le tapis. Le registre psychologique, ensuite. Il s'agit ici d'aborder des thèmes inhérents à la relation d'enseignement et à la démarche pédagogique. Le registre culturel, enfin : comment enseigner le yoga sans avoir approfondi ses textes fondateurs et ce qu'ils véhiculent de la pensée indienne ? sans s'informer de son contexte d'origine, des grands mouvements spirituels qui l'ont véhiculé ? sans savoir comment il est passé en Occident ?

Chacun des domaines est conçu comme élément du tout, à l'image du yoga lui-même, qui concerne la personne entière. Mais il requiert toujours un « spécialiste » à la compétence acquise par un cursus universitaire : kinésithérapeute, psychologue ou psychanalyste, historien, indianiste, anthropologue… L'équipe de formateurs est donc nécessairement pluridisciplinaire, même si les formateurs en yoga sont au cœur du dispositif pédagogique. Elle respecte un programme, sans rigidité, mais suffisamment structuré pour avoir vu sa généralisation dans différents pays d'Europe, et pour permettre une appréciation des acquis du futur professeur. Celui-ci prépare en effet deux types d'épreuves : un examen pratique et pédagogique, portant sur l'exécution de postures et l'enseignement d'une séquence de cours ; la rédaction d'un mémoire et sa soutenance devant un jury de formateurs. L'ensemble du parcours a été construit sur une durée de quatre ans et il aboutit à l'obtention d'un certificat de formation.

Il reste à ajouter que tout enseignant de yoga ne suit pas ce type de cursus. Rien ne l'y oblige, les pouvoirs publics n'ayant pas légiféré en la matière. D'autres choix ont donc leur place et leur légitimité. Ainsi peut-on se former en Inde, auprès de maîtres qui ont des écoles ou ashrams ; ou en Europe et aux États-Unis, auprès d'Indiens qui ont exporté leur enseignement.

Quoi qu'il en soit, un bon professeur de yoga a reçu une formation approfondie. Non seulement il a une pratique personnelle des postures, des exercices du souffle et une expérience des états mentaux dans le yoga, mais il a un bagage en anatomie et en psychologie. Il est également capable d'expliquer un peu, si on le lui demande, quelle est la philosophie de cette discipline, comment et à quelle époque elle s'est développée en Inde. Sans jouer au thérapeute, il peut, grâce à l'observation qu'il a appris à développer, montrer à un élève comment rectifier une attitude, source de tensions ou de douleurs, ou donner quelques conseils en matière d'hygiène de vie. Lorsqu'il a eu un parcours d'autodidacte ou qu'il a travaillé en Inde, c'est à ses qualités pédagogiques que l'on appréciera ses cours ; mais aussi à l'esprit de liberté, de cohérence ou de bienveillance qui y règne.

Lorsqu'il s'agit d'un professeur membre de la Fédération nationale des enseignants de yoga, il faut savoir que sa formation est très poussée. Actuellement, le cursus se présente ainsi : deux ans au moins de pratique hebdomadaire régulière certifiée par un enseignant ; quatre ans dans une École française de yoga, avec examen pratique et pédagogique et soutenance d'un mémoire de fin d'études ; un an de stage dans le cadre de la Fédération, qui valide la formation par le certificat fédéral ; puis, à partir du moment où le professeur est devenu titulaire, une formation continue qui implique au moins une semaine de séminaire chaque année. L'École française de yoga de Paris, dont je suis la directrice, a obtenu il y a quelques années le label qualité de l'OPQF-ISQ et elle est maintenant habilitée à délivrer un CPFFP, un « Certificat professionnel d'enseignant de yoga », sous l'égide de la Fédération de la formation professionnelle. On peut trouver ces sigles rébarbatifs : cela signifie avant tout que l'enseignement du yoga se professionnalise et que la formation est encadrée par des normes et inspirée par une éthique.

Ainsi, en l'absence de toute réglementation par les pouvoirs publics, un certain nombre de personnes ont fait l'effort de se remettre en question et de consacrer leur énergie à un cheminement long et exigeant. Ce n'est donc que justice si le public se tourne vers elles de préférence, recevant ainsi l'assurance d'une vraie sécurité sur le plan pédagogique.

4. L'individu et le groupe

On déplore parfois la rareté d'un enseignement individuel, réputé plus proche des formes de la transmission indienne – encore que de nombreux maîtres aient eu un cercle de disciples, un peu comme l'Académie de Platon à Athènes, où on partageait la même école, ce qui obligeait d'ailleurs à un travail de rencontre et de dialogue salutaire. Cela évitait aussi de tomber dans les écueils qu'une trop étroite relation entre un maître et son élève peut recéler. L'enseignement individuel existe en Europe. Il impose certaines exigences au professeur, qui doit être averti de la psychologie et avoir travaillé les questions qui se posent autour de la relation duelle, afin de ne pas se trouver piégé dans des complexités où il ne suffit pas de bon vouloir et de bon sens[5].

Il arrive souvent aussi qu'on établisse un compromis intéressant : cours particuliers pour un premier contact, puis leçons collectives avec, de temps à autre, la possibilité de recourir à nouveau à la séance personnalisée, afin de régler certains problèmes ou d'approfondir des aptitudes encore ignorées.

Bien évidemment, plus le nombre de pratiquants s'accroît, plus grandit la difficulté pour l'enseignant d'accorder à chacun l'attention requise dans son évolution. Les capacités physiques, l'âge, la maturité intellectuelle et affective interviennent, et donner une leçon qui s'adresse à tous au même moment n'a rien de simple. Mais on a trop tendance à dévaloriser le travail de groupe. Certes, le yoga est une expérience intime, non compétitive, où l'étudiant, dans un face-à-face avec lui-même, limite son théâtre intérieur aux quatre coins de son tapis. Il fait partie – du moins du point de vue du pratiquant – des disciplines non verbales, dans lesquelles la communication, au sens commun du terme, prend une forme particulière. Chacun garde une totale liberté de pensée, et on peut très bien envisager, par exemple, qu'un chrétien et un musulman pratiquent ensemble, sans avoir à unifier leurs croyances respectives ou à y renoncer. Le « facteur groupe », là encore création spécifique de la société actuelle, génère des effets extrêmement féconds. Le bien-être et les mutations que des personnalités tout à fait différentes découvrent dans les cours collectifs attestent depuis un demi-siècle qu'une part au moins du yoga touche quelque chose d'universel en l'être humain et passe intact la frontière de l'Orient à l'Occident, et de la vie traditionnelle à la modernité.

En un monde où les différences socioculturelles s'avèrent si difficiles à franchir, le langage du corps proposé par le yoga transcende les cloisonnements professionnels et familiaux, et il n'est pas rare d'assister à la naissance d'amitiés assez imprévisibles.

Par la médiation d'un groupe bienveillant, au sein duquel l'effort de non-violence est la règle, certains font des progrès étonnants, se sentant tout à coup portés par le travail symphonique de cette petite fratrie momentanée que devient le cours régulièrement suivi. On comprend alors que, paradoxalement, le yoga, chemin de silence et de solitude, rompe l'isolement des personnes – véritable maladie de nos collectivités. Cette dynamique interrelationnelle trouve son intensité maximale dans des sessions de week-end, d'une semaine ou plus, comme il en existe abondamment en Europe et ailleurs. Lors de ces séjours, on retrouve certainement quelque chose de l'ancienne expérience communautaire entre le maître et l'élève, ce « vivre-avec » permettant de s'imprégner intuitivement des exercices et de la philosophie, sans que l'appréhension intellectuelle de la discipline ne réduise celle-ci au rang de technique ou de savoir. Naturellement, un tel partage ne portera ses fruits que si l'encadrement et les règles de vie de l'équipe sont fermement maintenus dans un climat de parfaite santé physique, morale et spirituelle. Alors, l'image du yogi dans sa bulle et tranquillement désintéressé de ce qui l'entoure – image encore si répandue – s'estompe au profit d'une réalité plus authentique, celle même que définissait il y a plus de vingt siècles la *Bhagavad Gîtâ* : « Le yoga, c'est l'action dans la sérénité. »

L'importance du groupe se voit aussi à la maturation que permettent les rencontres et le dialogue entre enseignants. Le professeur n'est pas un maître sacralisé par la communauté et investi, dans sa vocation, d'une autorité que lui confèrent la tradition orale et les textes. C'est un enseignant, diplômé ou non, mais pouvant témoigner d'un apprentissage cohérent, et qui, s'il le désire, adhère à des organismes professionnels (fédérations ou syndicats) aptes à le conseiller, à l'orienter, à le protéger dans l'exercice d'une vocation que les pouvoirs publics des nations occidentales considèrent comme un métier, avec ses règles, ses droits et ses devoirs. L'existence de structures, même lorsqu'elles ne sont pas officiellement reconnues, comme c'est le cas en France actuellement, offre un début de garanties déontologiques, rompt l'isolement et évite au professeur de yoga de faire figure de marginal[6]. Après quarante ans de fonctionnement, on peut en dresser un bilan positif car, sans ces initiatives, l'enseignement de notre discipline aurait disparu, absorbé par des activités sportives et des approches thérapeutiques ou, pire, véhiculé par des groupes sectaires.

L'échange des savoirs sur le corps, la psyché, l'histoire et les textes anciens ne peut que reposer sur des compétences dans chaque domaine et sur une volonté de travailler ensemble. Il implique des exigences de la part de ceux qui forment les enseignants. Dans les séminaires de formateurs, les questions pédagogiques font l'objet d'ajournements réguliers : qu'est-ce que transmettre ? comment transmettre ? comment apprécier des capacités qui sont à la fois personnelles et techniques ? Au fil de ces rencontres, des termes reviennent comme des leitmotive porteurs de sens : « accompagnement », « distance juste », « éthique », « responsabilité », etc. On voit qu'un tel travail dépasse largement les préoccupations utilitaires pour toucher à un niveau de réflexion plus profond. Dans cette perspective, l'aide à l'installation de nouveaux enseignants ou l'organisation de journées autour des obligations administratives et comptables ne sont pas dénuées de signification.

L'élaboration d'un code de déontologie montre un autre aspect de cette maturation. Elle vise à protéger la liberté des personnes, celle des enseignants, celle des élèves. Elle met au jour les possibles relations de pouvoir pour imposer des limites. Elle cherche l'équilibre entre un mode de transmission millénaire et le contexte contemporain de rupture des traditions et de quête intime de soi. Toute une réflexion s'instaure donc en amont du texte déontologique, qui n'a de valeur, comme norme, qu'à partir de cet espace de questionnement préalable.

Seules des structures communautaires ont aussi les moyens d'organiser des rencontres à vaste échelle. Deux exemples : les assises de la Fédération nationale des enseignants de yoga et les congrès de l'Union européenne de yoga. Les assises de la FNEY ont un double effet. Elles réunissent des enseignants et des pratiquants autour d'un thème important pour notre discipline. Elles créent, à travers la présence des conférenciers invités, un dialogue avec d'autres approches de l'humain – philosophiques, psychologiques, scientifiques, historico-culturelles… L'évolution, l'énergie, le sens de la vie, la relation corps-esprit : autant de sujets au cœur du yoga, sur lesquels il importe de s'informer des avancées de la recherche, d'entendre des discours différents. Au prix de ces efforts, le risque de la marginalité, qui guettait le yoga des années 60, est évité. En effet, au nom de l'intime, du souci de soi, se constituent vite des mondes parallèles, déconnectés en quelque sorte de la vie de la cité et de ses difficultés. La curiosité envers les idées, même les plus lointaines en apparence, s'avère gage de distance critique et d'ouverture. Quant à l'Union européenne de yoga, c'est un forum de discussion où s'expriment – comme dans toutes les institutions européennes – des différences dans la conception du métier d'enseignant et dans les contextes. Aussi, la mise en œuvre d'actions communes ne peut aboutir à des directives applicables uniformément dans les pays membres. Mais l'élargissement des points de vue et le partage des expériences sont facteurs d'avancée.

Les institutions fédérales ont les moyens d'éditer des revues : encore un élément à inscrire à leur actif. Les *Carnets du yoga*, la *Revue française de yoga* – pour n'évoquer que ce que je connais de l'intérieur – ont une action culturelle importante dans notre milieu. À travers leurs publications, l'image du yoga évolue progressivement. Moins exotique, moins « soixante-huitarde », elle a pris, grâce à elles, plus de poids et de cohérence auprès de ceux qui le pratiquent, et aussi de ceux qui ne le connaissent pas, ou seulement par ouï-dire. Certes, il y a fort à faire encore pour améliorer cette image, comme on a pu le voir, mais ce bilan provisoire semble positif.

CHAPITRE II

Retour aux origines

Pour les hindous, les quatre *Vedas*, textes fondateurs composés au deuxième millénaire avant notre ère, expriment les vérités révélées à de grands maîtres d'un âge primordial du monde, les *rishis*, les « voyants », assez purs pour percevoir ce qui vient de l'au-delà : ils évoquent l'originel intangible, et l'effort proprement spirituel des poètes-voyants pour dire ce mystère premier, source à laquelle se rattachent toutes les vérités humaines.

Il s'avère difficile de décider si les Indiens des temps védiques, c'est-à-dire surtout les clans aryens de culture indo-européenne à partir du début du deuxième millénaire avant Jésus-Christ, connaissaient des disciplines s'approchant de ce que l'on appellera plus tard le yoga. Très probablement, certains d'entre eux possédaient des techniques psychosomatiques destinées à maîtriser les énergies ou à dynamiser les fonctions du corps et de l'esprit, sans qu'il y ait de limite étanche entre l'individu et le monde. Aux intuitions que des peuples de même culture indo-européenne semblent avoir eues en ce domaine – puisque certaines se retrouvent plus tard dans la Grèce antique et peut-être chez les Celtes –, il faudrait sûrement ajouter un vieux fonds d'expériences indigènes sur le corps et certains états de l'âme. Nous ne pouvons malheureusement que faire des conjectures, en évoquant l'évolution ultérieure, et en particulier le yoga tantrique, qui pourrait s'être formé sur la survivance, en des régions retirées, de traditions autochtones non écrites[1].

Enfin, certains auteurs ont pensé identifier une première posture de yoga sur un objet trouvé dans les fouilles de Mohenjo-Daro, un important centre de la civilisation de l'Indus (IIIe-IIe millénaire avant notre ère) : il s'agit d'un sceau carré, cassé, où siège, sur une estrade, un dieu cornu assis, genoux écartés et plantes des pieds jointes, dans une position qui, en effet, vingt siècles plus tard, fera partie de la nomenclature classique des traités et de l'enseignement oral. Mais l'interprétation est bien hypothétique.

I.

Pensée cosmique et action rituelle

Il paraît au moins raisonnable de renoncer à invoquer dans notre discipline une sorte de tradition primordiale, déjà toute constituée au moment où le passé nous laisse entrevoir quelques vestiges de la préhistoire indienne. Au contraire, ce que l'on perçoit des humanismes qui ont fleuri dans la vallée indo-gangétique laisse plutôt imaginer que le yoga classique découle d'une lente maturation et de la répétition incessante d'expériences analogues, afin d'en établir les lois et les effets. Est-ce à dire que son origine nous reste inaccessible ? Tout dépend comment on entend la question. S'il faut savoir à quelle époque telle position ou telle méditation rythmée par le souffle ont été « inventées », la recherche demeurera infructueuse. Mais s'il s'agit de la « vision du monde » dont, très précisément, découlent sa dynamique et ses moyens, alors on peut montrer qu'elle domine déjà les textes védiques, car sans l'ancienne pensée cosmique et rituelle, le yoga, dans ce qu'il a de vraiment original, n'aurait pas éclos.

1. L'homme, coresponsable de l'ordre du monde

Les linguistes qui s'occupent des langues d'origine indo-européenne ont repéré deux mots aux implications symboliques très larges, d'une puissance et d'une longévité exceptionnelles : *dharma* et *rita*.

Dharma, littéralement « ce qui soutient » – d'une racine sanskrite *dhar-*, « tenir ferme » –, s'apparente aussi, par exemple, à *dhriti*, la « patience », ou à *dhrishti*, le « courage ». Le même terme évoque donc à la fois ce qui concerne la fermeté ou l'appui, et ce qui se réfère à une permanence ou à une opiniâtreté garantes de succès. On comprend alors la traduction de *dharma* par « loi universelle » : pour qu'un monde existe et subsiste, il faut un espace solide et un temps durable, ces deux coordonnées définissant le fleuve du vivant par différence avec la dimension de l'absolu, non localisable et éternel. Dans les plus anciens hymnes, ceux du *Rig-Veda*, les récits de la création montrent l'apparition du *dharma* comme condition préliminaire à tout, matrice des êtres. C'est que la racine *dhri-* veut aussi dire « porter un enfant », « être enceinte ». Il y a donc un ordre cosmique, créé par les dieux, espace-temps primordial qui porte en son « sein » l'évolution ultérieure.

Or, si l'homme n'est évidemment pas l'auteur d'un *dharma* qui le dépasse, il en devient cependant le dépositaire et, dans une certaine mesure, le

« gérant ». La création subit constamment la menace de forces aberrantes, centrifuges, au point que les aléas de l'histoire voilent souvent la présence du divin. Il faut donc que des hommes choisissent, en toute conscience, de méditer les symboles et d'accomplir les gestes destinés à renforcer le *dharma* : c'est cela le *rita* védique. Le rite désigne d'abord un acte privilégié, rattachant la trame du temps humain à l'éternité divine. Quand il récite les textes sacrés qui rappellent la mémoire des commencements, l'acteur du rite – public ou privé, collectif ou intime – régénère sa durée personnelle ou celle de sa société. Lié au temps, *rita* s'apparente au sanskrit *ritu*, « saison », et au français « article », qui désigne d'abord un moment, comme dans notre vieille expression « à l'article de la mort ».

Les rites replacent un fragment de temps ou de vie dans une totalité plus vaste qui lui donne sa signification. Ils « ouvrent des chemins », disent les poètes, entre ici-bas et l'au-delà. Mais, parallèlement, ils délimitent des réalités qui doivent être reliées sans être confondues ; par exemple, le monde des dieux, le monde des vivants et le monde des morts. Les rites servent aussi à ajuster des domaines distincts du réel : très souvent, dans le Veda, l'univers se présente comme un immense organisme à différents membres, un corps articulé par les gestes précis, que les dieux ont posés à l'origine et que les fidèles réitèrent perpétuellement. On comprend mieux que le mot « articulation », lui aussi, soit apparenté à *rita*.

Sommes-nous très loin du yoga ? En apparence seulement, car le yoga indien classique, sans constituer à proprement parler une pratique religieuse, comportera un aspect rituel fortement accentué : le moment et le lieu feront l'objet d'un choix précis, respecté quotidiennement. Le yoga jouera, surtout pour l'individu, le rôle que joue le rite pour le cosmos : relier tout en délimitant, rendre limpide la présence d'une structure interne. Ce principe d'ordre et de recentrage s'appliquera aussi bien au corps qu'aux pensées et aux émotions qui agitent le psychisme. Enfin, lorsque le yoga s'épanouira dans une ambiance dévotionnelle, il permettra de vivre ce qui relie le croyant à son dieu : l'amour et la grâce ; et ce qui les différencie : la transcendance.

Agir selon un ordre supérieur, qui rassemble sans confondre : tel est, peut-être, le premier pilier de la sagesse que les yogis ont hérité de leurs ancêtres védiques.

2. Du rite au sacrifice intérieur

Le rite, dans la pensée ancienne, appartient à un domaine très particulier d'action religieuse : celui du sacrifice – pas nécessairement sanglant, douloureux ou tragique. Là encore se présente un mot lourd de sens : le latin *sacrum facere*, « faire du sacré ». Le sacrifice permet par un don de faire passer un être, une chose, un événement, d'un statut à un autre, de le retrancher du monde humain. La valeur intrinsèque de l'acte sacrificiel consiste en ceci que, en retour de ce don, le sacrifiant ou son groupe sont eux-mêmes transformés par ce qu'ils accomplissent : non seulement la substance, l'espace, le temps changent de statut, mais l'acteur lui-même, à travers eux, accède à une dimension nouvelle. Il devient un « deux-fois-né ». Cela voulait dire que, après avoir reçu comme tout le monde une origine biologique, par une expérience religieuse originale, il accueillait une « deuxième vie », subtile celle-là, et sans doute immortelle, contrairement à la première. Dans la religion védique, la « seconde naissance » est fabriquée par les rites et obtenue du dehors.

Seulement, lorsque plus tard on comprend que c'est une part de soi-même qu'il faut mettre dans la balance pour que le changement acquière une valeur consciente, alors naît une sagesse qui façonnera toute la pensée de l'Inde ultérieure. Les auteurs védiques la pressentent. Leurs successeurs, les maîtres des *Upanishads*, la réalisent et la proclament dans les enseignements auxquels les yogis puisent à toutes les époques. Dans certains de ces textes, on constate que la doctrine du sacrifice, mûrie, s'est muée en une recherche des disciplines grâce auxquelles l'homme pourra accomplir en lui-même le « sacrifice intérieur ». Contrôle du corps, pacification des passions, vie sereine et régulière, exercices de purification affinent le composé humain comme dans un processus alchimique. Le sacrifice primordial est ainsi devenu le modèle symbolique des techniques de transformation, et en particulier du yoga.

Cette mutation, qui se fait jour peu à peu au cours du premier millénaire avant l'ère commune, exige du sage qu'il abandonne ce qui, en lui-même, le sépare du divin, pour se laisser transformer et devenir un être nouveau. Le yoga indien classique sera pour une part l'aboutissement de ce désir de transformation et l'invention des moyens à mettre en œuvre pour y parvenir.

3. Le son, vibration créatrice

Les prêtres védiques détiennent la maîtrise d'un verbe symbolique, grandiose et polymorphe, presque impossible à traduire dans une langue moderne. Ils sont réputés condenser dans un langage humain une puissance, celle de la Parole originelle « mère des dieux », se manifestant dans le monde. De cette parole, on ne connaît qu'un fragment, « le quart » ; les trois autres quarts restent non révélés. Elle est constituée de syllabes, chacune d'entre elles représentant l'unité sous la diversité des sons, le rythme premier qui a impulsé le cosmos : « Celui qui ne connaît pas la syllabe, séjour de tous les dieux dans l'espace suprême, que pourra-t-il faire avec l'hymne ? » questionne le *Rig-Veda*[2]. Connaître la syllabe, c'est connaître le *brahman*, la « formule énigmatique ». Or c'est justement l'un des noms que l'on donne à l'absolu invisible. Car, de l'être en soi, nul ne peut rien dire, l'esprit humain demeurant impuissant à le concevoir. Mais, de sa force agissante, on espère saisir effets et influences : ici, c'est à la vibration sonore, à l'efficacité de l'articulation des sons significatifs que l'on perçoit la présence cachée du principe créateur. Et, mystérieusement, c'est dans le silence qui s'étend par-delà le langage que l'on s'approche le plus de cette puissance : « Parole et pensée sont les deux pistes du sacrifice[3]. »

Le prêtre védique sait, quand il doit réciter et quand il doit se taire, que ces deux attitudes correspondent à des vérités profondes, et non à des conventions. Pour parler comme pour se taire, il fait acte sacré. Lorsqu'il compose, il se tourne vers son intériorité, en quête de cette énergie de la parole, riche, féconde, jaillissante, que les dieux ont mise en lui. La parole est comparée à la vache qui donne le lait nourricier ; au beurre liquide coulant dans le feu du sacrifice ; à la navette qui court sur le métier pour renforcer le « tissu du monde » ; au soma, le « nectar d'immortalité ». Le poème résulte d'un effort plutôt religieux qu'esthétique pour faire passer dans le langage une réalité divine le débordant de toutes parts. Dans cette tentative, le poète peine, il « transpire », et les gouttes de sa sueur sont assimilées à une substance sacrificielle.

Lorsqu'il reste silencieux, qu'il « retient sa voix », le célébrant se retire dans une sorte d'abstinence, se privant momentanément du bavardage quotidien. Certains textes lui enjoignent de garder les yeux clos, les poings fermés, de ralentir sa respiration et de limiter sa consommation de nourriture. Peut-être s'agit-il là d'une discipline ascétique et peut-on y reconnaître les premières techniques de concentration, de condensation de l'énergie, de recentrement sur soi qui s'épanouiront ensuite dans le yoga. Grâce à l'état de tranquillité silencieuse, le yogi accomplira en effet le plus intérieur des sacrifices, le plus subtil et le moins spectaculaire, l'« oblation du souffle et de la pensée », dans lequel il offre ce qu'il a de plus précieux, sa vie même, et, l'offrant, accède à la deuxième naissance par cet abandon qui opère la transformation.

Un mot se détache, parmi le foisonnement des termes et des images décrivant le sage : *mauna*, le silence, l'état de celui qui est « un », « unifié » en lui-même et sans doute aussi avec les dieux ou l'Être. *Mauna* s'apparente au grec *monos*, qui signifie à la fois « un » et « seul », et au français « moine ». Ce lien entre le silence à l'égard du langage profane, exercice de concentration de l'énergie contenue dans la parole divine, et l'état d'unification marquera durablement les différents courants de la spiritualité indienne. Il induira l'idée que, d'une certaine manière, la vibration la plus subtile, la plus proche du moment primordial de la création, et donc aussi la plus intense, c'est la vibration « inexprimée », dans laquelle toutes les syllabes et les pensées sont contenues, résumées, rassemblées. Les yogis chercheront comment passer de l'agitation au calme intériorisé pour goûter la densité du silence. Ils trouveront certaines réponses dans une mystique du son et une expérience approfondie de la récitation de formules qui, apaisant l'âme, la conduisent vers l'« état de *mauna* », ce grand silence de la parole, du corps et de l'âme.

4. Les « techniques archaïques de l'extase[4] »

Naître une deuxième fois par le sacrifice, cela voulait dire participer dès cette existence à une autre vie, plus subtile, à laquelle les dieux ont part en plénitude, mais que le « deux-fois-né » goûtait passagèrement, lors de rituels extrêmement intenses. Le « sacrifice du *soma* », par exemple, constituait l'un des sommets de la religion védique, avec ses séquences de plusieurs jours au cours desquelles le sacrifiant se transformait, mourant et renaissant symboliquement à travers une initiation à la dimension divine cachée dans les phénomènes. Il acquérait un « nouveau corps », par une expérience ascensionnelle, solaire, divine :

> « Nous avons bu le Soma, nous sommes devenus Immortels.
> Nous sommes parvenus à la Lumière, nous avons trouvé les dieux.
> Qui peut désormais nous nuire et quel danger nous atteindre[5] ? »

Le *soma* était sûrement une boisson hallucinogène, un « illimiteur de conscience[6] », destiné, comme dans bien d'autres contextes religieux archaïques, à retirer au moi ses repères habituels pour le préparer à une entrée dans un univers qui le dépasse. Dans la religion védique, cependant, le *soma* ne constitue qu'un moyen, et nul ne peut s'en servir impunément, ni à des fins profanes. On entoure sa consommation de tabous particulièrement sévères, qui en restreignent la consommation à l'usage rituel, et dans certaines circonstances bien précises, autrement, dit-on, il fait mourir. Ce qui importe, ce n'est pas la drogue, c'est la transformation d'une conscience dont l'extase ne constitue que le fruit ou la preuve. Et les générations suivantes détacheront la fin du moyen en affirmant que le sage peut trouver en lui-même les ressources qui l'ouvriront à la vie divine, à condition de mener une existence disciplinée et de pratiquer certains exercices psychosomatiques. L'évolution tend vers une intériorisation toujours grandissante, l'ancien *rita* védique ne faisant plus figure que d'ébauche communautaire, imparfaite, d'une expérience impliquant la fine pointe de l'âme. L'extase, n'étant plus provoquée, cesse d'induire une sortie de soi, un enlèvement momentané, pour devenir une ouverture consentie vers des capacités supérieures de l'esprit, ce que l'historien des religions Mircea Eliade appellera une « enstase », une entrée dans les profondeurs de soi[7].

Ces expériences extra-ordinaires ne consistaient pas, comme on l'imagine souvent, en un voyage dans l'imaginaire ou dans le fantasmagorique, d'où l'on reviendrait comme l'on est parti, simplement ébloui et anxieux de recommencer… En réalité, elles attestent qu'un travail lent, régulier, progressif et irréversible de mutation se produit ; travail désigné en sanskrit par le mot *tapas*. Ce cheminement, la langue l'identifie assez singulièrement à une « cuisson ». Le verbe *tap-*, « chauffer », recoupe le sens du mot *dîkshâ*, « deuxième naissance rituelle » (souvent traduit par « initiation »), qui vient probablement de *dah*-, « cuire ». « Par son *tapas* » ou « en faisant *tapas* », l'adepte devient autre sans retour, puisque que de « cru » ou « naturel », il se fait « cuit » au feu du sacrifice, puis à l'ardeur de sa visée transformatrice. Il s'agit là d'une véritable recréation, évocatrice de certaines cosmogonies où un dieu enfante le monde en « s'échauffant », en « transpirant ». De plus, en physiologie, on assimilait la « couvade » des œufs ou la gestation de l'embryon à une cuisson préparant l'éclosion d'une existence neuve : sur son foyer interne, l'ascète « couve » sa nouvelle forme[8]. Or jusque dans le yoga actuel a perduré ce vieux mot *tapas*, généralement traduit par « ascèse », « discipline », « effort » – ce qui n'est pas faux, mais ne rend pas justice de la saveur du terme. La maîtrise des énergies et du souffle provoquera en effet une sorte de chaleur physiologique doublée d'un feu spirituel, réputé brûler les impuretés physiques et psychiques, le yogi devenant ainsi son propre alchimiste.

II.

En quête de l'intériorité

L'intériorisation et l'ascèse prennent lentement le pas sur les conventions du rite védique. On en aperçoit les effets à partir du VIe siècle avant notre ère, lorsque des sages itinérant dans la vallée gangétique prêchent de nouvelles voies spirituelles. C'est l'époque du Bouddha, de Mahavîra, qui est le fondateur du jaïnisme, et d'autres prédicateurs dont l'histoire a oublié les noms. C'est aussi la période qui voit naître des textes nombreux et complexes qu'on appelle *Upanishads*[9]. Ces textes expriment une nouvelle vision de l'homme et de sa place dans le monde en réinterprétant la tradition védique. C'est à partir d'eux que naîtra l'hindouisme au sens strict du terme.

Les *Upanishads* présentent des orientations très diverses : certaines restent liées à l'orthodoxie védique, d'autres glissent vers la pensée magique. Mais trois groupes se distinguent par leur capacité d'innovation spirituelle. Les premières, à tendance métaphysique, affirment que la connaissance de l'Être et la levée des illusions constituent la voie suprême. Les secondes sont de nature dévotionnelle et placent le salut entre les mains d'un grand dieu personnel. Les troisièmes, plus tardives, présentent des expériences psychosomatiques qui deviennent très vite les modèles du yoga[10]. Ces trois types n'ont pas de frontières très précises : non seulement ils s'empruntent des concepts, mais, dès cette époque, on trouve un yoga de la connaissance métaphysique, un yoga de l'amour mystique et un yoga de l'action dans le monde, qui puisent au même fonds.

1. Le souffle et la dimension spirituelle[11]

Dans spirituel, il y a du souffle : l'étymologie en témoigne, et c'est d'elle qu'il faut partir. « Esprit » nous vient du latin *spiritus*, formé sur le verbe *spiro*, qui donne *in-spiro*, *ex-spiro* (*expiro*), *re-spiro*. Le sanskrit possède le verbe *aniti*, *ânayati*, « respirer », sur une racine *an-* qui a peut-être produit *anila*, « souffle ». Il se peut que *âtman*, le « Soi », conscience profonde différenciée du moi existentiel – un mot sur lequel nous allons revenir –, en provienne aussi. Cette racine est sûrement très ancienne, remontant à un lot de termes antérieurs à la séparation des populations d'origine indo-européenne, si nous en croyons le témoignage du grec *anemos*, « vent », et de son jumeau latin *animus*, mais aussi de l'actuel verbe allemand *atmen*, « respirer ». Précédée du préfixe *pra-*, *an* a produit *prâna*, « souffle, respiration », terme fondamental du yoga.

Cette notion de souffle, au moins en Inde, n'est jamais limitée à la sphère individuelle : *prâna*, substrat universel, porte tout l'invisible. « Il est la divinité qui est et qui n'est pas et qui est immortelle. Comme le rayon dans le moyeu de la roue, ainsi sont fixées toutes choses dans le Souffle[12]. » Il infuse le cosmos :

> « Hommage au *prâna* qui régit l'univers entier ! […]
> Lorsque le Souffle a fait pleuvoir
> pour féconder les plantes
> arrosant la vaste terre,
> les troupeaux mugissent de joie :
> "Nous aurons à manger,
> disent-ils, en abondance !"
>
> Et les plantes, mouillées de pluie,
> s'entretiennent avec le Souffle :
> "Tu as étiré notre durée de vie !
> Tu nous as parfumées !
> Nous garderons ton odeur !
> Hommage à toi[13] !" »

L'être humain baigne donc dans quelque chose de bien plus vaste que ce à quoi on se limite lorsqu'on évoque la fonction respiratoire. Par le souffle, il communique directement avec le cosmos et la nature, mais aussi avec le principe divin qui est à l'œuvre dans toute vie. Il apprend aussi que, loin de détenir ou de retenir sa respiration, il reçoit son souffle d'ailleurs. Le spirituel, en Inde (comme ailleurs, si l'on voulait faire des rapprochements), est d'abord un être « inspiré », dans tous les sens du terme ; il est à l'écoute d'une vibration originelle. Car, dans de nombreux mythes de création, c'est un souffle divin qui donne le branle au cosmos ;

dynamique par excellence, il fonde la dimension espace-temps du seul fait qu'il « respire », « bouge » ou « remue ».

Mais chez l'homme, le *prâna* a ceci de particulier qu'il est étroitement relié à la conscience et à ses facultés. Le Soi est une conscience inspirée, de l'ordre du souffle. Les textes qui l'affirment sont innombrables à cette époque : « Il faut vénérer l'*âtman* qui est fait de pensée, dont le corps est le souffle[14] » ; « Le souffle naît de l'*âtman*. Comme l'ombre sur un homme, ainsi le souffle est étendu sur l'*âtman*[15] ». Pour la *Kaushitaki Upanishad*, « le souffle est *brahman*. À ce souffle qui est *brahman* [appartient] la parole ; derrière la parole, l'œil est enfermé, derrière l'œil, l'oreille est enfermée, derrière l'oreille, l'esprit est enfermé, derrière l'esprit, le souffle est enfermé. Or donc à ce souffle – le *brahman* – toutes ces facultés portent tribut » (II, 1-2). Plus loin, elle parle de « Soi conscient » et l'assimile au souffle : « Le souffle qui n'est autre que le Soi conscient » (II, 14) ; « C'est le souffle, le Soi conscient qui, s'étant emparé de ce corps, le fait se dresser… Le souffle, c'est la conscience, et la conscience, c'est le souffle. Car tous deux résident ensemble dans ce corps et le quittent ensemble » (III, 3, encore répété littéralement un peu plus loin). La *Kena Upanishad* dit aussi : « Ce par quoi la respiration est conduite, c'est cela le *brahman*, sache-le » (I, 8).

Les *Upanishads* assignent comme but au travail de transformation une compréhension existentielle et pas seulement mentale. Cette compréhension a trait à la relation d'identité entre la Grande

Conscience qu'est le *brahman* et le Soi intime en l'individu. *Brahman* et *âtman*, c'est l'Esprit toujours identique à lui-même, qui se manifeste sous une forme universelle ou sous une forme individuelle. L'illusion la pire est de se croire séparé. La perception de l'identité sous la différence va produire la très indienne doctrine de la non-dualité, *advaita :* le *brahman* cosmique et l'*âtman* personnel sont « non-deux ». Le souffle, en tant qu'il est à la fois cosmique et corporel, universel et individualisé, donné gratuitement et modulable à volonté, fournit une continuité concrète et vivante à ce qui, sans cela, demeurerait une intuition purement philosophique.

2. La voie du cœur

L'univers, pour l'Indien védique, ne peut exister qu'à la condition de s'organiser autour d'un centre qui le maintient au contact avec l'absolu ; vienne à disparaître ce lien permanent, et tout retourne au chaos. Les *Upanishads* retiennent le concept fondamental d'un cosmos recevant sa réalité du principe transcendant dont le « centre du monde » est en quelque sorte le siège symbolique :

> « Ce en quoi tout ici-bas s'assemble et se disperse
> Ce en quoi toutes les formes divines ont leur assise
> C'est Cela qui est, ce qui fut, ce qui sera…
> Nombril de l'univers, Cela soutient toutes choses…
> Il ajuste l'un à l'autre le Ciel et la Terre[16]. »

Une *Upanishad* parle du *brahman*, le « mystère », comme de « lui qui, au milieu de l'univers, est le gardien de l'univers ». Une autre compare le mouvement créateur du *brahman* à travers les cycles cosmiques à celui d'une « araignée qui projette et résorbe son fil », ce fil du sens et de la vie, « fil directeur » dans toute la force de l'expression[17].

Les sages des *Upanishads* projettent ce centre au cœur même de l'homme. Les textes, innombrables, célèbrent sans fin l'*âtman*, le « Soi », qui siège dans les profondeurs de l'être humain, comme le *brahman* siège au cœur du monde. Ce mot, *âtman*, qui est devenu dans la grammaire sanskrite l'équivalent du simple pronom réfléchi de la troisième personne, n'indique rien – l'essentiel restant inaccessible à la pensée et au langage courants – sinon le mouvement réfléchissant, l'impulsion d'une âme qui, ayant longtemps cherché sa raison d'être dans les phénomènes, revient à elle-même pour découvrir, en son fond propre, une Présence qui l'habite et la dépasse en même temps. À cette Présence qu'elle goûte mais ne peut nommer sans la réduire, elle attribue le nom de « Soi », pour indiquer simplement que c'est par ce reploiement, ce retour à l'intériorité qu'on en reçoit la lumière. L'*âtman*, le « régent intérieur », « se tient à l'intérieur du cœur, plus ténu que le ténu, pareil à un feu multiforme allumé là » ; « Plus petit que le petit, plus grand que le grand, est l'*âtman* blotti au creux du cœur humain » ; « Il est le soi le plus intime en tous les êtres. Il est de tous les êtres l'âme intérieure[18] ».

Tel est le leitmotiv de cet enseignement : l'essentiel est invisible pour les sens et ne se perçoit bien qu'avec le cœur, mais un « cœur subtil » qui dirige tous les organes de connaissance, sans que l'individu en ait conscience, sauf s'il suit cette voie des *Upanishads*. Dans la *Kena Upanishad*[19], un maître pose une très difficile question à son disciple : « Mue, promue par qui la pensée vole-t-elle ? Attelé par qui le souffle se met-il en marche ? Elle est mue par qui, cette parole qu'on dit ? Et quelle force divine attelle regard et ouïe ? » L'œil voit, mais ne sait pas ce qui le fait voir ; l'oreille entend, mais ne sait pas ce qui la fait entendre… et la pensée pense, mais ne sait pas ce qui la fait penser. C'est seulement lorsqu'il aura pris conscience de ce paradoxe que le disciple percevra que, par cet exercice même d'interrogation et de concentration, une dimension essentielle émerge de ses propres profondeurs et dirige peu à peu son mental, ses émotions, ses actions.

Cette mutation, cependant, ne se produit ni soudainement ni aisément. La résistance de la personnalité à l'introspection et les obstacles qu'elle met entre elle et le Soi constituent l'un des thèmes privilégiés de la prédication des maîtres upanishadiques. Il faut une discipline, des moyens, une énergie motrice. Ainsi le yoga dut-il avant tout sa naissance aux difficultés rencontrées dans la vie spirituelle, et non pas à la volonté de faire son salut par soi-même en se forgeant un corps et un esprit inaltérables.

L'être humain doit affronter la force de *kâma*, le « désir » ; dans les cosmogonies védiques, il est la cause première de la création, en ce sens que celle-ci n'apparaît que parce qu'il y a du désir dans l'Être, dans l'Un, dans les Eaux primordiales. Le désir constitue également un élément moteur de l'acte sacrificiel, car sans celui du sacrifiant, le rite manque à être : « De l'espérance d'un avantage naît l'empressement ; les sacrifices ont pour mobile l'espérance ; les pratiques de dévotion austère et les observances pieuses sont reconnues provenir de l'espoir d'une récompense. On ne voit jamais ici-bas une action quelconque accomplie par un homme qui n'en a pas le désir ; en effet, quelque chose qu'il fasse, c'est le désir qui en est le motif[20]. » Loin de vouloir l'abolir simplement, comme une image superficielle le laisserait croire, l'Inde a commencé par reconnaître sa puissance, elle a élaboré, selon l'heureuse expression de la grande indianiste Madeleine Biardeau, une « anthropologie du désir » car, même là où il semble le plus nié, il est présent : « Pour chaque rite le fruit est indiqué. Celui qui désire ce fruit doit exécuter le rite. La religion du brahmane – le *dharma* – est donc en fait pleine de *kâma*... L'ascète lui-même ne sortirait pas du monde si le désir de la délivrance ne l'y poussait[21]. »

Mais ce désir de délivrance doit être totalement unifié et différencié des désirs au pluriel qui s'attachent à des objets. La *Brihad Âranyaka Upanishad* fait ainsi une hiérarchie entre désirs existentiels et jouissance supérieure : « Lorsqu'ils sont tous rejetés, les désirs qu'il portait en son cœur, alors le mortel devient immortel, dès ici-bas il jouit de *brahman* » (IV, 4, 7). Plus tardive, l'*Amritabindu Upanishad* montrera que, pour intérioriser cette différence, il faut une discipline de transformation :

« On a dit de l'esprit humain qu'il pouvait avoir deux aspects : le pur et l'impur. Impur s'il est esclave du désir… Mais autant l'instabilité aura pu s'installer dans son cœur, autant seront longs les efforts qu'il faudra accomplir pour libérer l'esprit : ces efforts sont ce que l'on nomme Connaissance et Méditation » (1-4).

La *Mahânârâyana Upanishad*, composée dans un milieu d'ascètes vishnouites, intériorise la notion de sacrifice : la seule offrande véridique est celle du « cœur ». Le grand poème (v. 201-260) qui en occupe le centre et qui lui a valu son nom est dédié à Vishnu Nârâyana comme personnification de l'Âme du monde qui réside au cœur de l'homme – *nâra*, c'est l'« homme » en sanskrit. Cette connaissance est un « secret » réservé aux ascètes renonçants, qui les délivre de la mort. Le dieu y apparaît comme suprême, « au-delà » (*parama*). Le lotus du cœur est son siège ; le son primordial (la monosyllabe *Om*) exprime son essence, lui qui est la Suprême Parole, le « Poète qui n'a pas de limite ». En Nârâyana, transcendance et immanence se joignent, comme les deux faces indissociables d'un même mystère. L'ascète accomplit la « liturgie mentale », dans laquelle il n'y a plus de victime extérieure. L'officiant, c'est l'ascète lui-même. La substance oblatoire, c'est la vie intérieure de l'individu, sous des formes diverses. Par exemple, on peut offrir son repas en mangeant rituellement et en se purifiant la bouche après ; ou bien en jeûnant. Mais c'est surtout l'offrande du souffle, souvent sous la forme de la récitation de formules, qui peut être à voix haute ou, mieux encore, silencieuse. Le cœur purifié devient ainsi l'espace intérieur où réside l'*âtman*, comme l'autel du sacrifice était l'espace autour duquel s'installaient les dieux dans le rite védique. Le cœur comporte un creux, un vide, une « caverne » (*guha*) minuscule, où pourtant repose l'univers tout entier. C'est un « sanctuaire » (*âyatana*) où resplendit le feu, Agni, ou le soleil, Sûrya.

À travers cette réinterprétation, les sages des *Upanishads* ont exalté l'idée qu'une perte de soi conduit paradoxalement à un accroissement d'être, provoque l'alchimie de la « deuxième naissance », c'est-à-dire la transformation d'une conscience qui a découvert son centre divin et se réorganise autour de lui. À travers la maîtrise du processus respiratoire s'accomplit une métamorphose globale que les textes représentent sous la forme de l'oblation du *prâna* sur le foyer intime qu'est l'*âtman* : « Voici l'astreinte instituée par Praterdana. On l'appelle l'*agnihotra* intérieur. Aussi longtemps qu'un homme parle, il ne peut pour autant respirer ; alors il offre le souffle dans la parole. Aussi longtemps qu'un homme respire, il ne peut pour autant parler : alors il offre la parole dans le souffle. Ces deux oblations éternelles, immortelles, il les offre continûment, qu'il veille ou qu'il dorme. Les autres oblations, elles, sont limitées (dans le temps), car elles consistent en actes[22]. » L'*agnihotra* est le rite fondamental de la religion védique, accompli chaque matin en hommage au dieu feu Agni, qui est justement le médiateur de tous les sacrifices. Sa phase principale consiste en une libation de lait sur le foyer. Mais ici, parole et souffle remplacent désormais le lait, et cette intériorisation du rite marque un grand progrès spirituel.

3. Amour de Dieu et yoga

La religion védique s'adresse à une pluralité de puissances divines, au-delà desquelles se devine un absolu impersonnel, principe neutre, être transcendant indescriptible :

> « Celui qui, parmi les dieux, fut le Dieu unique,
> Quel est-il ce dieu,
> Que nous le servions par notre oblation[23] ? »

demandent déjà les voyants qui, quinze siècles avant notre ère, vont inventer pour lui le mot *brahman*, « formule chiffrée », « mystère ». Cette orientation ontologique et philosophique, plus que religieuse au sens strict du terme, se développera au cours de l'histoire indienne, en particulier dans le vedânta et dans le « yoga de la connaissance ». La conscience individuelle y est la part momentanément incarnée de l'absolu indifférencié, qu'elle rejoint pour s'y fondre, n'en ayant jamais été séparée que par l'illusion d'un ego autonome. En Occident, on a beaucoup insisté sur la perte dans un « grand tout » qui serait la finalité de toute évolution spirituelle dans l'hindouisme. C'est oublier ou ignorer que cette démarche a pour corollaire un courant tout aussi important : celui de la dévotion envers une forme personnelle du divin. Par « dévotion », on traduit le mot sanskrit *bhakti* qui contient en réalité l'idée de « partage » ou de « distribution ». Dans la *bhakti*, le dieu donne en partage quelque chose de sa nature à son *bhakta*, son dévot, qui répond par un total abandon à sa volonté. Le texte qui confère ses lettres de noblesse à la *bhakti*, c'est la *Bhagavad Gîtâ*, le « Chant du Seigneur », le mot *bhagavad* (*bhagavant*) signifiant justement « celui qui donne en partage ». Or la *Gîtâ* ne cesse de parler de yoga, au sens large ou technique du terme, selon les moments, mais toujours dans un contexte dévotionnel, qui baigne d'ailleurs entièrement cette époque et que partagent certaines *Upanishads*. Nous sommes entre le IIe siècle avant et le IIe siècle après l'ère commune, au même moment où est composée la *Shvetâshvatâra Upanishad*, qui exalte le dieu Shiva, comme la *Bhagavad Gîtâ* exalte Vishnu-Krishna.

Chacun des dix-huit chapitres de la *Gîtâ* se termine par la même strophe, au titre près :

> « Tel est dans la *Bhagavad Gîtâ* sainte
> dans les *Upanishads*
> dans la science de *Brahman*
> dans l'écriture du yoga
> dans le dialogue de Sri Krishna et d'Arjuna,
> le premier chapitre nommé
> la tristesse d'Arjuna selon le yoga »
> (ou : « … le douzième chapitre nommé
> la dévotion selon le yoga »).

Ici, le mot de yoga a une acception extrêmement large : celle de réflexion présidant à toute orientation de vie, quelle qu'elle soit. Au fil du texte apparaissent en revanche des descriptions de pratiques yoguiques tout à fait élaborées ; par exemple, la posture méditative : « L'ascète doit se recueillir sans cesse, retiré à l'écart, solitaire, contrôlant son esprit, n'aspirant à rien, dépossédé de tout, après s'être ménagé sur un emplacement purifié un siège stable, ni trop élevé ni trop bas, recouvert d'une étoffe, d'une peau d'antilope ou d'herbe sacrée. Là, la pensée ramassée en une seule pointe, maîtrisant ses opérations mentales et sensorielles, installé sur son siège, qu'il s'unifie dans la discipline unitive (yoga) en vue de se purifier ; maintenant affermi le corps, la tête et le cou au même aplomb et dans l'immobilité, le regard concentré sur la pointe de son nez, sans le laisser porter en différentes directions, l'âme apaisée, exempte d'angoisse, fidèle à l'observance de la chasteté, discipline unitive (yoga), qu'il se tienne dans cette posture, tendu vers Moi[24]. » Ce passage deviendra un « grand classique » de la présentation du yoga comme discipline spirituelle ; on remarquera ici le poids des derniers mots, « tendu vers Moi [Krishna, l'avatar de Vishnu] », sans lesquels de tels exercices pourraient demeurer purement profanes.

L'originalité de la *Bhagavad Gîtâ*, ce qui en fait l'enseignement le plus respecté dans tous les pays d'influence indienne, réside en ceci que son yoga tente de répondre aux graves interrogations que posent à l'homme son action dans le monde, sa responsabilité dans l'issue d'événements sur lesquels il a une influence. Comment le sage peut-il résoudre le conflit opposant son devoir de caste à son éthique personnelle ? Comment refuser d'accomplir sa vocation de guerrier et admettre en même temps que ses futures victimes soient des frères, des oncles ou des cousins ? Telle est la question qui hante le prince Arjuna. Elle marque l'émergence d'une conscience morale qui quitte ses repères communautaires, inopérants, pour s'enfoncer dans les abysses de l'introspection et, abdiquant devant la complexité du choix, remet sa volonté entre les mains d'un être transcendant, Krishna-Vishnu, venu délivrer les clés de la libération. Tant que l'action individuelle semblait se maintenir dans le cadre du *dharma*, de l'ordre cosmique, qu'elle consolidait et perpétuait en restant rituelle, il n'y avait guère de faille. Mais la *Bhagavad Gîtâ* marque un mûrissement de la spiritualité en quête des critères distinctifs de l'acte juste. Il ne suffit plus que celui-ci se conforme à un système de règles socio-religieuses ; encore faut-il s'interroger sur sa finalité et les conséquences qu'il entraîne, et pour l'individu et pour autrui.

Au *rita*, la prédication de Krishna substitue donc le *karma-yoga*, la « discipline de l'acte », et développe les conditions de sa réalisation. Ce yoga s'adresse à ceux qui vivent en société et non aux ascètes qui la quittent ; d'ailleurs, l'engagement dans le monde n'est pas moins méritoire que la retraite, puisqu'il reproduit à un échelon modeste l'intérêt que la divinité manifeste pour l'univers : « Je ne cesse d'agir » ; « Les mondes s'effondreraient si Je n'accomplissais mon œuvre », dit Krishna. Le détachement dont les ermites font leur loi, le *karma-yogi*, l'homme dans la société, le pratique aussi, mais d'une manière moins radicale. Son *tapas*, son effort spirituel, consiste dans un désintéressement total eu égard aux résultats obtenus : « Ne prends jamais pour motif le fruit de ton action. » Mais attention, il ne faudrait pas confondre désintéressement et désintérêt ! Par le désintéressement, l'homme s'assure contre la tendance naturelle à l'avidité qui renforce son moi. Mais tomber dans l'indifférence serait se tromper de moyen : bien que sur toute chose « les sages portent un regard égal », cependant, « ils prennent leur plaisir dans le bien de tous les êtres » et leur modèle est « un homme unifié, un homme heureux ». Comment atteindre cet idéal ? Par une discipline : « Rassemble tes énergies » ; « Rétracte et rassemble totalement les facultés sensorielles loin des objets sensibles, comme une tortue fait de ses membres[25] ». Ici, la *Gîtâ* emploie un mot promis à un brillant avenir : *samâdhi*, le « rassemblement des facultés ». Le *karma-yoga* suppose donc de maîtriser des techniques de sérénité, d'équilibre psychique et de suspension des jugements arbitraires : il développe un certain nombre de qualités pour accéder à la « sagesse dans les œuvres ». Cependant, le plus sûr moyen ne réside pas dans les exercices, si fins soient-ils, mais dans un abandon consenti : « L'homme qui, abandonnant tous ses désirs, va et vient, libre d'attachement, ne dit plus "c'est à moi", ni "je", celui-là accède à la paix. » L'énergie psychique ainsi libérée par l'abolition des impulsions égocentriques se focalise sur le divin : « Ne te soucie que de Moi » ; « Souviens-toi de Moi en tout temps » ; « On accède à la Personne suprême et divine en y pensant continuellement, d'un esprit unifié par la discipline assidue [yoga] et qui [ne le laisse pas] aller vers d'autres [objets][26] ». Dans le mouvement pour se décentrer de soi-même en s'ouvrant à l'autre, et surtout ici au Tout-Autre, le yogi unit indissolublement l'amour et l'action, le *bhakti-yoga* et le *karma-yoga*. Cette synthèse extraordinaire, qui fait de l'acte désintéressé une offrande du moi humain se vouant à la Personne divine, place la *Bhagavad Gîtâ* au plus haut parmi les textes sacrés, et lui donne une dimension universelle.

4. De maître à disciple

La *Bhagavad Gîtâ* prend la forme d'un dialogue, en vue duquel le dieu Vishnu s'incarne en une forme humaine, le héros Krishna, cousin germain d'Arjuna et, au sein de la bataille, cocher de son char. Ainsi, la relation dévotionnelle se noue entre deux êtres personnels que distingue la transcendance et que rapproche l'amour. L'épopée reprend ici un procédé littéraire hautement valorisé par la tradition, car il décrit ce qui fait le cœur de l'enseignement upanishadique : l'échange entre un individu désespéré, désarçonné par l'existence, en quête d'un sens, et un sage qui connaît d'expérience une approche cohérente de la vie. L'un est le guerrier Arjuna, incapable de choisir entre le noble métier de la guerre et la tuerie fratricide ; ou bien Jânaka, le roi de Videha, qui obtient du brahmane Yâjñavalkya de le questionner sans cesse. L'autre est un brahmane, un philosophe, un yogi ou un ascète, qui ne cherche pas à se faire valoir, bien au contraire : « Yâjñavalkya venait avec l'intention de ne pas parler[27] », et on trouve beaucoup d'histoires semblables dans lesquelles c'est le disciple qui interpelle le maître et non l'inverse[28]. Constatant son impuissance à comprendre et à agir, l'échec de ses savoirs fragmentaires, un homme se place en position de recevoir une connaissance d'un autre ordre et fait ainsi un guru de celui qu'il choisit. Sans cet abandon, cette abdication, aucune démarche n'est possible, car il s'agit là d'entreprendre une succession d'entretiens spirituels dans lesquels le maître va assumer entièrement la mutation de son disciple. On donne au mot « guru » deux étymologies : selon l'une, il est celui qui « écarte les ténèbres » ; mais selon l'autre, il est « lourd », il a du « poids » – poids de l'authenticité, sûrement, mais aussi poids de celui qui est « enceint » du nouvel être de son élève. La symbolique, très forte, rend compte de l'intensité du lien qui unit ces deux êtres et remet en scène la thématique védique de la « deuxième naissance ». Le disciple devient comme un embryon, et le guru va lui servir de « père-mère » spirituel, remplaçant ainsi sur un autre plan les parents biologiques.

Au fil de leur relation, le maître délivre les thèmes fondamentaux qu'il a lui-même reçus de sa lignée, plutôt philosophique ou plutôt dévotionnelle selon les textes. Mais ses éclaircissements n'ont d'efficacité que s'ils se situent dans le cadre d'une école de vie où le fait même de résider auprès de son instructeur constitue en soi une éducation. Ce n'est pas tant que celui-ci serve de modèle – encore que cela se produise souvent. Ce qui se joue, c'est plutôt la puissance transformante de la relation à un autre, porteur et jalon d'une tradition qui véhicule les grands archétypes de la vie intérieure et de l'écoute du divin. Ainsi s'expliquent bien des paradoxes et des obscurités dans les vieux textes : l'essentiel, peut-être, passait par une transmission orale ou par le silence réunissant ceux qui progressent sur la même ligne de faîte. Dans une société où la littérature écrite n'a pas de diffusion réelle, ce qui reste, et que l'on a fixé par des répétitions successives, ne représente qu'un squelette ou un aide-mémoire, comme le sommaire d'un livre qui n'aurait jamais été rédigé.

La présence du maître spirituel s'avère donc, à tous points de vue, indispensable. Défricheur et éclaireur, souvent il ne fait rien ni ne parle, mais sans sa fonction de catalyseur, l'alchimie intérieure de son disciple ne s'accomplit pas ou mal. Porteur du fil directeur de la tradition, il appelle un autre humain à la vie de l'esprit afin que se perpétue la sagesse. Ces rencontres, dont l'Inde ancienne, classique et moderne offre tant d'exemples, se situent dans l'un ou l'autre des deux courants principaux de l'époque upanishadique. Soit une métaphysique de l'unité, où la différence du maître et du disciple s'éteint peu à peu dans le pressentiment de leur identité retrouvée ; cette approche sera celle des maîtres védantins non dualistes, pour qui la diversité procède d'une méconnaissance de l'Un. Soit l'orientation de l'amour mystique dans laquelle la puissance de l'échange maître-disciple constitue la première marche de la *bhakti* ; la relation avec un autre choisi ou privilégié préfigure et provoque la rencontre de Dieu. Dans l'un et l'autre cas, le guru est un maître de yoga puisqu'il ouvre pour son élève l'éventail de ses connaissances en matière d'évolution et qu'il s'en sert comme de matériaux pour lui conférer l'énergie, la force, l'accès à la dimension subtile, toutes choses que lui-même a reçues antérieurement de ses propres instructeurs. Plus le processus se fait intense, plus l'engagement du maître prend d'ampleur. Toutes les formes de yoga, progressives ou rapides, plus corporelles ou plus mentales, affirment la nécessité de cette présence sévère et secourable, repère et miroir à la fois, maillon dans une chaîne qui prend son origine chez les dieux et se déploie au long de l'histoire.

« Tel est l'enseignement que Brahmâ donna à Prajâpati, Prajâpati à Manu, Manu aux hommes. Celui qui, revenu chez son maître après avoir appris le Veda, et après s'être complètement acquitté du service dû au guru, établi dans un foyer à lui, se consacrant à l'étude d'un lieu pur, prépare des disciples vertueux… celui qui toute sa vie se conduit ainsi entre dans le monde du *brahman*[29]… »

III.

Le yoga classique : progression et harmonie

Autour de ce que nous appelons l'ère chrétienne, et à deux siècles près environ, l'Inde possède presque tous les éléments, philosophiques et pratiques, permettant de comprendre les relations entre le croyant et son dieu, ou bien entre le monde et l'absolu, ou encore entre l'homme empirique et le soi transcendant qui l'habite. Cette recherche s'exerce sur le double plan de l'analyse théorique et de l'expérience intérieure. Le va-et-vient constant entre « déchiffrer le sens » et « vivre selon ce sens » est très caractéristique d'une culture où l'on ne pourrait concevoir que la philosophie ne débouche pas sur un accomplissement d'ordre psychologique, moral et, éventuellement, religieux. Si la pensée s'avère juste, elle ne peut qu'entraîner l'adhésion concrète et la réalisation. Aux alentours de l'ère commune, l'Inde recense les témoignages de ses maîtres, elle établit ses repères après l'intense bouillonnement du Ier millénaire avant Jésus-Christ qui a fait naître les *Upanishads*, le bouddhisme, la *Bhagavad Gîtâ* et, peut-être, en marge, certains aspects du tantrisme.

1. Une époque de construction des traditions

Cette époque est celle des *darshanas*, terme qu'il faudrait traduire par « philosophie », si on l'entend au sens grec ancien d'« amour de la sagesse ». Le *darshana*, littéralement, est un « point de vue » (du verbe *drish-*, « voir, regarder », qui avait déjà donné *rishi*, le « voyant »), donc une certaine vision de l'être et du monde, mais qui – comme toujours en Inde – induit nécessairement une transformation. Aussi le mot se traduira-t-il assez justement par « voie de salut » ou « voie de libération », le problème fondamental qui se pose à l'hindou de cette époque étant celui de l'asservissement au cycle sans fin des phénomènes et de la capacité à en être délivré. Les *darshanas* sont au nombre de six : le *nyayâ*, une théorie de la connaissance déductive, de la logique et des opérations du langage ; le *vaisheshika*, une physique antique à laquelle on pourrait peut-être comparer la théorie de la matière chez les Grecs, en particulier l'atomisme de Démocrite ; la *mimâmsâ*, exégèse fondée sur la mémoire intégrale des textes révélés ; le *vedânta*, philosophie fondée sur la compréhension intérieure de ces mêmes textes sacrés ; le *sâmkhya*, théorie évolutionniste de l'enfermement de l'Esprit dans les formes conditionnées de l'existence et, à rebours, de son possible affranchissement ; et enfin le *yoga*, méthode de libération de l'être dans sa globalité, selon une progression cohérente de pratiques et d'attitudes nettement définies.

Yoga et sâmkhya forment un couple ; les *Yoga Sûtras* empruntent leur vocabulaire conceptuel au sâmkhya et, inversement, le yoga confirme par la pratique les thèses du sâmkhya. Déjà, la *Bhagavad Gîtâ* disait : « Les ignorants parlent séparément du sâmkhya et du yoga, mais non les gens instruits qui, s'attachant à l'un [d'eux] connaissent en même temps le fruit des deux[30]. »

Chaque *darshana* possède un « texte-source », recueil d'aphorismes ou de sentences extrêmement condensés, à apprendre par cœur et à méditer. Le terme souvent utilisé pour les désigner est celui de *sûtra*, « fil directeur ». Il implique une référence à la tradition conçue comme un « tissu » de vérités entrelacées et qui « se tiennent » ensemble, formant un motif cohérent, celui-là même de la connaissance métaphysique. Le genre littéraire des *sûtras*, qui remonte au Veda, suppose un contexte dont nous avons perdu l'usage, celui d'une culture orale, où l'écriture sert d'aide-mémoire, tandis que les maîtres explicitent oralement les notions et accompagnent la mise en pratique. Ainsi se comprend que nous n'ayons aucun manuel ancien de yoga. Les postures, les rythmes respiratoires, les supports de concentration ont pendant longtemps été l'objet de transmissions directes, d'individu à individu. Cela n'était d'ailleurs pas propre au yoga. Nous savons qu'en Inde du Sud, dès le VIe siècle de notre ère, des cénacles de théologiens discutaient et enseignaient sans nécessairement écrire. Les *sûtras* opèrent des synthèses. Ils font œuvre d'architecture, offrant structure et cohérence, là où les connaissances étaient dispersées. Ils tracent des chemins progressifs pour la compréhension et pour la pratique.

Le texte fondateur du yoga classique, les *Yoga Sûtras*, pose quelques problèmes historiques qu'il faut ici résumer brièvement. On leur donne pour rédacteur Patañjali, qui pourrait être aussi l'auteur d'un ouvrage de médecine et d'un traité de grammaire, le *Mahâbhâshya* – qui commente l'œuvre sacrée du grand Pânini sur le sanskrit. Ce savant aurait vécu vers le IIe siècle avant notre ère. D'autres hypothèses tiennent compte du contenu du texte et relèvent que les grandes notions constitutives des *darshanas* – en particulier du sâmkhya – sont fermement tracées, ce qui militerait en faveur d'une période moins haute. D'autre part, quelques pointes contre le bouddhisme plaident pour une datation à l'époque où l'Inde devient franchement antibouddhiste. Ces considérations conduiraient à choisir les IVe-Ve siècles après Jésus-Christ pour sa rédaction, mais sa composition peut avoir été beaucoup plus ancienne. Quel que soit l'auteur, il ne fait aucune référence à lui-même et le traité a un ton très impersonnel ; on imagine plusieurs stades oraux avant la fixation définitive. Patañjali peut avoir été un maître sur la chaîne des « gurus oraux », ou l'ordonnateur de connaissances encore éparses, le compilateur-écrivain grâce auquel le yoga se constitue en discipline progressive. En tout cas, certains éléments remontent sans aucun doute aux temps védiques, mais ce qui paraît typique de l'époque des *darshanas*, c'est cette sorte de classicisme qui transparaît dans la volonté de construire un cheminement en huit étapes et une synthèse se proposant comme une norme.

2. La sagesse des Yoga Sûtras

Elle se déploie en quatre *pâdas*, littéralement « pieds » au sens métrique d'unité, d'où la signification de « chapitre » : avoir quatre pieds ou quatre piliers symbolise l'achèvement, la stabilité, et exprime particulièrement bien la fonction du *darshana*.

Le premier chapitre a pour titre « Du *samâdhi* »... L'essentiel d'abord ! Ce groupe de *sûtras* s'emploie à montrer que ce qui fait de leur objet un *râja-yoga*, une « voie royale », c'est de conduire – en déjouant les pièges de la souffrance, de l'imaginaire et de l'égocentrisme – vers un état d'être « rassemblé », « recueilli » (sens originel du mot *samâdhi*), à travers lequel le yogi s'unit à Îshvara, son Seigneur. L'homme n'est pas heureux – le Bouddha, déjà, constatait l'universalité de cette vérité et en faisait le cœur de sa prédication –, ce qui lui confère une conscience agitée, tourbillonnante (I, 1-2), en proie à mille perturbations (I, 4-11). Avant de chercher des solutions techniques, les *Yoga Sûtras* proposent de modifier l'état de l'esprit en cultivant la discrimination, la « séparation » (au sens presque chimique du terme) entre des désirs, affects ou pensées disparates, hétérogènes (I, 3). Ce travail aboutira, si l'on se sent capable d'une pratique intense poursuivie dans le non-attachement (I, 12-16). Quant au *samâdhi*, sur lequel on donnera de plus amples détails en fin de chapitre, on en distingue déjà ici deux sortes : l'un s'appuie encore sur des contenus mentaux, l'autre s'en affranchit (I, 17-18). Pour y accéder, deux dispositions fondamentales sont à cultiver : l'opiniâtreté et l'abandon au Suprême (I, 22-23) ; l'une incombe à l'homme, l'autre est la mystérieuse part du divin, qui interdit de supposer que ce yoga royal se veuille technique d'autosalut. Ici, l'auteur l'affirme nettement : le Seigneur, qui est le « Soi transcendant », et que symbolise la vibration de la syllabe sacrée *Om* (I, 24-29), n'est pas soumis aux limitations caractéristiques de la condition humaine, en particulier les neuf obstacles à la tranquillité du mental, et les quatre conséquences néfastes qui en résultent (I, 30-31). Dès maintenant, on donne une liste, non exhaustive, des moyens susceptibles d'écarter ces obstacles : l'exercice répété de la concentration, l'instauration d'un regard serein sur les événements, le développement d'attitudes positives, la maîtrise du souffle, l'affinement de la sensibilité, l'exploration du rêve et, de manière générale, la méditation sur tout objet porteur de luminosité et de qualités subtiles (I, 32-40). Alors, « quand cessent tous les mouvements de la pensée et les impressions du subconscient, l'esprit ressemble au plus pur cristal » (I, 41). Le chapitre se termine par une description des différents degrés de l'état de conscience unifié, de plus en plus fins, de plus en plus vides de concepts ou de qualités, ce qui signifie de plus en plus proches de la plénitude divine : « À ce stade, la connaissance devient plénitude de vérité » (I, 48).

Avec le deuxième *pâda*, est abordée la *sâdhana*, le « chemin spirituel » : ayant clairement marqué sa finalité, le traité s'efforce maintenant d'expliquer la démarche, de montrer comment, à partir d'une pratique cohérente, le yogi réalise ce pour quoi il se trouve incarné. *Sâdhana*, d'un verbe *sâdh-*, qui a aussi donné *sâdhaka*, l'« adepte » ou le « chercheur de vérité », désigne à la fois, comme le même acte, le fait de mettre en ordre et le fait de réaliser ou de créer. Deux grands thèmes occupent ce chapitre : une analyse approfondie des causes de la souffrance humaine ; l'énumération des cinq premières étapes du *yoga darshana*, grâce auxquelles on prend une claire conscience de ces afflictions, de leur origine et on commence de s'en libérer. Avant d'« entrer en yoga », trois dispositions de l'âme s'imposent : l'ardeur interne (cette vieille notion de *tapas* que nous retrouvons) ; *svâdhyâya*, qui est l'étude des Écritures et de soi (l'une soutenant l'autre) ; et, enfin, *îshvara-pranidhâna*, l'abandon envers le Seigneur, déjà préconisée dans le premier chapitre (II, 1-2). Méconnaissance, centrage sur le moi, passion, aversion, peur de la mort forment les cinq réponses à la question « pourquoi l'homme est-il malheureux ou entravé ? » (II, 3-9). Patañjali – ou les auteurs qui se cachent sous son nom – élargit ensuite la réflexion sur les causes d'afflictions en introduisant un résumé très précis de la doctrine du *karma*, de la rétribution et de la réincarnation :

> « Ces misères laissent une foule d'empreintes qui conditionnent cette vie et les suivantes.
> Il s'ensuit une inévitable série de conséquences : hérédité, longévité, expérience du plaisir et de la douleur,
> apportant leurs fruits de joies ou de peines, nées des vertus ou des vices » (II, 12-13-14).

Le yoga classique
(*râja-yoga* ou *ashtânga-yoga*)

Les huit « membres » décrits
par les *Yoga Sûtras* de Patañjali

1. Les cinq *yamas* (attitudes renoncées) :
ahimsâ, non-nuisance, non-violence
satya, être vrai
asteya, non-appropriation, ne pas voler
brahmachârya, pureté du cœur, chasteté du corps et du mental
aparigraha, esprit de pauvreté, absence du sens de la possession

2. Les cinq *niyamas* (attitudes adoptées) :
shaucha, propreté/purification
samtosha, sérénité
tapas, ardeur
svâdhyâya, connaissance de soi/étude de la tradition
îshvara-pranidhâna, abandon à la transcendance

3. *Âsana*, posture

4. *Prânâyâma*, respiration consciente et rythmée

5. *Pratyâhâra*, intériorisation du corps, de l'âme, de l'esprit

États supérieurs/intérieurs (*samyama*) :

6. *Dhâranâ*, recueillement, concentration

7. *Dhyâna*, méditation, contemplation

8. *Samâdhi*, extase/enstase, vie unitive avec le divin

↓

KAIVALYA, libération

Ces trois *sûtras* sont fondamentaux à plus d'un titre. Ils montrent que le yoga n'a jamais été conçu seulement comme une discipline de mieux-être dans la vie actuelle mais comme un mode de transformation si radical que ses effets se répercutent sur l'après-vie. De plus, ils posent la nécessité du *karma-yoga*, d'une doctrine de l'action dans la droite ligne de la *Bhagavad Gîtâ*, car seul l'acte désintéressé ne porte pas de fruits, n'engendre pas de conséquences, ne prépare pas de conditions limitatives pour une vie future. Nous passerons sur les *sûtras* 17 à 27, qui mettent en jeu des notions philosophiques assez complexes, empruntées au *darshana* jumeau, le sâmkhya : l'idée générale, c'est que la conjugaison, dans un même être, de l'Esprit et de la nature psychocorporelle crée des sources de souffrance si l'individu n'a pas clairement conscience de ces deux pôles, Soi et non-Soi. La libération définitive ne s'opère que par l'exercice de discrimination (déjà conseillé dans le premier chapitre), qui pourtant n'implique jamais le mépris du pôle-nature, celui-ci étant le matériau et le support unique de la *sâdhana*.

La deuxième partie du chapitre (II, 32-45) s'emploie à commencer la description de l'*ashtânga-yoga*, le « yoga à huit membres ». Cette structure est bien connue de ceux qui pratiquent le yoga en Europe actuellement, et *a fortiori* de ceux qui l'enseignent ; on discute pour savoir si les huit étapes se suivent chronologiquement – on doit alors assimiler la précédente avant la suivante – ou si elles peuvent être simultanées. À l'évidence, les « huit membres » du yoga royal, dans le contexte de l'époque, se répartissaient ainsi : l'instauration d'une règle de vie (1er et 2e degrés), la pratique à médiation corporelle (3e et 4e degrés), la maîtrise des processus de perception (5e degré), et les trois états supérieurs de la conscience (6e, 7e et 8e degrés). Le tableau présenté page 106 permettra de se faire une idée de cette architecture.

Le yogi qui suit la voie de Patañjali fait un choix radical, avec lequel certaines habitudes sont incompatibles. On lui enjoint donc, avant tout exercice, de les changer. Qu'il quitte la violence, le mensonge, l'avidité, l'impureté, la possessivité, et qu'il les remplace par les cinq *yamas* (c'est la première étape), littéralement les cinq « comportements réfrénés » : la non-nuisance, l'authenticité, la régulation des besoins matériels, la chasteté[31], l'esprit de pauvreté. Il ne s'agit pas de se priver, de s'interdire ce que d'autres hommes vivent, mais de renoncer aux attitudes physiques et mentales qui limitent l'ouverture de la personnalité ; les *yamas* présentent donc un aspect éminemment positif, celui d'une émancipation. Il va falloir ensuite adopter cinq « vertus », cinq « dynamiques », les *niyamas*, grâce auxquelles le disciple accède à un genre d'existence vraiment favorable à son évolution : la pureté-propreté[32], le contentement (né de l'égalité d'âme ou de la sérénité), l'ardeur interne, l'étude et l'abandon au Seigneur (cette dernière triade déjà citée dans le premier chapitre).

Après avoir défini les premiers effets de l'adoption des *yamas* et des *niyamas* qui libèrent des capacités enfouies dans l'inconscience ordinaire,

Patanjali aborde très succinctement le troisième « membre », les postures, indiquant surtout l'état d'esprit qui préside à leur pratique et qu'il résume en deux mots : la fermeté et l'aisance, un couple de contraires fondamental, qui implique aussi la force et la souplesse, la difficulté et la facilité, la rigueur et la tendresse… Le yoga classique découle d'ailleurs d'un arbitrage entre les opposés dont la perpétuelle alternance déséquilibre et affaiblit l'être humain. On retrouve cette même recherche d'harmonisation dans les *sûtras* qui définissent le *prânâyâma*, la régulation du souffle (II, 9-53). Le chapitre se termine par l'évocation de *pratyâhâra*, étape où le yogi interrompt à volonté son activité perceptive et se désolidarise du monde extérieur pour rentrer en lui-même – ce qui n'implique aucun égocentrisme mais constitue la condition indispensable aux états de méditation.

Le troisième chapitre traite des états supérieurs de conscience : *vibhûti pâda*, « De la puissance du yoga ». Dans les *sûtras* 1 à 15, après avoir rappelé que cette discipline demande une « gradation », « par degré », l'auteur présente les trois derniers niveaux comme étant « intérieurs » à la lumière du but ultime : l'état « sans semence » – c'est-à-dire ne produisant plus de germe pour une nouvelle naissance. Le critère de l'échelle de valeur qui ordonne les huit membres, c'est donc l'intériorité grandissante parce que, comme dans les *Upanishads*, l'essentiel se découvre par un mouvement de reploiement. D'ailleurs, en rassemblant les trois dernières étapes, Patañjali note qu'elles ont en commun un nouveau fonctionnement de la conscience, déjà présent auparavant par éclairs, mais instauré ici de manière quotidienne et courante. Au lieu de se disperser, le psychisme travaille « en convergence » ou « sur un seul point », comme un puissant faisceau lumineux qui viendrait se focaliser sur chaque objet. Telle est la réponse du yoga au constat établi dans les premiers *sûtras* pour lesquels la souffrance résultait de l'agitation incessante de l'âme. Ce nouveau mode de connaissance instaure l'unité et la permanence au-delà des modifications accidentelles : il saisit le monde par son intuition globalisante, tout en étant capable de l'analyser dans ses parties et de comprendre leurs articulations. Mais surtout il se saisit lui-même, il se voit fonctionner, et peut ainsi constamment rétablir sérénité, équilibre, lâcher-prise.

Les trois étapes terminales du *râja-yoga* sont la concentration (*dhâranâ*), la méditation (*dhyâna*) et cette absorption complète que nous traduisons par « extase », et qui reprend le vieux mot de *samâdhi*. Il importe de comprendre qu'avec *dhâranâ*, le yogi se trouve à la limite de l'action et de l'état : dans la concentration il fait encore quelque chose, il se donne des moyens, des objets, des pensées. Au-delà, ces supports lui sont offerts, ou même ils disparaissent ; pour lui, tout travail, tout exercice cesse. Les étapes précédentes l'ont préparé à l'accueil d'une dimension qui le dépasse : en tant qu'être humain, il ne peut que se rendre transparent, s'affiner, se désencombrer de lui-même. Alors, *dhyâna* et *samâdhi* s'installent, étant donnés et non acquis. De lui-même, par ses seules forces, l'homme ne peut qu'agir, il ne peut être… L'action, nécessaire, ne provoque pas l'état supérieur d'unité qui caractérise la méditation dans son sens le plus haut. Ici, nul automatisme : « Si je fais ceci, j'obtiendrai cela » est un raisonnement inadéquat sur ce plan, et totalement opposé à la doctrine de l'acte désintéressé. Même dans une structure aussi peu théologique que les *Yoga Sûtras*, le Seigneur suprême est celui en qui on s'abandonne ; *a fortiori* dans les yogas de type dévotionnel et mystique, la méditation et l'extase seront éprouvées comme des dons de Dieu. D'où la réflexion de Patañjali sur les pouvoirs merveilleux que confèrent ces états : l'adepte ne doit pas s'attribuer la responsabilité de ces manifestations, qui se produisent à cause des modifications dans la perception du lien entre la conscience et la matière. Les *sûtras* III, 37, 50 et 51 remettent la question des pouvoirs à sa juste place : « Jugés comme des perfections par le profane, les pouvoirs sont des obstacles au *samâdhi.* »

Le dernier *pâda* présente la place, la signification, les critères de l'état final qu'il appelle *kaivalya*, littéralement « isolement, solitude, émancipation ». Attention, ces traductions doivent perdre leur dimension affective ! Il s'agit de l'aboutissement de l'exercice constant de discrimination, qui faisait déjà l'objet du *sûtra* I, 8, la non-discrimination entraînant la souffrance. Discerner, au sein de la vie quotidienne, l'ordre de l'essentiel et celui de l'accidentel, l'ordre du *purusha*, de l'Esprit pur et celui de la psyché ordinaire, est le remède suprême : « Les états de conscience sont toujours révélés par le Maître de l'esprit, le Soi, qui est immuable » (IV, 18). « Discerner » ne signifie cependant pas

Les huit « membres » du yoga
(*Yoga Sûtras* II, 35 à III, 3)

« Si quelqu'un est installé dans la non-violence (*ahimsâ*), autour de lui l'hostilité disparaît.

Quand on est établi dans un état de vérité (*satya*), l'action porte des fruits appropriés.

Quand le désir de prendre disparaît (*asteya*), les joyaux apparaissent.

Être établi dans la modération (*brahmachârya*) donne une bonne énergie de vie.

Celui qui se désintéresse de l'acquisition de biens inutiles (*aparigraha*) connaît la signification de la vie.

La pureté (*shaucha*) nous amène à être détachés de notre corps et de celui des autres [...].

Par la pratique du contentement (*samtosha*), on connaît le plus haut degré du bonheur.

Grâce à une pratique ardente (*tapas*), qui entraîne la destruction de l'impureté, on améliore considérablement le fonctionnement du corps et des sens.

L'état d'intériorisation (*svâdhyâya*) permet l'union totale avec la divinité d'élection.

Par l'abandon à Dieu (*îshvara-pranidhâna*) s'accomplit la réalisation du *samâdhi*.

La posture (*âsana*) doit être ferme et souple [...].

Par la maîtrise du *prânâ* (*prânâyâma*), on modifie le cours habituel de la respiration [...], on obtient un souffle allongé et subtil [...]. Alors, ce qui cache la lumière se dissipe [...].

Quand le mental n'est plus identifié avec son champ d'expérience, il y a comme une réorientation des sens vers le Soi (*pratyâharâ*) [...].

La concentration (*dhâranâ*) est la fixation du mental sur un champ déterminé.

La méditation (*dhyâna*) est un état de concentration totalement unifié.

Quand la conscience est unie avec Cela même qui n'a pas de forme, c'est le *samâdhi*[33]. »

« opposer » ; dans ce dernier chapitre, les *Yoga Sûtras*, s'appuyant totalement sur la métaphysique sâmkhya, présentent le *yoga-darshana* comme une voie de résorption progressive du moins subtil dans le plus subtil, du plus conditionné dans le plus libre : il n'y a pas dualisme, mais alchimie transformante. C'est d'ailleurs ce qui donne ce caractère global, unifiant, où chaque dimension de l'humain trouve sa place et son extension : le corps, l'âme et jusqu'à l'extrême pointe de l'esprit, là où il entre en fusion avec le « Suprême Seigneur ».

Les difficultés d'interprétation auxquelles donne lieu ce grand texte ne manquent pas ; nous les avons allègrement passées sous silence, ce qui en rend parfois simpliste le résumé. Mais les commentaires, anciens et modernes, abondent. L'essentiel n'était-il pas ici de poser quelques points de repère, de faire pressentir quelques vérités : opiniâtreté de la discipline, détachement à l'égard de ses effets, bonheur d'une unité patiemment construite que vient couronner la dimension divine, cette dimension présente à la fois au fond du « lieu du cœur » (le Soi) et transcendante, au-delà de tout (le Suprême Seigneur).

CHAPITRE III

Les traditions indiennes de yoga

L'Inde a vécu jusqu'à la fin du XVIIIe siècle sous le signe de croyances et de pratiques communément partagées, concernant l'absolu, la place des individus dans leur communauté, les moyens dont ils disposent pour se perfectionner et accéder à ce que le Grec Aristote appelait la « vie bonne » – où se rejoignent le bien éthique et le bonheur. Cette culture hindoue, selon un préjugé cher à l'Occident, serait demeurée immobile dans une sorte d'homogénéité repliée sur elle-même. L'Inde aurait ignoré l'histoire et ses voies spirituelles auraient toutes plus ou moins cherché le même aboutissement : la fusion, l'évanouissement de l'ego séparé dans le grand tout. Vision simpliste, fausses perspectives : l'Inde n'a cessé de retravailler ses fondements religieux et philosophiques en fonction des évolutions sociopolitiques, même si elle l'a fait différemment de l'Occident. Elle a de tout temps connu le désaccord fécond des interprétations, et les *Yoga Sûtras* en sont témoins, dans la mesure où ils adoptent un regard distant sur le modèle dominant.

I.

Le yoga et l'hindouisme traditionnel

1. La postérité des Yoga Sûtras

Les *Yoga Sûtras*, texte de référence qui constitue l'« en-tête » du *yoga-darshana*, la « voie de libération par le yoga », n'ont cessé d'être copiés et commentés. Ils ont inspiré d'autres traités qui font aussi autorité, sans revêtir le caractère quasi sacré de leur modèle. Leur travail de reprise continuelle maintient une vérité intemporelle tout en produisant de la nouveauté. Étrangement, cette synthèse ramassée, parfois jusqu'à en être énigmatique, articulée avec une cohérence sans faille, pleine et autosuffisante, s'avère finalement ouverte, actualisable, extensible à la vitalité des points de vue philosophiques et des expériences. Elle a rayonné dans tous les milieux de la culture hindoue, même chez ceux qui ne choisissaient pas le yoga comme voie, ce qui fait qu'un nombre incalculable de textes parlent du yoga de Patañjali, ou mieux encore y font de simples allusions, comme à un fonds commun connu de tous. Pour un bref résumé, et pour nous en tenir d'abord aux traités eux-mêmes avant d'évoquer les grands commentaires classiques, il faut au moins retenir :

– le *Yoga Vashistha*, une vaste collection de récits épiques ou de contes philosophiques, qui doit provenir du Cachemire et avoir été composée vers les IXe-Xe siècles ; il exalte la méditation et les pratiques ascétiques comme moyens de libération[1] ;
– le *Yogayâjñavalkyam*[2], rédigé dans le sud de l'Inde, dans un milieu vishnouite, vers le Xe siècle, qui opère une médiation entre le *râja-yoga* et le brahmanisme traditionnel d'une part, la doctrine tantrique du salut et la *bhakti* d'autre part ;
– un groupe assez divers d'*Upanishads*, recensées sous le nom d'*Upanishads du yoga*[3], qui ont dû être rédigées au cours du premier millénaire de notre ère, mais qui peuvent comporter des éléments plus anciens, transmis oralement. Elles sont en général plus concrètes que les *Yoga Sûtras* et s'intéressent volontiers aux expériences suprasensorielles qui apparaissent comme les fruits et les preuves de la méditation et du *samâdhi*. Ces textes véhiculent des conceptions totalement tantriques, à la différence des précédents, qui s'inscrivent dans le cadre du brahmanisme classique ;
– les traités de la tradition des Nâths ou Nâtha yogis : la *Hatha Yoga Pradîpikâ*[4], la *Gheranda Samhitâ*[5], la *Shiva Samhitâ*. Les Nâths, au Rajasthan, au Népal, au Bengale, ont soigneusement conservé la tradition hindoue confrontée aux attaques de l'islam. Célèbres sous le nom de *kanphata yogis*, les « yogis aux oreilles percées », parce que lors de l'initiation on leur fendait le cartilage de l'oreille

pour y poser de lourds anneaux, ils ont compté des maîtres remarquables. Shivaïtes tantriques, mais très respectueux du passé védique et brahmanique, ils ont conservé et recopié les grands textes, particulièrement les *Upanishads*. Ils ont été en contact avec tous les *darshanas* et tous les courants dévotionnels qui ont traversé l'Inde entière pendant le deuxième millénaire.

Une règle très générale se manifeste à la lecture suivie de tous ces traités : plus ils sont anciens, plus ils sont laconiques ; plus ils sont récents, plus ils donnent d'indications : ce phénomène marque sans doute la « modernisation » progressive d'une tradition qui devait se transmettre tout entière oralement et qui se fixe progressivement par écrit. Ce faisant, elle acquiert une certaine forme de rigidité : il faudra se conformer à ce qui a été écrit, d'où la naissance d'orthodoxies dans des voies essentiellement pratiques, où la relation de maître à disciple permettait d'entretenir la vitalité, la souplesse, l'individualisation.

Les commentateurs ont à la fois amplifié et contrebalancé cette tendance en disant ce qu'il faut comprendre et tenir pour vrai, mais en témoignant aussi par leurs opinions diverses de la possibilité d'interprétations plurielles. Issus de milieux différents, ils ont « tiré » les *Yoga Sûtras* dans le sens où les guidait leur origine intellectuelle et spirituelle. On a ainsi des exégèses védantines, dans la ligne de la non-dualité entre le Soi et l'Absolu ; des exégèses dévotionnelles où le « Seigneur » est explicitement assimilé au dieu Shiva ou au dieu

Vishnu ; des gloses d'inspiration plus « mondaines », qui cherchent le compromis avec la vie sociale et familiale ; ou au contraire attentives à la radicalité du renoncement… Les grands noms sont ceux de Vyâsa, dont on ne sait rien et qui a écrit aux VIe-VIIe siècles le premier commentaire connu, glosé à son tour au IXe siècle par deux brahmanes érudits : Shankara, le philosophe de la non-dualité, et Vâcaspati Mishra, qui a aussi travaillé sur le sâmkhya. Dans la première moitié du XIe siècle, le roi Bhoja, qui régnait sur le Mâlva (l'actuelle région de Bhopal, au centre de l'Inde), fut une sorte de prince philosophe et poète. Shivaïte convaincu, puisqu'il fit construire une centaine de temples à Shiva, il fut sans doute influencé par les jaïns, qui prônaient la non-violence. Son œuvre littéraire, conséquente, comporte un célèbre commentaire des *Yoga Sûtras*, le *Râjamârtanda*. Seul non-brahmane parmi les grands exégètes, il réfléchit à l'engagement du sage dans le monde. Au XVIe siècle, un autre jalon important est le *Yogavârttika* de Vijnâna Bhikshu, un renonçant philosophe. À partir du début du XIXe siècle, les réformateurs hindous, Râmakrishna, Vivekânanda, Ramana Maharshi, Aurobindo, méditeront eux aussi les *Yoga Sûtras*, dans un nouveau cadre, celui de la « modernité » et des problèmes inédits qu'elle génère quant à la pratique de la sagesse. Nous allons y revenir.

2. La voie du yoga et la critique du dharma brahmanique

L'identité hindoue s'est pensée en fonction d'un cadre où sont hiérarchisées les identités particulières des groupes qui constituent la communauté. La culture des castes brahmaniques est au centre, comme le noyau référentiel autour duquel les autres castes se disposent. Plus on est proche du modèle, proche du centre, plus on est intégré au système des obligations et des qualifications religieuses. Plus on est loin, excentré, moins on est concerné par celles-ci. Sur le bord extérieur de cette société, à l'opposé du brahmane, l'intouchable est à la fois dedans et dehors : dedans parce que la société a besoin de lui pour fonctionner, dehors parce qu'il est exclu des connaissances révélées et des transmissions qui assurent le salut. Un regard rapide et réducteur voit dans cette organisation le fruit de l'immémoriale oppression d'un groupe d'hommes par un autre. Pour être évidente, l'explication n'en est pas moins incomplète, elle occulte la part de justification religieuse qui entre dans le maintien d'un tel système.

Le mot *dharma*, que nous avons déjà rencontré, continue d'être utilisé aujourd'hui par les hindous pour désigner l'ensemble de leurs croyances. Au cours de l'histoire, il a pris une multitude de significations : c'est à la fois la loi donnée par les dieux et qui confère la vie, les aspects de cette loi qui concernent la société des hommes, la norme à laquelle on doit se conformer, d'où le devoir. C'est finalement l'ensemble des droits et obligations qui incombent à un individu en fonction de sa naissance, et qui finissent par désigner sa « nature » particulière : on l'appelle alors *svadharma*, le « *dharma* personnel ». Les *Dharma Shâstra*, textes normatifs dont le plus célèbre est connu sous le nom de *Lois de Manu*, définissent des critères extrêmement précis. Ils s'attachent à fixer la place de chaque individu, sa fonction, son destin en rapport avec le groupe de naissance, caste ou sous-caste ; l'âge de la vie dans lequel il se trouve ; l'accomplissement des rites de passage qui scandent la vie depuis la conception jusqu'à l'obtention du statut d'ancêtre ; la poursuite de l'un des « quatre buts de l'homme » ; le remboursement des trois dettes contractées à la naissance envers les dieux, les voyants du Veda et les ancêtres. Ainsi chacun sait-il très exactement ce qu'est sa « nature propre » à l'intérieur d'un système socioreligieux hiérarchisé. D'autre part, l'individu apparaît comme naturellement impur, du fait de l'existence dans un corps, et inachevé. Ce sont les passages par les âges de la vie religieusement qualifiés, l'accomplissement des rites de purification, d'habilitation, de transformation et le paiement de ses dettes qui en font un être réalisé.

Une telle conception n'a pas favorisé, on s'en doute, l'émergence d'une conscience universelle soucieuse de reconnaître ce qui fait l'humain en chaque individu. Le *dharma* hérité des croyances védiques règne sur des êtres inégaux quant à la dignité de leurs fonctions et différemment qualifiés pour la libération, même si la réalité est infiniment plus souple que les textes ne le laissent penser, puisqu'un groupe d'intouchables peut monter, exceptionnellement, dans l'échelle hiérarchique, et un brahmane déchoir. Cette conception d'un ordre naturel transcendant rencontre néanmoins ses limites. En effet, elle implique la fermeture et l'exclusion. On naît hindou, on ne peut le devenir ; on naît à l'intérieur du *dharma*, on ne peut y entrer. La capacité de ce modèle à s'universaliser semble difficile, pour ne pas dire impossible, et l'une des problématiques les plus aiguës de l'hindouisme depuis la fin du XVIIIe siècle concerne la confrontation entre les droits de l'individu nés de la modernité occidentale et le maintien d'une identité indienne conçue tout autrement.

À vrai dire, cette problématique n'est pas tout à fait nouvelle : toujours des renonçants – des hommes de castes ayant abandonné les droits, devoirs et attributs de leur naissance – ou des saints intouchables ont contesté les interprétations intégralistes et organicistes du *dharma*. Pour des raisons complexes, qu'il serait trop long d'évoquer ici, leur prédication n'a pas donné naissance à des transformations sociales d'envergure, mais parmi eux on trouve beaucoup de personnages qui se définissent comme « yogis ». Ils suivent Patañjali et, au nom du yoga, ils professent une vision de l'être humain, de son destin et de sa responsabilité en ce monde, qui ne peut que différer du brahmanisme traditionnel.

Déjà la réinterprétation du sacrifice dans le sens d'un abandon purement intérieur, soutenu par l'ascèse, offrait la possibilité d'une approche critique du ritualisme excessif. Nous avons vu ce que les sages des *Upanishads* en ont fait : la porte d'accès à l'expérience spirituelle et à l'épanouissement des valeurs du « cœur ». Le traité de Patañjali s'inscrit dans cette ligne de sens, qui assigne à la vie renoncée des exigences morales inédites. Ainsi, après avoir énuméré les cinq observances (*yamas*) qui fondent l'esprit de la pratique, il ajoute : « Lorsqu'elles sont appliquées sans égard à la condition, au lieu, au temps, aux circonstances, c'est le grand vœu » (I, 31). Les commentateurs éclairent cette phrase grâce à quelques exemples. Le roi Bhoja dit : « La condition, c'est par exemple le fait d'être brahmane. Le lieu est, par exemple, un endroit sacré. » Le yoga entend donc dépasser l'horizon de la caste pour s'élever à une vision universelle des relations à l'autre. Il ne s'agit plus de penser : « Je ne tuerai pas de brahmane, je ne tuerai personne dans un endroit sacré, je ne tuerai pas pendant le quatorzième jour du mois », mais d'affirmer : « Je ne tuerai personne, nulle part, ni à aucun moment, ni pour aucune raison. » Et Bhoja conclut : « Les activités justes qui sont effectuées contrairement aux us et coutumes sont appelées communément "le grand vœu[6]". » Au nom d'une vérité humaine plus haute, le yoga peut alors mettre son adepte en contradiction avec la tradition brahmanique – car c'est bien elle qui est visée dans ces « us et coutumes ». Plus tard, le *Yogayâjñavalkyam* conseillera : « Les *yamas* peuvent en actes, en pensées, en paroles, en toute situation, en toute circonstance, être instaurés » (I, 50). Et la *Yoga Darshana Upanishad* sera plus explicite encore : « Ne faire aucun mal à quiconque en acte, en parole, en pensée, c'est là l'*ahimsâ* [la non-violence]… car l'*âtman* est présent partout, inaccessible aux sens, chez tous les êtres : le reconnaître en eux, c'est l'*ahimsâ* véritable, ont dit ceux qui savent[7]. »

Le prestige du renoncement tient au dépassement des limitations imposées par les structures socio-religieuses qui s'appuient sur la doctrine de la réincarnation pour justifier les conditions différentes des êtres. *Samnyâsa*, le terme sanskrit qui désigne ce choix radical, vient d'un verbe qui signifie « déposer » : celui qui l'accomplit « dépose », abandonne, avec ses biens matériels, les droits et devoirs qui définissent son identité à l'intérieur de la communauté. Il se défait de la place qui lui a été assignée par naissance pour se consacrer à la quête libératrice, pour lui et pour tous les autres, du Soi. La figure du yogi ou du saint issu de haute caste et qui vit comme les intouchables ou fraie avec eux apparaît fréquemment dans la littérature spirituelle. Elle exerce une séduction certaine dans tous les milieux, et les traités de *dharma* y ont réagi. Ils reconnaissent le renoncement comme un aboutissement, mais ils ne l'autorisent qu'après l'accomplissement de tous les « devoirs de vie » : « L'homme qui a passé de devoir en devoir […] obtient après sa mort la suprême félicité […] mais le brahmane qui, sans avoir étudié les Livres saints, sans avoir engendré des fils et fait des sacrifices, désire la béatitude, se précipite dans le séjour infernal[8]. »

3. Yoga et sainteté

Le yoga est ainsi devenu, en son application la plus intense, le symbole et le support de l'état de sainteté, de simplicité, de détachement des biens matériels et des affaires de ce monde. Les sages, les dévots, les mystiques, qu'ils pratiquent ou non les postures et les autres exercices techniques, sont souvent appelés yogis. Et cela, parce que leur vie corporelle, affective, mentale est régulée par la prise de conscience de leur identité profonde au *brahman* neutre, ou qu'elle est éclairée par la relation à Dieu.

On peut en donner bien des exemples, qui se font écho et parlent des mêmes réalités humaines, que les saints soient shivaïtes ou vishnouites, qu'ils honorent des images ou qu'ils soient adeptes de l'Absolu « sans forme ». Les thèmes fondateurs du yoga : purification du corps, discipline du souffle, abandon, stabilité, méditation… y sont omniprésents. Ils expriment une spiritualité, partagée par tous en Inde et portée par des maîtres-enseignants, souvent errants, parfois installés dans un ashram modeste où ils sont visités par des pèlerins venus des alentours ou de fort loin.

Au Cachemire, une école de sagesse a brillé de tous ses feux entre le IXe et le XVe siècle environ. Elle a compté de grands mystiques qui se qualifiaient souvent de yogis. Ils témoignent de leur accession à de très hauts états de conscience où il n'y a plus que la perception du « flux spontané du souffle[9] ». Lalla, qui a vécu dans la seconde moitié du XIVe siècle aux environs de Srinagar, est connue pour sa vie errante ; elle transgressait les conventions sociales, proclamait la vanité des pratiques rituelles, et son lyrisme extatique s'exprime dans de courts poèmes, les *Shlokas* ou *Dits de Lalla*. Elle y parle souvent des effets du yoga, même quand elle n'emploie pas le terme. Ainsi : « Qui tient en bride le souffle vital, faim et soif ne le toucheront » (*shloka* 76). Ou bien elle critique les superstitions religieuses au nom de l'intériorité :

> « De pierre l'idole, de pierre le temple,
> de haut en bas, rien que de la pierre.
> Ô pandit obstiné, qui donc adores-tu ?
> Unis plutôt ta pensée et ton souffle » (*shloka* 34)[10].

Au Maharashtra, entre le XIIIe et le XVIIe siècle, se sont épanouies des lignées de mystiques, les Sants, qui vénèrent Vishnu d'une manière très épurée. Ils se détournent du culte de l'image pour s'orienter vers une dévotion plus abstraite, purement intérieure, plus apte à percevoir les aspects subtils de la présence de Dieu. Tukârâm (1598-1650), l'un des grands noms de ce mouvement, est le type du saint de basse caste, analphabète, mais reconnu comme inspiré. Ses *Psaumes du Pèlerin*[11] sont toujours récités aujourd'hui, particulièrement sur les chemins de pèlerinage. Il est le chantre de l'abandon et de la foi nue, mais il affirme aussi que celui « qui renonce à l'action sans que son âme ait maîtrisé son corps est un lâche » (psaume XXXIII).

Quant à Kabîr, il apparaît comme le chef de file d'une lignée de mystiques mi-hindous, mi-musulmans, originaires principalement du nord et du nord-ouest de l'Inde, voués à la dévotion la plus intense envers un Dieu invisible et inconcevable. Il a vécu à Bénarès dans la seconde moitié du XVe siècle ; appartenant à une caste inférieure d'artisans récemment islamisés, probablement illettré, il exerça le simple métier de tisserand. Pour Kabîr, les religions ne sont que des institutions qui séparent les hommes entre eux et figent le divin en des images qui ne peuvent rendre compte de sa dimension d'Absolu :

> « À quoi bon litanies, pénitences, jeûnes et cérémonies, si le cœur est partagé ? […]
> les pratiques religieuses ont enfoncé les hommes dans l'orgueil
> et ils se réunissent pour adorer une pierre ! » (LXIX)[12].

L'authentique spirituel délaisse les marques d'appartenance et les signes pour cultiver uniquement son intériorité. Faisant allusion aux boucles d'oreilles que les Nâtha yogis (dont il était proche) reçoivent lors de l'initiation, il s'exclame :

> « Celui-là est le vrai yogi, qui porte son anneau en esprit,
> Nuit et jour il reste éveillé » (LIX).

De l'enseignement de Kabîr se dégage une aura d'universalité, une « religion du cœur » qui traverse les frontières entre yoga indien et soufisme musulman :

« Tous les êtres, hommes et femmes, sont tes créatures,
ils sont tous des formes de toi-même.
Kabîr est le disciple de Râma et d'Allah,
Tous les êtres sont mes gurus et mes *pîrs*[13] » (VI).

Une telle proximité entre hindouisme et islam chez les renonçants a été bien plus fréquente et continue qu'on ne pourrait le croire. Car les différences théologiques et les conflits communautaires masquent cette réalité de la sainteté quotidienne. Les thèmes et les disciplines du yoga se sont largement diffusés parmi les musulmans indiens, au point que certains spécialistes parlent d'une « culture métissée[14] ». La maîtrise du corps, l'écoute du souffle, la sensibilité aux énergies, la méditation, la récitation de mantras et de noms divins sont des pratiques partagées sans réserve. Ainsi le yoga au sens large est-il devenu un bien commun de la civilisation indienne.

II.

Yogas tantriques

Évoquer le tantrisme, c'est entrer dans un univers ésotérique aux limites imprécises[15]. Ce que nous appelons tantrisme n'a rien d'un mouvement unifié et organisé, d'une sorte de concurrent hétérodoxe de l'hindouisme classique, dont il se séparerait par des expériences transgressives. Il y a cependant une littérature assez homogène, les *Tantras*, qui entendent « prolonger » (c'est là le sens du mot) la révélation védique ; est *tantrika* celui qui suit leurs enseignements, par différence avec *vedika*, celui qui s'en tient uniquement aux *Vedas*. Ceux qui se disent tantriques ont toujours revendiqué leur enracinement dans la tradition la plus ancienne, tout en se séparant de ceux qui entendent transmettre institutionnellement ce fonds originel, et donc en s'opposant principalement aux brahmanes et à leur conception du *dharma*. Les tantriques se perçoivent comme possédant des lumières interprétatives particulières, assistées par des pratiques spécifiques. Leurs cercles sont difficiles à pénétrer, parce qu'ils sont fermés, indépendants les uns des autres et qu'ils ont produit des exégèses au langage crypté. Ils se donnent des initiations qui n'annulent généralement pas les habilitations requises par l'hindouisme de caste, mais qui confèrent des connaissances, une sacralité, une puissance supplémentaires. En Inde même, ils ont presque tous la réputation d'être transgressifs. Ils font ce que jamais un homme de caste ne ferait, mangent des nourritures interdites, vivent l'ascèse tout en ayant des relations sexuelles, ne tiennent pas compte des différences de naissance, errent sur ces lieux en marge que sont les champs de crémation, où on les soupçonne d'avoir commerce avec des âmes errantes devenues démoniaques. Cette peinture conventionnelle mérite évidemment critique et nuances, émanant d'un milieu traditionnel qui se considère comme le centre organisateur de l'ordre social. Néanmoins elle enregistre la distance qui sépare la vision tantrique de la doctrine brahmanique. L'opposition entre ce qui est pur et ce qui est impur n'y a plus rien de structurant, et le corps de chair devient le lieu d'une expérience de la dégradation acceptée, qui peut se transformer en une épreuve spirituelle.

Malgré cette marginalité revendiquée, les innovations tantriques se sont diffusées pendant l'époque médiévale à l'intérieur même de la liturgie publique et privée. Elles ont profondément influencé les cultes dans les temples, l'art religieux, les pratiques de dévotion – qu'il s'agisse de la prière, de l'abstinence ou de la consommation alimentaire, des pèlerinages et autres vœux.

1. Le temps, le cosmos, le corps

Le trait le plus original de la pensée tantrique est peut-être d'avoir eu une conscience aiguë du malheur de l'existence dans le temps et un urgent désir de s'en libérer, par tous les moyens disponibles, le plus tôt possible. Depuis fort longtemps, l'Inde avait spéculé sur la dégradation de l'existence temporelle, à un niveau individuel et collectif. Elle avait distingué, en particulier dans les épopées, quatre âges dans chaque cosmos créé, qui naît, se développe et disparaît, sur un fond où les mondes se succèdent sans commencement ni fin. Elle comprenait la période actuelle comme celle de l'éloignement maximal de l'âge d'or de la révélation védique : *kali yuga*[16], l'« âge sombre », est le dernier âge du monde, qui prélude à sa fin. La lecture tantrique de l'histoire renforce cette interprétation : période de violence et d'ignorance, où le *dharma* est sans cesse menacé, le *kali yuga* nécessite de réviser les exigences des sagesses antiques pour les adapter aux capacités réduites des individus qui y naissent. Svâtmârâma, l'auteur de la *Hatha Yoga Pradîpikâ*, assigne au yoga un rôle rédempteur, lorsqu'il fait allusion à l'*avatâra* de la tortue, incarnation de Vishnu descendu pour sauver la terre : « Le *hatha* est la cellule où trouvent un asile ceux que tourmentent toutes les formes de souffrance. Le *hatha* est la tortue qui supporte l'univers, pour ceux qui sont adonnés à toutes les formes de yoga » (I, 10-11).

Il commence par invoquer l'énorme distance psychologique et spirituelle qui sépare sa génération de celle des *Yoga Sûtras* pour justifier l'écriture d'un nouveau texte de référence : « À ceux qui ne peuvent connaître le *râja-yoga*, tout égarés qu'ils sont dans les ténèbres résultant de la mutiplicité des opinions, Svâtmârâma, dans sa compassion offre cette "petite lampe" (*pradîpikâ*) du *hatha-yoga* » (I, 3). L'être humain est corps et âme embarqué sur cette galère, immergé dans le mouvement cyclique perpétuel. Il est en effet parfaitement solidaire du cosmos : « C'est le Seigneur lui-même, lui qui est Conscience, qui, pénétrant au niveau du corps, des souffles, etc., fait apparaître en se manifestant extérieurement le monde objectif : tout ce qui est soumis à l'espace et au temps[17]. » Mais, doué de l'esprit, l'individu souffre plus que le monde et, en même temps, il possède un levier d'évolution qui lui permet de se sauver. Le projet tantrique consiste à transcender les limitations croissantes du temps cyclique par une véritable alchimie du corps et de la conscience.

« En vérité, tout corps est l'univers », affirme le *Nirvâna Tantra.* Le corps est un « petit monde », comme le monde est un « grand corps ». Ils sont tissés des mêmes énergies, des mêmes « souffles » (*prâna*). En explorant son propre corps, le yogi explore le cosmos ; en manipulant les flux internes, il a barre sur des forces qui le dépassent et il a accès à une puissance de transformation qui le divinise. Le corps devient une carte du monde, le lieu où le destin minuscule de l'individu rejoint le plan divin. Il a donc une valeur inestimable, irremplaçable. Le tantrisme ne fait ici que reprendre de manière créatrice une vieille intuition, car, comme l'affirmait déjà au VIIe siècle avant notre ère la *Chândogya Upanishad*, c'est au plus profond du corps que se perçoit une autre dimension : « Immense autant que l'espace au-dehors est cet espace à l'intérieur du cœur ; c'est là que sont tous les mondes, ciel et terre, feu et vent, soleil, étoiles, lune, constellations, tout » (VI, VIII, 1).

La géographie du corps est conçue comme une « échelle » vers le haut. Le yogi va ramasser au plus bas ses énergies pour les faire monter vers le sommet de son crâne et au-delà. Les forces dispersées dans les différentes fonctions, il les fait converger dans ce mouvement sublimant. Une physiologie subtile, complexe et élaborée, supporte cette double visée ascendante et unifiante. La chair opaque enveloppe un corps interne constitué de flux (*nâdîs*) et de centres (*chakras*) énergétiques. Les *nâdîs* (« rivières ») sont les passages où circulent les différents « souffles », et les *chakras* (« roues »), les carrefours où ils s'accumulent et d'où ils se déchargent. Il faut bien entendre que *nâdîs* et *chakras* sont, contrairement aux méridiens et points d'acupuncture, introuvables dans l'organisme charnel. Ils appartiennent à une autre dimension de réalité, plus mobile, donc plus efficace : l'actif du passif qu'est le corps dense, son « âme » – si l'on entend le terme en son sens étymologique de principe d'animation. Les nombreuses postures et la gamme étendue des exercices respiratoires du *hatha-yoga* tantrique travaillent à ce niveau subtil, ce qui distingue l'ascèse d'une simple gymnastique.

Les énergies mises en branle, réorganisées, intensifiées produisent des effets puissants et exigent une précision sans faille. Les yogis tantriques, en véritables explorateurs, ont dessiné des schémas où le nombre de *chakras* et de *nâdîs*, ainsi que leurs emplacements, sont soigneusement indiqués, malgré certaines variantes d'une école à l'autre. Ils ont ainsi mémorisé une connaissance expérimentale qui sert à régénérer, rééquilibrer ce tout que nous distinguons en physique et psychique, et qu'ils voient comme l'emboîtement de deux « corps », le « grossier » et le « subtil ». En se frayant par le yoga l'accès de l'un à l'autre, ils s'ouvrent une sorte d'« entre-deux-mondes », intermédiaire entre l'existentiel et l'essence ou « corps causal ».

2. L'énergie, la sexualité et les pouvoirs

Si les lointains successeurs de Patañjali ne peuvent plus satisfaire à l'idéal équilibré de l'ascétisme ancien, ils adhèrent à une vision énergétique qui fait lien et continuité entre le divin, le cosmique et l'humain. « Tout est énergie », tel serait son postulat de base. Le terme *shakti*, qui vient d'une racine exprimant le pouvoir, la capacité à créer, connaît chez les tantriques une fortune significative. Polysémique, il s'emploie à plusieurs niveaux : élan cosmogonique du Principe, Conscience qui projette la réalité, la *shakti* devient dans le discours mythique la Déesse par excellence, le pôle féminin qui manifeste l'Être en soi, permet à l'être humain de Le connaître et de retourner à Lui comme à son origine et à sa fin. Consolatrice et destructrice, elle sème la vie, distribue la mort, accorde l'immortalité. Adorée et redoutée, elle est à la source de tout mouvement, de toute métamorphose. Aussi bien dans les groupes bouddhistes qu'hindous, elle tient une place majeure, même si seuls les shivaïtes l'ont érigée en épouse du dieu Shiva, le dieu de la transformation et du yoga. Certains parmi eux sont même allés jusqu'à en faire la forme suprême du divin et se sont, pour cette raison, appelés *shakta*.

Le yogi peut se diviniser en recueillant, sous la coque dense des phénomènes, le potentiel d'énergie qu'ils contiennent. Cela vaut pour son propre corps comme pour tout le reste. Il apprend à transmuter l'une en l'autre les forces qui le constituent, des plus charnelles aux plus subtiles ; il les localise, les déplace, les stimule ou les apaise. L'alchimie transformatrice qui retourne à son profit la condition dégradée dans l'âge sombre constitue le fonds commun des yogas tantriques.

Pour accomplir ce travail, chaque être humain porte en lui une parcelle ou un reflet de la *shakti* divine, une sorte de réserve intérieure d'évolution. Les cartes du corps subtil la situent à la base de la *nâdî* qui court le long de la colonne vertébrale, où elle est *kundalinî*, « lovée », comme un serpent enroulé. À l'état léthargique dans la condition ordinaire de l'homme du *kali yuga*, elle peut être « éveillée » par les puissantes techniques du *hatha-yoga* ; elle fulgure, tel le cobra, à travers les différents *chakras*, perçant les « nœuds » qui verrouillent normalement la remontée. Elle jaillit hors du crâne pour rejoindre l'espace cosmique et confluer avec le divin dans l'expérience du *samâdhi*. Dans cette soudaine ascension, le yogi reproduit l'union de Shiva et de Shakti et découvre la complétude, la parfaite unification que prépare le travail des postures et des souffles. On comprend alors que la question de la différence sexuelle apparaisse si fréquemment dans les textes et l'iconographie. En tant que différence, elle est à la fois le signe du manque et la promesse de la plénitude.

Les groupes tantriques se séparent sur les moyens qui soutiennent la quête de l'altérité désirée. Pour les « sectes de main droite », la pratique, purement mentale, repose sur une ascèse solitaire qui maîtrise la pulsion sexuelle par des procédés de sublimation. Pour les « sectes de main gauche », plus transgressives, l'union sexuelle et l'échange des énergies avec une partenaire sont recommandés. Quelles que soient les divergences, la béatitude est procurée par un état de conscience transcendée, réputé au-delà du désir charnel, au-delà de l'attirance commune d'un sexe pour l'autre. « Celui qui l'éprouve est comme mort alors qu'il vit encore, car il a perdu toute conscience du monde extérieur, et même de sa propre individualité[18]. »

Cette perte de conscience n'est pas un amoindrissement ou une absence, elle signale le passage à un autre régime de la pensée et du sentiment, qui est celui du *jivan-mukta*, littéralement « celui qui est libéré (*mukta*) bien qu'étant vivant (*jivant-*) ». Mort à l'illusion ordinaire qui tisse la toile du mental et des affects, le yogi saisit toutes les occasions pour entrer ou rester dans cet état supérieur. Sa vie devient en quelque sorte une succession de *samâdhi* qui surviennent spontanément, car il est prêt à les recevoir. Selon le *Vijñâna Bhairava Tantra*, qui est sous le signe de Bhairava, la forme terrible de Shiva, il suffit d'une douleur violente et localisée, ou d'une extrême jouissance, ou de n'importe quelle expérience subite, pour créer des sortes d'intervalles ou de « trous », déchirant le réseau des perceptions habituelles. Les auteurs de ce texte « prônent la voie la plus brève, en faisant de l'instant-choc où l'acte s'ébranle et fulgure la base même de leur méthode [...]. Il ne s'agit pas d'une mystique de l'évolution dans la durée mais d'une mystique de la soudaine révolution qui annule le temps ». Le temps étant constitué d'une succession d'instants, le yogi peut s'introduire dans « le vide intersticiel (*madhya*) libérateur qui sépare deux instants successifs[19] ».

Un certain nombre de sectes tantriques sont hantées par la recherche des *siddhis*, les « pouvoirs ». Les textes évoquent une palette très étendue de dons extraordinaires conférés par la manipulation des énergies. Les *siddhas*, les « hommes de pouvoir », sont capables de guérir et de rendre malade, de défier les lois de la matière en volant ou en marchant sur les eaux, de survivre dans des conditions extrêmes. Ils héritent d'un vieux fonds que l'on peut dire « chamanique », répandu sur tout le continent indien, plus spécialement dans le Nord himalayen. Les pouvoirs sont une preuve de la transformation, ou un signe de la grâce divine ; ils viennent confirmer concrètement la réalité du *samâdhi*, des états supérieurs de conscience. C'est là une différence d'accent très significative avec les *Yoga Sûtras*, qui reconnaissent leur existence, mais ne leur accordent qu'une valeur relative : les *siddhis* s'exercent sur le temps (connaissance du passé, du futur, de l'heure de la mort, des existences antérieures), sur l'espace (connaissance de l'univers ou macrocosme et du corps subtil ou microcosme), sur les qualités des éléments ou des êtres (le fait de voler dans les airs ou de s'approprier la puissance de l'éléphant). Certes, « eu égard à l'existence ordinaire, ce sont des perfections », mais « eu égard au *samâdhi*, ce sont des obstacles » (*Yoga Sûtras* III, 37).

Les pouvoirs tantriques les plus convoités et les plus redoutés sont ceux qui ont trait à la mort et à sa mise à distance. Vivre le plus longtemps possible en luttant activement contre l'usure physique est déjà un but en soi. Mais la quête suprême, c'est l'accès au statut de « demi-dieu » par une alchimie complète du corps et de l'esprit. Charlotte Vaudeville appelle les *siddhas* des « *self-made gods*[20] ». Cette possibilité offerte par le *hatha-yoga* de devenir un être semi-divin pose en effet la question de la toute-puissance. La valorisation de l'expérience sensible implique l'effort intense d'autotransformation : « La réalisation vient à celui qui est constamment engagé dans la pratique yogique. Comment viendrait-elle à l'inactif ? Ce n'est pas simplement en lisant les traités que la perfection en yoga peut naître », prévient la *Hatha Yoga Pradîpikâ* (I, 65). Le yogi qui transmute sa chair corruptible en une sorte de corps vibratoire et qui se complète en intégrant son potentiel féminin est-il dans une attitude de plénitude satisfaite, dans la clôture d'un « soi réalisé » ? Ou bien cette quête est-elle à jamais infinie et s'ouvre-t-elle sur une altérité toujours entrevue ? Telle est l'alternative à laquelle se trouvent confrontés les tantriques, comme tous les spirituels en général. Ils y ont répondu de manière ambiguë, tout au moins diverse selon les groupes. Nul doute que certains sont tombés dans l'écueil de cette toute-puissance contre lequel le *râja-yoga* de Patañjali avait pris fermement position en donnant pour axe éthique la double dynamique de l'ascèse volontaire et de l'abandon au « Seigneur ».

3. La Hatha Yoga Pradîpikâ

Pour toutes les raisons que nous avons essayé d'évoquer, la littérature tantrique présente un caractère assez insaisissable ; certains groupes savent recenser leurs connaissances, d'autres non ; et ceux qui le font emploient un langage très hermétique, volontairement déroutant, « crépusculaire », disent-ils, car il ne laisse filtrer que très peu de lumière sur leurs doctrines. Il a donc fallu que certains savants indiens et occidentaux fassent d'abord un repérage difficile des concepts et des symboles et qu'ensuite on établisse une cartographie des traditions les plus sûres et des filiations les plus intéressantes. La *Hatha Yoga Pradîpikâ* sort d'un milieu d'ascètes renonçants, les Nâths. Si sa datation, en tant que texte, ne remonte pas avant le XVe siècle, elle reprend des modèles plus anciens, et tout la rattache à l'enseignement d'un grand maître, Goraknâth ou Gorakshanâtha, dont la vie se situerait au Xe siècle. Svâtmârâma, l'auteur du traité, donne d'ailleurs très précisément sa généalogie spirituelle, à partir de l'Adinâtha, le « Nâth originel », Shiva, qui a dispensé cette révélation comme un effet de sa grâce (I, 4-9). Il décrit ensuite l'environnement idéal pour l'ascète (I, 12-13) et insiste sur l'importance du guru. Un traité dépendant du même milieu, la *Shiva Samhitâ*, dit d'ailleurs : « Seule la connaissance reçue de la bouche du guru est puissante et efficace… Il n'y a pas le moindre doute que le guru est un père, le guru est une mère, le guru est la Divinité elle-même. C'est pourquoi tous doivent le vénérer en action, en esprit et en paroles » (III, 11-13). Puis viennent les conditions intérieures, les attitudes dont dépend la mise en œuvre de la pratique. Le code diffère des *yamas* et *niyamas* dans les *Yoga Sûtras* : moins moral, plus marginal à l'égard des impératifs sociaux, il reflète bien l'esprit de ces ascètes. En réalité, ce qui prime chez eux, c'est une expérience qui prend pour lieu le corps, charnel et subtil tout à la fois. C'est pourquoi la suite du traité s'applique à décrire très concrètement ces exercices de transformation.

Tout d'abord, les *âsanas*, les postures : elles sont au nombre de quatre-vingt-quatre mille (équivalent de notre français « trente-six mille », soit « énormément »). Svâtmârâma en choisit quinze, qu'il décrit très précisément ; avec un peu d'attention, on s'aperçoit qu'il se situe toujours dans deux registres, celui du geste physique et celui de l'énergie véhiculée (I, 17-57). Ainsi donne-t-il déjà des indications sur les « souffles », les « contractions », les « sceaux » qui permettent que la posture ne soit pas une simple gymnastique – nous allons y revenir. L'entraînement, intense, donne des fruits rapidement (I, 56-57) et il suppose une nourriture appropriée (I, 58-62). Le premier chapitre se termine par une célébration de l'expérience : « Le port d'une certaine robe ne suffit pas à procurer la réalisation, pas plus que les discours à ce sujet. C'est la mise en pratique [des méthodes du yoga] qui est la seule cause de la réalisation » (I, 66).

Le chapitre II débute par des définitions du *prâ-nâyâma*, la discipline du souffle, avec des indications pour « purifier les *nâdîs* » (II, 1-20). Si nécessaire (et cela l'est presque toujours), six moyens de nettoyage approfondi du corps sont ici proposés (II, 21-37). Ils font partie de ce que les Européens ont d'abord considéré comme hautement folklorique (se nettoyer les fosses nasales avec une bande d'étoffe qui circule du nez à la gorge, par exemple), mais qui n'en constitue pas moins une connaissance remarquable de la physiologie. À partir du verset 39 sont étudiés en détail les différents types d'actualisation du *prâna*, les huit *prânâyâmas*. Sans les développer ici, remarquons qu'ils jouent sur l'expiration et l'inspiration comme sur un couple polaire au travers duquel on cherche un état de stabilité au-delà de la respiration physiologique, une immobilité confinant à la suspension des fonctions normales de la vie. Il y a là une véritable culture de l'extase : « C'est par le suspens qu'a lieu l'éveil de *kundalinî* » (II, 75).

Le chapitre III aborde justement la symbolique de l'énergie lovée à la base de la *nâdî* centrale, ce canal qui constitue la voie directe de l'inconscient au supraconscient, « voie du milieu » ouverte seulement lorsque « droite » et « gauche », « soleil » et « lune » forment une totalité (III, 1-5). Afin de maîtriser le processus, il faut conduire l'énergie par dix *mudrâs* (« sceaux », III, 6-54 et 77-103) et trois *bandhas* (« ligatures », III, 55-76). Ces exercices, compléments subtils des postures, ont pour effet d'éveiller la *kundalinî* et de lui imprimer un intense mouvement de remontée à rebours des processus habituels dans lesquels l'énergie humaine est dépensée de manière diffuse, désordonnée, en pure perte. Alors, « la *nâdî* centrale devient toute droite chez les yogis qui pratiquent les *âsanas*, les *prânâyâmas* et les *mudrâs* avec une intense application » (III, 124)[21].

Disposant donc, grâce au *hatha-yoga*, de ce capital habituellement dilapidé, l'adepte accède à différents degrés de l'extase (IV, 2-7), toujours sous la houlette de son guru (IV, 2-7). Jusqu'au verset 64, le chapitre IV développe deux thèmes, la restructuration de l'être s'opérant autour de la « voie du milieu », et la dissolution des fonctions solidaires du souffle (*prâna*) et du moi (*manas*) dans le *samâdhi* : « Vide à l'intérieur et vide à l'extérieur, comme une jarre vide dans l'espace. Plénitude à l'intérieur et plénitude à l'extérieur comme une jarre immergée dans l'océan » (IV, 56), tel est alors l'état du yogi… Svâtmârâma consacre ensuite une réflexion prolongée à l'écoute intérieure de la vibration sonore et à ses effets, le son formant une sorte de filet apte à « piéger » l'esprit prompt à s'agiter et à se disperser (IV, 65-102). Il faut y voir un témoignage de l'importance du *nâda-yoga*, « yoga du son », qui, outre ses avantages pratiques très rapides, plonge ses racines dans la grande tradition de la Parole, énergie cosmogonique, remontant aux *Vedas*[22]. Le *nâda-yoga* constituait d'ailleurs une voie autonome et complète, même si l'auteur l'intègre ici dans le *hatha-yoga*. La fin du chapitre contient une description du yogi en *samâdhi*, raide comme la mort, au-delà de tous les contraires, et jouissant pleinement de sa fusion avec Shiva-Shakti.

Un cinquième chapitre a été ajouté pour répondre à des questions d'ordre thérapeutique ; il emprunte au fonds de la médecine traditionnelle et s'attache à montrer que le *hatha-yoga*, voie spirituelle, produit nécessairement des effets sur la conservation de la santé. Cette démarche peut sembler terriblement « exotique » ; mais elle l'est plus par la difficulté de pénétrer son vocabulaire que par ses objectifs, très cohérents. Il s'agit de tendre vers une concentration ascendante de toutes les virtualités physiques, psychiques et métaphysiques. Au terme du processus, dont les *samâdhis* répétés ne constituent qu'une ébauche, le yogi entre dans l'état de libération, il sort du *kali yuga*, de l'enchaînement causes-effets, il a unifié ses polarités.

Ce que les yogas ont exploité de manière originale, c'est, à partir de la source védique, la possibilité de rédimer l'existence jusqu'en son support biologique, de descendre jusqu'au corps de chair pour le faire participer à la libération. Car, comme dit un astrologue tantrique actuel, « le corps de l'homme est un temple. Tout ce qui prend forme sur terre se vit par le corps. Le corps [humain] est le temple par lequel se vit Dieu[23] ».

III.

Le néohindouisme et la réinterprétation du yoga

À partir du XVIe siècle, l'Inde entre en contact avec la culture européenne et fait connaissance avec un christianisme militant, axé sur la conversion. Les missionnaires arrivent dans le sillage de marchands et d'aventuriers qui nouent des relations avec les princes et établissent des comptoirs. L'Inde est alors un monde inconnu, qui fonctionne sur des logiques sociales, religieuses, spirituelles, complètement étrangères à l'esprit occidental, et son mystère reste longtemps impénétrable. Dans ce contexte, le yoga n'a guère de place : on l'ignore, ou il est assimilé aux pratiques fakiriques, exotiques, incompréhensibles. On ne peut imaginer qu'il comporte une métaphysique, qu'il possède une longue tradition de textes normatifs ou qu'il témoigne d'expériences de sagesse aussi précieuses que celles de la Grèce antique. Il faudra beaucoup de temps et de recherches, à la fois historiques, anthropologiques, philologiques, pour comprendre la culture hindoue, et les fonctions qu'y remplit le yoga. Et, réciproquement, il faudra beaucoup de temps pour que les Indiens perçoivent chez leurs colonisateurs autre chose qu'un projet matérialiste de mainmise sur leurs richesses, autre chose que l'affirmation d'une vérité religieuse supérieure.

Ce n'est qu'à la toute fin du XVIIIe siècle que cette connaissance mutuelle, dans des milieux cependant très restreints, commence à porter des fruits. La situation de contact prolongée produit une transformation de part et d'autre. D'un côté, les Européens découvrent une pensée qui tient compte du corps, une puissante transmission entre maîtres et disciples, des disciplines très vivantes qui préparent à la sagesse, une conception de l'ego différente, une vision du divin originale. Certains d'entre eux, bouleversés par cette rencontre, vont adopter des pratiques qu'ils estiment inexistantes ou perdues par leur société trop exclusivement rationaliste, trop centrée sur l'économie. De l'autre, les positions indiennes sont plus ambiguës ; elles évoluent entre la fascination pour le progrès occidental dans les domaines scientifiques et techniques, et le rejet de ce même Occident colonisateur et prédateur, le mépris pour sa considérable ignorance de la vie spirituelle. Ces images sont évidemment simplistes, mais elles vont fonctionner comme révélateurs.

1. La « renaissance bengalie »

Au miroir de l'autre, les penseurs indiens éprouvent un sentiment douloureux d'infériorité. Divisés en une multitude d'États aux régimes politiques souvent encore médiévaux, que ne contrôle pas un empire moghol décadent, ils ne trouvent pas dans le politique des raisons de s'estimer. Entravés par les pesanteurs du système des castes, qui rejette dans l'intouchabilité une part considérable de la population, ils n'ont pas de modèle à offrir en matière de justice sociale. Héritiers d'une longue tradition scientifique et médicale, ils ne peuvent pourtant prétendre à concurrencer l'Europe. Que reste-t-il à l'Inde pour se construire une identité acceptable sinon la spiritualité et la sagesse ?

L'intérêt croissant des Occidentaux – d'abord européens, puis, à partir des années 1870, américains – rencontre et suscite une nouvelle conscience indienne. Celle-ci se reconnaît dans son grand passé religieux et dans la transmission ininterrompue d'expériences intimes de l'unité entre le Soi et l'Être, et des moyens d'y parvenir. Mais une telle revalorisation doit en passer par la réforme de l'hindouisme, volontiers replié sur lui-même, marqué par de nombreux archaïsmes.

Le mouvement débute dans les années 1820, à Calcutta, dans un cercle d'intellectuels anglophiles qui connaissent un peu le christianisme et lisent les auteurs des Lumières (Montesquieu, Voltaire, les déistes anglais). L'un d'entre eux, Ram Mohan Roy, reste aujourd'hui le « père de la nation » tant son rayonnement fut grand. Il a créé en 1828 une sorte de cénacle philosophique et politique, le Brahmo-samaj : littéralement « la réunion [de ceux qui croient au] *brahman* ». Ce grand Être neutre, principe de l'univers, qui se reflète en l'homme par l'*âtman*, Roy l'identifie au dieu des philosophes, à l'Être suprême de la Révolution française, qui patronne les constitutions des premiers États démocratiques. Il adopte les thèmes fondamentaux de l'humanisme occidental : droits de l'homme et de la femme (!), égalité et justice sociale, développement de l'individu. Sa réforme eut peu d'effets, en ce sens qu'elle n'a touché qu'un milieu restreint, privilégié, qui s'est occidentalisé tout en gardant le meilleur de ses valeurs originelles. Mais la richesse de ce compromis a produit des écrivains, des artistes, des hommes politiques, des enseignants en université, des éditeurs et des journalistes très remarquables. Rabindranath Tagore, qui fut le premier Asiatique à recevoir le prix Nobel de littérature en 1913, est issu d'une famille qui, pendant trois générations, a soutenu le Brahmosamaj. Satyajit Ray, le grand cinéaste bengali, témoigne aussi de cette « renaissance », et ses films, d'une beauté inoubliable, mettent en scène l'écart entre la société traditionnelle et la modernité qui la bouleverse. Sri Aurobindo, de même, forge sa philosophie dans ce creuset. Au cours du XIXe siècle, l'hindouisme évolue donc vers ce que l'on peut appeler, non sans simplification, un néohindouisme, caractérisé par une volonté de revisiter les sources dans une perspective critique et structurée. L'un des effets de cette mutation, parmi d'autres tout aussi importants, se marque par la réhabilitation et la reconstruction d'arts sacrés anciens, qui n'avaient jamais été abandonnés, mais qui prennent une nouvelle dimension. Les musiques instrumentales et chantées, les danses comme le bharatanatyam ou le kathakali, les drames mythologiques sortent des temples pour représenter la puissante identité culturelle de l'Inde. Le yoga participe de ce mouvement double, de fidélité à la tradition et de modernisation. Il symbolise, aux côtés de la philosophie védantine, le rôle civilisateur d'une nation encore en genèse, mais porteuse d'une sagesse plurimillénaire, qui peut être exportée vers des communautés humaines en manque de spiritualité. C'est là la mission particulière de l'Inde sur le théâtre du monde.

2. Râmakrishna, Vivekânanda et la naissance d'un yoga moderne

Râmakrishna (1836-1886), prêtre du temple de Dakshineshwar au Bengale, fut le guru de la renaissance bengalie. Sa religiosité s'inscrit dans l'ordre de la *bhakti* la plus pure, une dévotion extrême marquée d'effusions affectives, d'un total détachement de soi et d'extases fréquentes. Sans être lié à aucun mouvement social ou politique, sans quasiment quitter son temple, il a exercé une influence considérable. Sa tolérance, sa non-violence, sa pratique évidente et incontestable de la compassion universelle et de l'amour de Dieu, ont frappé tous les témoins et émeuvent encore lorsqu'on lit l'enseignement recueilli.

La première partie de sa vie religieuse est consacrée à la synthèse des religions hindoues. Élevé dans une famille de brahmanes orthodoxes, il devient le *bhakta* de la Grande Mère tantrique, Kâlî. Puis il entre dans le vishnouisme, et c'est finalement dans la philosophie védantine qu'il trouve comment concilier les aspects apparemment inconciliables du divin : « Quand j'évoque l'Être suprême au repos, ne créant pas, ne conservant pas, ne détruisant pas, je l'appelle *Brahman*. Quand je me le représente actif, créant, préservant et détruisant, je le nomme [...] le Dieu personnel. Mais la distinction ainsi établie entre ces deux aspects ne signifie pas de différence. Le Dieu personnel et le Dieu impersonnel sont une seule et même chose comme le lait et sa blancheur, le diamant et son éclat. Il est impossible de concevoir l'un sans l'autre. La Mère divine et *Brahman* sont UN[24]. »

La deuxième étape voit naître le syncrétisme, au sens strict du terme, entre la synthèse hindoue d'inspiration védantine, le christianisme et l'islam. Râmakrishna s'initie aux religions du Livre, mais les différences de théologie n'ont guère d'importance pour cet être dévoré par l'amour. Son « affaire », c'est la *bhakti*, pas la métaphysique : « Dieu est sur le toit. Il s'agit d'y grimper. Les uns prennent une échelle, les autres une corde, ou un escalier de pierre, une perche en bambou, d'autres escaladent à leur manière. Ce qu'il faut, c'est arriver sur le toit. Peu importe que vous ayez choisi telle ou telle voie. Ce qu'il ne faut pas, c'est employer à la fois plusieurs manières, prenez-les successivement. Lorsque vous avez trouvé Dieu, vous êtes sur le toit... et vous comprenez alors qu'on peut prendre différents chemins pour l'atteindre. Vous ne devez en aucun cas considérer que les autres chemins ne mènent pas à Dieu. Ce sont d'autres voies vers le même toit. Laissez chaque être suivre son propre sentier. Celui qui, sincèrement et ardemment, cherche Dieu, que la paix soit sur lui. Sûrement il Le trouvera. Vous aurez beau dire qu'il y a bien des erreurs et des superstitions dans une autre religion, je répondrai : "Supposons que ce soit. Chaque religion comporte des erreurs. Chacun pense que sa montre seule donne l'heure correcte. Il suffit d'avoir un amour ardent de Dieu. C'est assez de L'aimer et de se sentir attiré vers Lui. Ne savez-vous pas que Dieu est notre guide intérieur[25] ?" » Ainsi, aucune religion ne peut se prétendre supérieure à une autre. Le syncrétisme de Râmakrishna révèle une expérience personnelle d'une profondeur admirable, mais tend vers une sorte de relativisme qui ne sera pas favorable au dialogue interreligieux.

Le yoga de Râmakrishna est très peu postural ; dans la droite ligne de la *Bhagavad Gîtâ* et des grands textes dévotionnels, il donne à « yoga » le sens général de discipline mentale et affective. Dans les enseignements oraux consignés par ses disciples, il s'attache à distinguer le *hatha-yoga* qui, selon lui, concerne le corps physique, et le *râja-yoga* qui ouvre la porte de l'expérience spirituelle. « Le *hatha-yoga* s'occupe exclusivement du corps physique. Il donne les méthodes par lesquelles on peut purifier les organes intérieurs et acquérir une santé parfaite. Il enseigne comment se rendre maître des diverses puissances de *prâna*, des muscles, des organes et des nerfs. Mais dans le *hatha-yoga*, la pensée doit toujours se concentrer sur le corps physique[26]. » Au contraire, le *râja-yoga*, qui est l'*ashtânga-yoga*, le « yoga aux huit membres » de Patañjali, « s'occupe du mental et conduit à des résultats spirituels par la voie de la discrimination, de la concentration et de la méditation[27] ». « Le but du *râja-yoga* est la dévotion, l'amour, la connaissance et la disparition des passions[28]. » Et il conclut que « le *râja-yoga* est préférable », tout en insistant, en maint entretien, sur l'importance de la voie de l'homme dans le monde, qui n'est pas aussi radicale que celle du renonçant. Cette voie, c'est le *karma-yoga*, l'ascèse du désir qui règle l'intention présidant à l'action : volonté sans ego, recherche de justesse et de justice, engagement détaché de tout bénéfice personnel. En bref, la pure doctrine de la *Bhagavad Gîtâ*, exprimée en termes contemporains, à l'usage de tout être en quête de réalisation.

À la fin de sa vie, Râmakrishna charge Vivekânanda (1863-1902), son disciple préféré, de créer un ordre monastique, les Missions Râmakrishna, voué à une double tâche : réformer l'hindouisme en Inde, dans le sens de l'intériorisation, de l'amour, de la tolérance ; diffuser la sagesse indienne en Occident. Vivekânanda a un tempérament beaucoup plus spéculatif que son maître, il doit organiser son héritage, se déplacer en Europe et aux États-Unis pour y donner des conférences. Sa conception du yoga diffère nécessairement. Il réalise une synthèse du *karma-yoga* et du vedânta : par l'action dans le monde au service de causes humanitaires, par l'adhésion à un universalisme non violent bien supérieur aux monothéismes abrahamiques, le sage indien montre le chemin d'une réforme indispensable à l'Occident comme à l'Orient. En ce sens, pour lui, l'Inde est plus avancée spirituellement.

Elle a en outre perçu la dimension intérieure de l'évolution, que les sciences occidentales conçoivent de manière déterministe. Parlant du *karma-yoga* comme d'un « travail » qui ne se limite pas à la conscience morale, Vivekânanda précise : « L'univers entier travaille. Pourquoi ? Pour la liberté. Depuis l'atome jusqu'au plus haut des êtres, tous travaillent pour le même but : la liberté du corps, la liberté de l'esprit. Toutes les choses s'évertuent à s'échapper de l'esclavage. [...] C'est le *karma-yoga* qui nous révèle le sens, le secret, la méthode du travail, son pouvoir organisateur[29]. » Mais cette tâche universelle doit être éclairée par la discrimination d'une connaissance supérieure, rassemblant les énergies de l'esprit : « Les pouvoirs de l'esprit sont des rais de lumière dispersés. Pour qu'ils fassent flambeau, il faut les rassembler en faisceau. Il n'y a pas d'autres moyens que la Connaissance[30]. » C'est là l'authentique chemin du *râja-yoga* de Patañjali, qui comportait une ascèse psychosomatique dont Vivekânanda affirme à son tour la nécessité. Une telle voie, si elle conduit à des états *supra*-intellectuels, ne peut invoquer ce prétexte pour justifier l'abandon de la raison : « Aucun des yogas ne renonce à la raison, aucun ne vous demande d'abandonner la raison entre les mains d'un prêtre quelconque. Chacun des yogas vous dit de vous attacher à votre raison, de vous y tenir fermement[31]. » Simplement, la raison est aimantée par une finalité qui lui donne son sens ultime : l'amour, porte d'accès à l'unité du réel et à l'union avec le divin. Ainsi Vivekânanda, au tout début du XXe siècle, a-t-il construit une synthèse des voies de yoga à quatre facettes : *karma-yoga*, la « voie de l'action » ; *râja-yoga*, la voie de l'ascèse transformatrice ; *jñâna-yoga*, la voie de la connaissance ; *bhakti-yoga*, la voie de l'amour. On constate le chemin parcouru par une pensée réformatrice qui récupère les sources de la pensée antique pour les constituer en socle de la spiritualité contemporaine.

3. Sri Aurobindo, le « guide de l'évolution »

Né à Calcutta, Aurobindo Ghose (1872-1950) fait ses études à Cambridge ; il hérite à la fois de l'humanisme universaliste occidental et des aspirations originales des intellectuels bengalis. Il commence par l'activisme politique, est emprisonné par les Britanniques et se réfugie en 1910 sur le territoire français de Pondichéry. C'est là que se développe sa seconde vie, d'écrivain et de maître spirituel. Un ashram se constitue progressivement autour de lui, surtout à partir du moment où Mira Richard, une Française fascinée par son charisme, devient sa compagne. Il fera d'elle la « Mère », une incarnation de la Shakti, l'Énergie suprême à l'œuvre dans toute réalité créée. Il s'attelle à réaliser une vaste synthèse de la pensée indienne, qui puise aux concepts anciens d'Esprit et de Nature (en particulier dans le sâmkhya) en intégrant les découvertes modernes sur le cerveau et la structure de la matière. Il produit ainsi une œuvre énorme : *La Synthèse des yoga* (I. *Le Yoga des œuvres* ; II. *Le Yoga de la connaissance intégrale* ; III. *Le Yoga de l'amour divin*) ; *La Bhagavad Gîtâ avec commentaires*, *Le Guide du yoga*, *Trois Upanishads*, *La Vie divine* (4 vol.), sans parler de l'immense poème *Savitrî*, dans lequel il déploie ses intuitions visionnaires.

Son concept clé est celui d'évolution, individuelle et universelle. L'histoire des hommes lui apparaît comme une fresque unique, où il décèle les différentes étapes de la manifestation de la Conscience absolue à partir de la matière inerte et inconsciente. L'individu conscient a un rôle particulier à jouer. Grâce au yoga, c'est-à-dire à l'ensemble des moyens psychosomatiques mis à sa disposition par la tradition, il se transforme, sublimant son corps et son esprit, par là même accélérant la lente évolution collective : « Si nous regardons derrière les apparences, la vie tout entière est un immense yoga de la Nature ; c'est la Nature qui cherche à réaliser sa perfection en développant de plus en plus ses potentialités secrètes et qui tente de s'unir à sa propre réalité divine. Dans l'homme, son penseur, elle a pour la première fois sur cette terre inventé des moyens conscients et des combinaisons d'activités volontaires pour pouvoir réaliser plus rapidement et plus puissamment ce grand dessein[32]. » Sri Aurobindo se veut un philosophe moderne et innovant, mais il faut souligner que ses sources s'enracinent profondément dans la tradition indienne, et qu'une telle vision de l'évolution se tient au carrefour de trois courants spirituels anciens et durables : le sâmkhya, philosophie qui rend compte de la réalité par le déploiement d'une nature primordiale, la *prakriti ;* le tantrisme, qui assigne au yogi la tâche de rédimer, par sa transformation personnelle, le cosmos involué dans le *kali yuga*, l'« âge sombre » ; le shaktisme du Bengale où la grande déesse est à la fois Nature, Mère et Énergie (*shakti*). Dans la perspective de cette mission dévolue à l'homme conscient de sa responsabilité cosmique, ses disciples, et surtout ceux de la Mère, feront d'Aurobindo le « guide de l'évolution » et fonderont en 1968 une communauté utopique, la « ville de l'homme futur », Auroville, à quelques kilomètres de Pondichéry. Leur projet tend vers la réalisation totale de l'homme et passe par une transformation radicale, qui commence dans l'expérience sensible la plus incarnée. Car le corps, comme un hologramme, recèle au cœur de tous les éléments qui le composent, même les plus microscopiques, la présence de l'Esprit. D'où l'idée très parlante pour beaucoup d'un « mental des cellules » que le yoga permettrait d'atteindre et d'éveiller. Si l'expression est nouvelle, elle témoigne néanmoins d'une conception de la matière et du corps dense qui s'inscrit dans la lignée des grands *siddhas* tantriques. Chaque individu pour lui-même et tous les individus inclus dans le processus historique du développement cosmique ont la possibilité, par le yoga, d'expérimenter le substrat énergétique, l'unité de fond qui les porte vers leur accomplissement.

4. Ramana Maharshi et Mâ Anandamoyî : le yoga au service de la non-dualité

On ne peut dire que Ramana Maharshi (1879-1950), sans doute le plus profond maître spirituel du XXe siècle, ait enseigné le yoga. Il se rangeait plutôt du côté de la sagesse védantine. Et pourtant nombreux sont ceux qui le tiennent pour un yogi au sens large, c'est-à-dire un ascète et un méditant. À la fin de son adolescence, il prend l'état de renonçant et part à Tiruvannamalai, un lieu de pèlerinage très célèbre au pied d'Arunâchala, une montagne sacrée du Tamil Nadu : « Mon ancien ego avait disparu. Souvent je restais seul, dans une attitude favorable à la méditation, et je m'absorbais dans le Soi, l'Esprit, la puissance du courant qui s'établissait en moi[33]. » Cette absorption complète est à la fois une initiation, une expérience cathartique qui brûle toutes les scories de la personnalité empirique et une union mystique avec le dieu d'Arunâchala, Shiva, dieu d'énergie, de mort et de transformation, d'ascèse et de yoga, qui est pour lui la personnification du Soi impersonnel. En 1899, Ramana s'installe dans une grotte de la montagne ; il y reçoit quelques visiteurs qui témoignent de la puissance transformatrice de sa présence silencieuse. La célébrité lui vient malgré lui. Après 1922, il déménage dans un grand ashram, géré par sa mère, puis son frère, au pied de la montagne ; les gens du peuple viennent nombreux pour profiter de son rayonnement extraordinaire, mais aussi les futurs gouvernants de l'Inde. Il ne parle pas – ou si peu – et pourtant il enseigne, incarnant le modèle classique du sage indien, jusque dans les paradoxes inhérents à l'idée qu'il se fait de sa fonction, comme en témoigne cette étonnante réponse : « Un maître est-il nécessaire pour recevoir des instructions spirituelles ? Oui, si vous tenez à apprendre quelque chose de nouveau. Mais ici, vous devez désapprendre[34]. » « Le guru, disait-il, est celui qui, en tout temps, demeure dans les profondeurs du Moi supérieur. Il a entièrement abandonné la fausse distinction entre lui et les autres[35]. » Cette conception du maître est inséparable de l'expérience originelle d'effacement du moi. À partir de 1947, sa santé se détériore et il meurt d'un cancer après de grandes souffrances physiques en 1950. L'Inde entière est plongée dans la désolation. Mais son message a eu aussi un grand retentissement en Occident, où ses disciples d'un jour ou de nombreuses années vont faire connaître son existence et son enseignement. Shankara est le seul maître que Ramana Maharshi ait traduit ou commenté. Dans sa réinterprétation du vedânta, on ne « devient » pas, on n'acquiert rien, on « est » d'emblée dans l'expérience libératrice, pourvu qu'on se défasse des surimpositions du mental et des affects. Le Soi étant la totalité transpersonnelle, il inclut tout, rien n'est hors de lui, rien n'est « pas lui ». Au niveau de l'expérience libératrice, il n'y a donc plus de moi et de tu, de sujet et d'objet, d'intelligence séparée du monde. Il n'y a plus d'autre. Ou, plus exactement, le je et l'autre sont englobés dans une totalité d'Être-Conscience-Béatitude : c'est la voie de la non-dualité (*advaita*). Pour se rendre disponible à cette totalité, un très difficile travail de déconditionnement, de vide et d'abandon est à accomplir. C'est dans cette ascèse préparatoire que le yoga trouve sa place.

Le destin de Mâ Anandamoyî (1896-1982) montre que, dans une société fortement patriarcale, une place pouvait être faite à des femmes gurus. Née dans une famille de brahmanes bengalis de modeste extraction, comme la plupart des filles, elle n'a reçu aucune instruction et a été mariée dès l'âge de treize ans. Jeune femme, elle passe par une longue période d'étrangeté dans ses comportements et d'absorption dans des extases. À partir de 1929, elle s'installe dans un petit ashram, à Dacca, dont la réputation va croître au fil des années, pour devenir dans les années 1960 un haut lieu spirituel pour les hindous aussi bien que pour les Occidentaux en quête de remède à la souffrance. Car Mâ, la « Mère », est compatissante à toute douleur, elle se prête au passage de l'énergie divine, guérisseuse universelle d'une humanité enfermée dans les formes les plus diverses du malheur. On lui attribue des pouvoirs puissants et l'accomplissement de nombreux miracles. Elle sera finalement reconnue comme une authentique « libérée-vivante », puis comme une grande sainte, objet d'une dévotion exacerbée : on l'appellera la « Kâlî humaine », « Mahadevî, la grande déesse ». À l'instar de Ramana Maharshi, elle a enseigné avec beaucoup d'autorité spirituelle dans la ligne du néovedânta. La réalité est une sous des formes diverses, et seul l'ego maintient l'illusion de la différence : « Dieu, le Soi, imprègne toutes choses. Où n'est-Il pas ? Il est dans toutes les formes et dans le sans-forme, dans tous les noms et dans le sans-nom, en tous lieux et en toutes circonstances, à tout instant. Lorsque s'éveille le désir de Réalisation, ce désir même est une manifestation réelle de Lui, l'Un indivisible. Puisque, en fait, tous les noms sont des noms de Lui, on peut Le saisir par n'importe lequel. Il faut commencer par un vif désir d'atteindre le but. Le seul fait que l'on a pour but la réalisation du Soi équivaut à chercher et à trouver[36]. » Mâ Anandamoyî ne dévalorise pas pour autant l'éthique et les disciplines, soutiens indispensables de la progression : « Il faut observer dans la vie toutes les règles et les pratiques qui tendent à rendre purs le corps et l'esprit[37] », et ses ashrams sont des fondations qui reposent sur une vie communautaire fermement régulée, en équilibre entre l'action et la méditation.

Bien d'autres maîtres de yoga seraient à citer. Shivananda (1887-1963) compta parmi les plus grands et les plus célèbres. Il a commencé par pérégriner dans le sous-continent, rencontrant en particulier Ramana Maharshi dans son ashram tamoul. Il a fondé en 1936 la Divine Life Society et dirigé un important ashram à Rishikesh. Il a beaucoup écrit et ses manuels de yoga sont traduits dans de nombreuses langues. Diffusant une spiritualité où se mêlent hindouisme, tantrisme et sikhisme, il a formé des enseignants qui l'ont transmise en Europe et aux États-Unis : Chidananda, Satyananda, Vishnudevananda, Chinmayananda, Venkateshananda, Satchitananda sont des gurus connus qui appartiennent à cette lignée. Muktananda, quant à lui, a prolongé, dans son ashram de Ganeshpuri, une lignée de *siddhas* tantriques et a fondé de nombreux centres, notamment aux États-Unis et en Australie. Krishnamacharya, originaire de Madras, a été le maître de yoga du dernier prince de l'État de Mysore, où d'autres arts traditionnels ont été largement subventionnés. Ses fils, Sribhashyam et Desikachar, son beau-frère, Iyengar, enseignent entre Inde, Europe et États-Unis.

L'Inde est ainsi devenue pour l'imaginaire occidental le pays des gurus par excellence. Il est vrai que les renonçants, héritiers de courants spirituels très divers – yoga, vedânta, *bhakti* shivaïte ou vishnouite, sectes tantriques –, y sont innombrables. Considérés comme de saints hommes doués de pouvoirs, ils restent honorés dans une société hindoue qui évolue vers la modernité et leur influence morale demeure importante. Ils défient les catégories et les classements : certains sont des marginaux, errant de temples en lieux de pèlerinage, mendiant leur nourriture ; d'autres vivent isolés dans des retraites, grottes ou ermitages ; silencieux ou enseignant, leurs modes de vie se rattachent à une expérience du divin aussi ancienne que l'hindouisme. D'autres encore, presque toujours après un temps d'ascèse solitaire et d'épreuve, fondent des ashrams, centres spirituels qui accueillent des retraitants de toutes provenances : une vie simple, semi-monastique, y privilégie la méditation, les exercices de yoga et les entretiens avec le maître. Certains voyagent régulièrement vers l'Europe ou les États-Unis pour visiter les fondations de leurs disciples occidentaux et donner des conférences ;

ils disposent de moyens financiers importants dont ils profitent pour vivre largement, ou se refusent à toute activité commerciale par fidélité à l'idéal du renoncement, ou bien consacrent les revenus de leur succès à des œuvres humanitaires… Vivekânanda disait : « Le guru doit être adoré comme Dieu. Il est Dieu et rien de moins. Tandis que vous le regardez, le guru s'efface peu à peu. Que reste-t-il ? L'image du guru cède la place à Dieu lui-même. Le guru est le masque rayonnant que prend Dieu pour venir à nous. Tandis que nous maintenons notre regard sur lui, le masque tombe et Dieu se révèle[38]. » Cette conception de la fonction du maître spirituel peut sembler excessive ; elle est pourtant fidèle à la tradition indienne, où le guru a toujours été considéré comme une des formes privilégiées que prend le *sad-guru*, le « guru-Être », l'Être suprême, pour se révéler. Cela conférait en principe au maître un pouvoir exorbitant sur ses disciples, mais les pratiques exigeantes du renoncement et la soumission aux impératifs d'une même religion limitaient fortement les débordements possibles d'autorité. Aujourd'hui, la relation maître-disciple s'inscrit dans un contexte différent. Suivre un maître constitue une démarche très personnelle, destinée à répondre à des interrogations, à alimenter une quête que les sociétés contemporaines laissent sans réponses. Les hindous vont vers leurs maîtres comme vers des sources, pour se relier à des archétypes anciens grâce auxquels ils retrouvent individuellement ou collectivement leur identité. Les Occidentaux qui ne trouvent pas dans leur propre fonds culturel une spiritualité vécue, donnant du sens à la vie, la cherchent ailleurs, en Inde particulièrement.

Cette configuration, nouvelle depuis le début du XXe siècle, ne va pas sans poser question. La représentation du guru est en effet très fortement investie sur le plan affectif, sans qu'interviennent toujours des régulations communautaires indispensables, que fournissait une tradition commune scrupuleusement transmise. Un certain nomadisme spirituel, en réclamant des expériences immédiates et des résultats spectaculaires, favorise les dérives. En outre, le modèle ancien de la relation maître-disciple, qui exigeait de la part du second soumission et vénération, et de la part du premier détachement et compassion, s'avère difficilement transposable dans la modernité à l'occidentale, où son application sans discernement conduit souvent au sectarisme. La fonction d'accompagnement spirituel reste pourtant, plus que jamais en ce temps où les repères s'effacent, nécessaire à celui qui s'engage sur une voie de transformation personnelle.

CHAPITRE IV

Le yoga : une sagesse

« La sagesse… venons-y.
C'est bien de cela qu'il s'agit
quand on s'adresse au yoga :
enfin trouver un peu de sagesse[1]. »

En 1986, les formateurs qui enseignent dans les écoles affiliées à la Fédération nationale des enseignants de yoga se sont réunis pour un séminaire de trois jours, comme ils le font régulièrement. Le but de cette rencontre était de tenter une définition du yoga dans un langage contemporain sans trahir les textes anciens. On ne peut en effet pas toujours faire référence à Patañjali ou aux traités tantriques lorsqu'il s'agit de s'adresser à ce qu'il est convenu d'appeler le « grand public » ou bien à des instances administratives. Au seuil de cette réflexion sur le yoga comme sagesse, j'aimerais citer quelques phrases issues de ce travail :

« Le yoga est une démarche globale et expérimentale qui s'appuie sur un ensemble de techniques spécifiques et qui se réfère à la tradition de l'Inde.

Il tend, par une prise de conscience progressive, à l'harmonisation des facultés corporelles, affectives, mentales et spirituelles de l'être humain.

Pratiquer des postures et des respirations dans un état de détente et de concentration avec conscience et respect des limites de son corps conduit à une autogestion de son potentiel physique et psychique.

Les effets se traduisent d'abord par un mieux-être, une plus grande disponibilité, une meilleure efficacité dans l'action.

Le yoga tel que nous l'enseignons n'est pas la sagesse, mais une préparation à la sagesse. Il est ouvert à toutes les formes de spiritualité et de religion.

L'enseignant de yoga acquiert une compétence dans le cadre d'une école spécifiquement structurée pour la transmission de cette discipline. »

Le mot « sagesse » mérite ici commentaire. On ne peut être sage sans apprendre à penser correctement, à affiner ses facultés d'analyse et à tirer de toute situation les conclusions qui s'imposent. On ne peut l'être non plus si l'on refuse l'arbitrage des émotions, la pacification de l'âme, l'épanouissement de la sensibilité véritable qui préserve de l'instabilité affective. On ne peut l'être encore que si l'on respecte la dimension physique et ce qui lui revient, jusque dans une vision symbolique du corps. On ne peut vraiment être sage, enfin, que si l'on accepte dans sa vie intime la présence d'une transcendance, quelle qu'elle soit, même si on refuse de la nommer, même si elle apparaît comme l'incommensurable profondeur du vide.

Telles sont quelques-unes des orientations du mot « sagesse ». On voit bien qu'en Occident aujourd'hui – pour des raisons que nous avons évoquées et sur lesquelles nous aurons encore l'occasion de réfléchir –, cet ensemble de valeurs n'emporte pas une adhésion immédiate. Entre la modernité et la sagesse une distance s'est établie, fructueuse quand elle se fait source de lucidité et de critique vraie, mais jetant le soupçon sur tout ce qui pourrait apparaître comme incitation à la discipline, imposition d'une morale ou d'un ordre supérieur. Les formateurs de la FNEY ont donc eu raison de parler de « préparation à la sagesse ».

En quel sens l'entendent-ils exactement ? Leurs commentaires, ajoutés à la définition, apportent des précisions significatives. Ils insistent d'abord sur la globalité du yoga, sur cet aspect si particulier qui le distingue des approches cloisonnées de la personne, fréquentes en Occident : c'est que la sagesse se présente toujours comme une voie d'unification, et l'un de ses effets les plus sensibles est l'élargissement du champ de la conscience. Ensuite, les formateurs mettent en relief le concept « expérience » : « Son caractère expérimental a été décrit comme un travail sur soi à médiation corporelle, se référant à une tradition et à son éthique. » Et ils soulignent l'impossibilité de contourner cette assimilation personnelle : « Nul ne peut enseigner un quelconque aspect du yoga sans l'avoir expérimenté. » Ils tentent également d'établir une distinction entre des méthodes dont la visée se situe sur le plan de l'avoir (ajouter quelque chose à ce que l'on possède déjà afin de mieux vivre) et des disciplines, au nombre desquelles le yoga, qui visent une transformation sur le plan de l'être et qui induisent plutôt un dépouillement des éléments inutiles ou superflus dans l'existence. La fonction essentielle d'une sagesse, c'est de revisiter non seulement la compréhension, mais l'existence de celui qui la pratique. Cette mutation permet de passer d'une recherche quantitative d'objet à une appréhension qualitative pour laquelle chaque réalité est unique, et porteuse de sens.

I.

À la recherche d'un corps conscient

Nous n'avons guère l'habitude d'aborder la sagesse par le biais de la dimension corporelle, et nous avons tort. Trop marqués par l'intellectualisme des écoles philosophiques et par le moralisme de certaines interprétations des textes judéo-chrétiens, nous sous-estimons l'importance du corps en tant qu'assise pour la vie de l'esprit. La pratique du yoga permet de redécouvrir, sur ce plan, des vérités oubliées, enfouies dans l'inconscient collectif. Cependant, les valeurs attribuées au corps en Inde et en Occident ne se recouvrent pas entièrement. Aussi apprendra-t-on beaucoup à les confronter.

1. Représentations indiennes du corps

Les textes du yoga développent des conceptions qui peuvent paraître paradoxales. D'une part, le corps constitue le dernier échelon de la réalité humaine, comme d'ailleurs la matière représente la plus basse manifestation de la nature. Sa modalité, c'est l'opacité, ce qu'une forme conditionne – les

Indiens disent *tamas*. L'incarnation de l'*âtman* préexistant se présente incontestablement comme un conditionnement. Mais, d'autre part, son corps propre sert de premier matériau d'évolution pour tout homme, quels que soient ses faiblesses ou ses dons ; il est le partenaire initial du dialogue intime, sa terre familière et également la plus inconnue, le lieu où se projette son inconscient et finalement le repère concret grâce auquel il mesure son accomplissement d'ordre intelligible ou affectif. Manifestation de l'inertie, il devient, par son abaissement même, le levier du salut.

Corps de chair et « corps de signes »

Attribut de celui qui vit dans le *kali yuga*, l'« âge sombre » du monde, le corps charnel est le symbole d'un double esclavage, vis-à-vis du monde et vis-à-vis de soi. Il possède des organes de perception que la psychosomatique ancienne représente comme des sortes d'antennes émises vers l'objet afin de le sentir. Ces « palpeurs », rétractables à volonté, dépendent d'un centre interne, *manas*, qui en dirige, intuitivement ou délibérément, le mouvement ou la synergie. L'image souvent employée pour décrire ce fonctionnement est celle de la tortue qui sort ses pattes pour marcher et les rentre sous sa carapace lorsqu'elle cesse d'en avoir besoin. Le yogi doit pouvoir, à son image, maîtriser les processus sensoriels et se donner la liberté de rétracter ses « capteurs de sensations ». La synthèse qu'ont réalisée les *Yoga Sûtras* fait de ce contrôle une étape très importante, le cinquième *anga*, situé dans une position médiane entre les actions (comportements, postures, respirations) et les états (concentration, méditation, *samâdhi*). Le nom qui lui est dévolu, *pratyâhâra*, le « retrait des sens », ne se comprend que dans cette perspective. Soulignons que l'expérience sensorielle n'est nullement dévalorisée en elle-même ; elle joue un rôle d'information fondamental pour la connaissance du monde et de soi. Ce qui est en jeu, c'est le maintien d'une hiérarchie entre les sens et le centre cognitif, qui assure l'autonomie de celui-ci dans les états de méditation. Or, pour la pensée indienne, l'équilibre de la relation entre le moi et le monde se trouve perturbé par une dégradation dont les causes, complexes, ne nous intéressent pas ici. Résultat : le *manas*, qui devrait dominer les perceptions, en « oublie » la maîtrise et, dans l'incarnation ordinaire, les sens demeurent constamment extériorisés, branchés sur leurs objets, gorgeant le moi d'informations et d'impulsions qui l'éparpillent, lui faisant perdre son unité. L'homme vit ainsi dans un asservissement spontané à l'extériorité ; d'où la difficulté du retour sur soi, et l'énergie à mettre en œuvre pour construire une stabilité ou un contentement qui ne dépendent pas uniquement des événements ou d'autrui.

Le corps de chair est, d'autre part, conditionné de l'intérieur par des potentialités subconscientes, à la fois organiques et psychiques, qui déterminent son individualité et sa différence avec autrui. La métaphysique indienne traditionnelle a élaboré une théorie des « traces » ou « rémanences », qui correspondrait assez bien au concept d'un inconscient collectif, mais qui s'enracine aussi dans la logique de la réincarnation. En tout cas, tant que ces lignes de force latentes ne sont pas reconnues, elles dominent la personnalité et se projettent dans le corps sous la forme de pulsions non contrôlées ou même de maladies dont l'étiologie réside dans une ignorance, au sens de méconnaissance de la dimension véritable de la réalité. La vie quotidienne de l'âme incarnée représente donc l'aboutissement d'un double esclavage, externe et interne, analyse qui n'a rien d'absolument exceptionnel et qu'ont menée bien d'autres civilisations, mais qui a ceci d'original qu'elle voit dans la dimension physique le symbole et, en même temps, le remède à cet état conditionné : la libération passe par la découverte du corps subtil à travers le corps dense.

La chair est comme l'enveloppe ou la coquille vivante qui voile un « corps de lumière » d'aspect purement vibratoire, fortement énergétique, doué d'une grande souplesse dans ses formes, et qui constitue le plan caché, l'ordre sous-jacent du physique. Dès les *Upanishads*, trois termes difficiles à traduire servaient à décrire ce « corps subtil » : *prâna*, *chakra*, *nâdî*. Le *prâna* irrigue en permanence l'entité physique, mais il y rencontre constamment des barrages, les blocages de l'inconscience, et il y circule irrégulièrement, par accumulations et décharges imprévisibles. Au contraire, le yogi, qui prend peu à peu connaissance de sa structure interne subtile, harmonise, par la régulation des postures et du souffle, son être charnel, qui cesse d'être un obstacle pour devenir un champ d'expérience privilégié. Les *chakras*, au nombre de sept, dans la structure la plus connue, distribuent le *prâna* indifférencié en fonctions complémentaires, et les organes se présentent comme des matérialisations de ces fonctions. Ainsi, le *chakra* de la base, ou « pôle-espèce », s'extériorise dans la sexualité, mais il est agissant chaque fois que s'opère une genèse de l'être. Le *chakra* du cœur centralise la sphère du sentiment et son symbole en « étoile de David » (deux triangles inversés entrecroisés) indique son rôle unificateur. Enfin, les *nâdîs*, ces « rivières cachées », désignent les flux ou les lignes de force sur lesquelles s'organise la circulation de l'énergie ; les veines et les artères en sont, tout au plus, la concrétisation, mais elles-mêmes demeurent imperceptibles, sauf dans la dynamique corporelle du yoga. Il ne faut pas chercher ailleurs que dans cette conception, très riche, d'un corps subtil archétype du corps charnel le critère permettant de distinguer un yoga, même très intense sur le plan postural, d'une gymnastique à l'européenne. C'est aussi ce qui explique la puissance et l'ésotérisme de méthodes comme celles du *hatha-yoga* tantrique, par exemple, où le disciple, sous la conduite d'un maître expérimenté, travaille sur ses énergies internes, convertissant peu à peu l'inertie en ardeur, l'obscurité en lumière, l'opacité en transparence, la lourdeur en finesse… Mieux on stimule cette dimension « aérienne », plus on se libère de la pesanteur, car il s'agit là d'une remontée, à travers le physique, vers la nature purement spirituelle du Principe dont découle toute création.

Sûkshma sharîra, l'expression sanskrite pour « corps subtil », a un synonyme : *linga sharîra*, le

« corps de signes ». Cette expression obscure s'éclaire aisément à partir d'un exemple concret.

Prenons une posture : si nous comprenons bien la « philosophie du corps » qui inspire le yoga, nous devons rencontrer dans cette posture deux versants, l'un externe, « gymnique », et l'autre interne, « symbolique ». Essayons de déchiffrer ainsi un *âsana* très classique, et fort répandu dans les cours, *paschimottânâsana*, improprement baptisé la « pince », une flexion avant, jambes tendues, à partir de la position assise. Son nom signifie « posture (*âsana*) qui étire (*tan*) vers le haut (*ut*) la face ouest (*paschima*) ». Qu'est-ce que cela peut bien vouloir dire ?

Le néophyte commencera par ressentir les effets de la posture « au niveau physique », comme nous disons. La « pince » étire la musculature postérieure des jambes et tout l'ensemble de la musculature dorsale depuis le sacrum jusqu'au sommet de la nuque ; elle demande, pour progresser, une prise de conscience vivante de l'anatomie d'une région négligée, désertée, parce qu'on ne la regarde pas, qu'on ne la met pas en valeur : le dos. Bien des personnes découvrent tout à coup, à travers elle, le lien dynamique entre les vertèbres, le bassin, la cage thoracique, et comprennent que la « colonne » est faite pour porter au sommet un « chapiteau », la boîte crânienne contenant le cerveau… Ne sommes-nous pas déjà dans une démarche symbolique, dont notre langage populaire, souvent méprisé, garde les traces : « en avoir plein le dos », « faire un enfant dans le dos », « faire le gros dos », toutes ces formules montrent combien la face postérieure du corps, déconsidérée, sert de projection pour les émotions refoulées. Le proverbe « mal au dos, mal de l'âme » tombe vraiment juste ! D'autre part, la pince exige une symétrie impeccable entre la gauche et la droite : même capacité d'étirement des jambes, même mobilisation des hanches, même amplitude des côtes, et ainsi de suite, jusqu'aux yeux qui, s'ils ne sont pas fermés, convergent, devant eux, vers un point central. On cherche à établir cette harmonie, rarissime à l'état naturel, le corps reflétant nos déséquilibres et l'unilatéralité de nos pensées...

Exercice physique intéressant, bien entendu, ce travail ne devient véritablement une « posture » que s'il intègre la charge symbolique des notions de droite et de gauche, opposés complémentaires réunis par l'axe médiateur qui conduit le *prâna* du fondement jusqu'au sommet, de la « terre » au « ciel » : se révèle ainsi une structure en croix, profondément équilibrante, la relation droite-gauche coupant l'arbre vertical. Or, il n'est pas nécessaire, et même pas recommandé, que l'enseignant explique tout cet arrière-plan pour que les élèves en ressentent les effets : lorsqu'ils peuvent rester quelques minutes dans la position, les tensions s'étant peu à peu relâchées, ils se concentrent exclusivement sur le souffle, au lieu d'intellectualiser l'analyse. À chaque expiration et inspiration, le *prâna* circule entre les pôles bas et haut, « purifiant » (selon les textes) le corps charnel en nettoyant les *nâdîs* du corps subtil. C'est pourquoi les écoles tantriques accordent une grande place à la conscience de la respiration dans l'*âsana*.

Mais pourquoi le dos est-il appelé la « face ouest » ? Cette vieille expression réfère à des pratiques dans lesquelles l'être humain s'orientait au levant. Le yoga nous en donne un exemple avec la « salutation au soleil », succession de mouvements que le yogi accomplit en regardant l'orient. Plus largement, cette orientation caractérisait les rites et les sacrifices védiques : le dos est donc en rapport avec l'ouest et l'ombre. Ce qui s'énonce ici, dans le mot *paschimottânâsana*, c'est que le yogi se veut l'homologue du cosmos : il porte en lui ses points cardinaux, et un centre. Microcosme à l'image du macrocosme, l'adepte identifie son corps à l'univers. Ce niveau subtil n'abolit pas le plan charnel, il l'accomplit ; mais la posture ne réalise pleinement sa fonction que lorsqu'elle éveille la conscience de faire partie d'une totalité supérieure dont on devient momentanément la manifestation agissante, l'emblème vivant.

La posture est symbolique par définition, ce qui la distingue de la position, attitude naturelle dans laquelle on ne met pas de conscience particulière, et qui a un but simple et bien déterminé – on se couche pour dormir… La posture respecte certes les lois anatomophysiologiques (gravité, circulation sanguine, circuits nerveux), mais elle tient compte aussi de lois subtiles d'équilibrage des souffles et de passage des énergies. C'est pourquoi on ne naît pas yogi, on le devient, par un apprentissage cohérent. Et si les traités, surtout tantriques, utilisent un langage symbolique, c'est que le yoga se sert du corps de chair et de sang comme support matériel d'attitudes globales engageant le physique, le psychique et le spirituel. Carl Gustav Jung disait que « les symboles du Soi se forment dans la profondeur du corps et expriment tout autant sa nature matérielle que la structure de la conscience qui les perçoit. Les symboles sont des corps vivants[2] ». Il ne pensait pas au yoga en faisant cette remarque ; il n'empêche qu'elle exprime particulièrement bien la nature du *linga sharîra*, du « corps de signes ».

La symbolique des postures

Chaque type de postures a une finalité précise, induit une certaine tonalité psychique que l'on désire éclairer ou développer. Il n'est guère besoin de se faire grand yogi pour cela : une écoute fine de ses sensations et une pratique régulière suffisent. On trouvera ici trois exemples de la diversité des effets obtenus.

La posture couchée : état d'incubation.

Il existe un *âsana* très utilisé que la *Hatha Yoga Pradîpikâ* décrit ainsi : « Être allongé sur le sol comme un cadavre étendu sur le dos, c'est *shavâsana. Shavâsana* dissipe la fatigue et apporte à l'esprit le repos, etc.[3]. » Le nom même signifie « *âsana* de celui qui meurt », et il est vrai que là où on enterrait les morts en Inde, ou pour les conduire au bûcher, on les allongeait sur le dos, colonne vertébrale bien droite et paumes tournées vers le ciel. Pourquoi avoir appelé ainsi une position qui ressemble tout simplement à une attitude de relaxation ? Pour comprendre, il faut observer la manière dont on l'utilise dans une séance : elle sert de détente initiale, pour passer de la vie dispersée, extériorisée, à une disposition introspective ; ou bien elle rythme la succession des *âsanas*, ménageant des transitions entre des types différents de postures, permettant d'enregistrer les sensations et modifications induites par le travail accompli. *Shavâsana* est donc la position du changement d'état, ou du passage : ici se fait le lien avec la dimension symbolique contenue dans son nom. Car, pour l'Indien habitué à la conception de la réincarnation, la mort est un passage, un état de latence entre deux existences. De même, *shavâsana* crée les conditions de l'abandon ou du non-faire, nécessaires à la transformation ; « temps mort » entre deux actions, il permet d'« incuber » une nouvelle disposition d'esprit[4].

L'homme debout : un médiateur.

On ne réfléchit guère au fait que la statique verticale suppose un équilibre extrêmement subtil et un travail de perfectionnement. Obtenue, à l'état spontané, grâce à une série de compensations plus ou moins réussies, où s'inscrit l'histoire du sujet et de ses adaptations, elle demeure souvent imparfaite, source de douleurs dorsales et de fatigue. On demande donc au professeur de yoga d'améliorer cette situation et il proposera alors des postures qui enseignent à se tenir debout, en établissant correctement les circulations d'énergie au niveau subtil. En effet, pour le yoga, l'homme vertical se situe dans une attitude médiatrice entre ce que représentent les pôles terrestre et céleste : « La position de l'homme entre le ciel et la terre correspond à celle de l'âme entre l'esprit et la nature », dit un professeur européen[5]. Canal entre des vecteurs d'orientations contraires, l'homme vertical doit en faire des forces complémentaires, prenant conscience, en lui-même, de leurs orientations pour les unifier en son centre. Il devient un microcosme mobile autour de son axe, la colonne vertébrale, correspondant au mont Meru, la montagne cosmique. Dès les *Upanishads*, il est considéré comme le lieu où se rencontrent les « souffles » de sens opposés, précisément dans la région du cœur, dans la « caverne » où brûle la « lampe de l'*âtman* ». Et la respiration consciente accompagne une recherche d'unification des dualités, représentées par l'inspir et l'expir.

L'homme vertical, en pleine conscience de sa fonction de lien ascendant entre pôle terrestre et pôle céleste, de vecteur d'une énergie qui l'anime et le dépasse, apparaît en effet comme l'une des conquêtes majeures du dynamisme des espèces. Libre de ses mains pour créer, portant sur ses deux pieds toute l'architecture de son corps qui culmine avec ses centres cérébraux, il inaugure tout un ensemble de possibilités nouvelles qui, sans cela, n'auraient pu se réaliser.

La posture assise : vers la méditation.

L'homme assis représente la conquête d'une posture immobile qui, idéalement, peut être tenue indéfiniment sans fatigue, afin de permettre une concentration exclusive sur les phénomènes internes ou un état de disponibilité totale qu'on appelle généralement « méditation ». L'assise apparaît elle aussi comme un sommet dans le cheminement proposé par le yoga, et pourtant de quelles difficultés n'est-elle pas le prix ! Car peu nombreux sont ceux qui, en toute honnêteté, peuvent affirmer y rester sans tension et dans l'aisance[6].

Ces deux aboutissements majeurs que sont la posture verticale et la posture assise se distinguent par leurs buts. La première tend vers l'action, le mouvement, la relation avec l'autre – objet, personne, monde environnant. La seconde est dévolue à l'instauration d'un état durable, où le mouvement – celui du souffle et de la pensée –, s'il est bien réel, n'en demeure pas moins presque imperceptible à l'œil extérieur.

Nous disposons d'assez de textes concordants pour savoir que, lorsque les théoriciens du yoga parlent de la posture, ils évoquent toute posture en général, mais plus particulièrement la posture assise et ses multiples variations. Lorsque Patañjali, dans ses *Yoga Sûtras*, déclare que la posture doit être *sthira-sukha*, « ferme sans rigidité », il énonce une règle générale. Mais on voit bien dans d'autres commentaires plus explicites que cette « règle d'or » trouve son champ d'application le meilleur dans « l'assise juste et sans fatigue ». La *Dhyânabindu Upanishad* donne, sur toutes les autres, la prééminence à quatre *âsanas*, qui sont tous des postures assises : « Les postures sont aussi nombreuses que les espèces d'êtres vivants ; seul le Seigneur peut discerner les diverses classes de postures ; mais les plus importantes sont quatre : la “parfaite” (*siddhâsana*), la “généreuse” (*bhadrâsana*), le “lion” (*simhâsana*), le “lotus” (*padmâsana*)[7]. » Quant à la *Hatha Yoga Pradîpikâ*, elle donne une place prédominante à deux groupes de quatre *âsanas* assis : au chapitre I, 17 et suivants, *svastikâsana*, la « posture en svastika » ; *gomukhâsana*, la « tête de vache » ; *virâsana*, le « héros » ou l'« homme fort » ; *kûrmâsana*, la « tortue assise » (celle-ci est appelée ailleurs *yogâsana*). Puis, au chapitre I, 33-34, la « parfaite », le « lotus », le « lion », la « généreuse », exactement comme dans la *Dhyânabindu Upanishad*. Et suivent ensuite pas moins de vingt versets qui en décrivent les modalités et les effets. On ne médite bien qu'assis, et le zen – dont le nom japonais dérive du sanskrit *dhyâna*, « méditation » – dépouille au maximum le yoga en ne conservant presque que la posture, l'assise, *za-zen*.

Toute posture se déploie dans une durée, mais les postures de l'assise sont spécifiquement des postures de la durée, de l'installation dans un temps – qui d'ailleurs n'a rien à voir avec le temps comptable –, un temps subjectif, non homogène en ce sens que toutes ses parties ne sont pas d'égale valeur, un temps personnel en ce sens qu'il ne correspond à celui de personne d'autre.

Parfois, ce temps semble s'effacer, happé par un instant plus fort ; on jouit d'un avant-goût d'éternité, il n'y a plus ni « avant » ni « après ». Le présent est suspendu comme un souffle. C'est ainsi, dans les postures assises, que toutes les traditions religieuses ont entrevu la possibilité pour l'homme de rencontrer « Dieu », quels que soient le nom et l'idée que chacune d'entre elles s'en fait. Le christianisme oriental, le bouddhisme, aussi bien que certaines spiritualités d'Occident qui avaient gardé le sens du corps, n'ont cessé de rappeler que l'assise juste était une condition importante de l'avancée dans la vie intérieure.

Quant aux aspects qui paraissent plus techniques, on se gardera de les ranger au rayon des règles, des méthodes, des « il faut que… sinon… ». Car ils définissent un art, celui de s'asseoir, l'art de se laisser atteindre la belle posture, comme le musicien se laisse être à travers la belle musique, quand il la sent du cœur aux doigts, comme le peintre est en suspens au moment d'accomplir son geste. Qui se souvient aujourd'hui que « art » et « rite » sont deux mots jumeaux, formés sur une très vieille racine de nos langues indo-européennes ? Comme nous l'avons vu, ils appartiennent tous deux à un champ très vaste de termes qui disent l'organisation, l'ordre, l'articulation des choses entre elles dans un ensemble qui fait sens, ou bien qui a son autonomie ou sa vie en propre (par exemple, en latin, *artus* au singulier veut dire « articulation » et au pluriel « corps »). Un art, au sens traditionnel du terme, implique une finalité, un chemin pour y conduire, des règles à respecter. C'est une ascèse, et la liberté intérieure de l'artiste s'obtient à ce prix. En cette mesure, on peut dire que l'art de s'asseoir est l'art par excellence du yogi. C'est là que le *prânâyâma* trouve son plein accomplissement et que le repos du corps et de l'esprit, reflet de l'éternité, peut être vécu.

Respiration et états de conscience

C'est dans la dynamique du souffle que culmine la vision symbolique du corps. Rien de tellement étonnant à cela : même dans les sagesses où on ne met pas l'accent sur les capacités d'évolution de l'entité physique, on utilise la relation constamment agissante entre la respiration et la conscience. Par exemple, dans le soufisme, la branche de l'islam mystique, et dans l'hésychasme, la vie monastique chez les orthodoxes, où l'on utilise des techniques de concentration sur le flux respiratoire afin de développer et de maintenir un état psychique stable et ouvert à l'effusion de la grâce divine. Le yoga, cependant, en a exploré en profondeur les mécanismes, établissant des constantes qui ont permis de définir les effets précis et de les utiliser pour perfectionner la vie intérieure. Donnons quelques exemples, sans entrer dans les indications concrètes de rythmes, de durées et de conséquences, qui constituent plutôt le sujet des manuels[8].

Le premier moment d'un cycle, contrairement à nos habitudes occidentales, c'est l'expiration, qui devient volontaire et approfondie, car l'homme a surtout pour tâche de se vider de ses propres contenus afin d'accueillir de l'« autre ». En expirant, il abandonne ainsi l'attitude innée de ramener tout à soi, jusqu'à la connaissance même, généralement vécue comme une « appropriation », une « prise » de conscience. L'expiration induit donc un lâcher-prise et, dans une quête avancée, une « petite mort » par laquelle le yogi s'offre lui-même – retrouvant ainsi l'antique grandeur du « sacrifice du souffle ». Car la fin de cette première phase se fond dans un moment de suspens à vide, imperceptible au début, plus long quand vient l'habitude, instant privilégié où l'on découvre le non-faire, presque idéal puisque même l'action de respirer disparaît… Or l'immobilité quasi absolue reflète la perfection de l'état divin. Ensuite vient l'inspiration, comme un don attendu et donc accueilli, un « cadeau du ciel », celui de la vie même, avec son énergie subtile. Et, enfin, la plénitude silencieuse, où se goûte le bonheur d'être tout à fait « inspiré », la communication avec quelque chose de plus vaste, source cosmique ou présence d'un dieu personnel auquel on rend grâce de cette effusion continuelle et gratuite. Fonction automatique et infraconsciente, la respiration devient ici un extraordinaire moyen de purification et de communication, aux confins de l'organique et du psychique, avec une totalité plus vaste qu'elle manifeste et qu'elle véhicule. Respirer, c'est, alternativement, se donner et recevoir, flux et reflux qui polarisent toutes les pensées et les émotions, instaurant une véritable sérénité propice à la concentration, à la méditation ou à la prière.

Les différentes localisations du souffle dans la cage thoracique donnent encore naissance à des tonalités psychiques différentes. Basse ou diaphragmatique, la respiration sert à détendre, à réguler les fonctions organiques, à stimuler le « pôle terrestre » ou matériel de l'individualité. Costale ou thoracique, elle provoque un sentiment de dilatation ou d'expansion qui peut fournir la base d'une éducation de la volonté, non point celle qui se dégrade en volontarisme, mais celle qui prend sa source dans le cœur, centre subtil d'où rayonne l'amour non possessif. Haute, sous-claviculaire, elle est liée à la vie de l'esprit, à l'intuition métaphysique et à l'éveil du « pôle céleste ». Cette symbolique à trois dimensions – biologique, psychique, spirituelle – recouvre la conception d'ensemble que le yoga véhicule de la structure humaine et lorsqu'on parle de « respiration complète », c'est en ce sens qu'il faut entendre la finalité de l'exercice.

La descente du souffle dans la cage thoracique, la prise de conscience de la mobilité du diaphragme, le déploiement de la partie haute du poumon, le mouvement complémentaire de l'inspir et de l'expir, parmi bien d'autres observations d'une grande simplicité, font donc de la respiration le fil conducteur de la connaissance du corps. Ils permettent en effet d'installer un état neutre d'observation sans tension, une relation d'empathie avec soi. Avec eux, on explore l'espace intérieur, les zones d'ombre s'en trouvent éclairées.

La synchronie entre le geste et la respiration constitue encore une autre découverte d'importance. Le yoga propose de nombreux types d'enchaînements qui permettent de développer tout naturellement une harmonisation entre l'inspiration et le mouvement d'ouverture, entre l'expiration et le mouvement de fermeture. Ainsi ne fait-on plus de gestes qui contredisent les chemins du souffle, et l'idée d'une globalisation du corps – qui reste une idée tant qu'on ne l'a pas expérimentée – devient-elle une réalité concrète. Or on touche peut-être là un aspect essentiel : le yoga apprend qu'on ne peut remuer le petit doigt consciemment sans que le corps et l'esprit ne participent entièrement à ce projet. Chaque sensation n'est que l'élément messager, affleurant à la conscience, d'un processus global de circulation des énergies. Le morcellement disparaît peu à peu. La respiration n'apparaît plus comme une fonction limitée à la cage thoracique, mais comme une coulée du souffle qui se donne et se retire à travers tout le corps.

Les textes anciens insistent beaucoup sur ce qu'ils considèrent comme la source principale de la fragilité chez l'être humain, c'est-à-dire l'instabilité de son esprit. À cet égard, le souffle leur paraît plus fiable que le moi : son assise somatique, sa fluidité qui assure le passage de l'intérieur à l'extérieur, son va-et-vient continuel rassurent, alors que l'esprit est « volage ». La *Chândogya Upanishad* l'exprime très bien : « Comme un oiseau attaché par un fil vole de droite et de gauche et, ne trouvant aucun autre lieu où se poser, finalement se réfugie au lieu même où il est lié, de même, mon ami, l'esprit (*manas*) de l'homme, après avoir volé de place en place, ne trouvant nulle part ailleurs où se fixer, se réfugie dans le souffle ; car l'esprit, mon ami, est lié au souffle » (VI, 8, 2). Le mental est instable, la respiration en subit les effets, même si le souffle, réalité plus vaste, ne s'en trouve point altéré. La régulation ne va donc pas de soi, elle suppose une discipline régulière et intense.

Le souffle, chacun le possède donc au plus intime, au plus secret, puisqu'il désigne à la fois la vie dans son fondement inaccessible à l'analyse, mystérieux, et la présence de cette vie s'exprimant, en particulier, chez des êtres doués de conscience. Pourtant, on ne peut jamais dire sans excès qu'on en est le détenteur. Le souffle passe, s'échange, se donne, de génération à génération, de maître à disciple ou dans les voies spirituelles ; il coule et traverse le poète, le prophète. Le souffle n'est jamais fait pour être retenu, semble-t-il, même si des expressions comme « rétention du souffle » apparaissent fréquemment dans les traductions de traités sur la respiration. Car ce qui induit son omniprésence, c'est sa fluidité, son « insaisissabilité », son immatérialité pourtant si vivante, sa capacité à transcender les frontières de l'individu, sa « vertu osmotique », qui en fait comme le modèle biologique d'une acceptation de l'altérité.

On évoque souvent les exercices respiratoires comme moyens d'obtenir certains effets sur la conscience ; on parle beaucoup plus rarement de l'essence même de l'abandon auquel ils conduisent. De nombreuses spiritualités soulignent cependant la nécessité dans laquelle se trouve l'homme de devoir lâcher son moi, ou plus exactement de renoncer à la certitude d'être la source des pensées, sentiments, énergies qui l'habitent. Assez souvent ce thème métaphysique et psychologique apparaît en relation avec une méditation sur la respiration, particulièrement l'expiration ou l'état de vide. Paul Claudel, sans penser au yoga, met son génie de poète à exprimer cela : « La respiration… cette alternative de prise et de restitution, de dilatation et de souffle, d'intensité et de détente, de montée et de descente, de vision et de conscience, d'appréhension et de compréhension, de communion avec Dieu et de communion avec son propre néant[9]. » Ce qui fait la beauté des mots de Claudel, c'est qu'ils possèdent un « souffle » intérieur et que leur auteur réussit à travers eux à communiquer ce qu'est la posture du poète, sa « manière d'être », ce qui le « fait être ». Comme le yogi découvrant le sens de l'*âsana*, Claudel a expérimenté « cette fonction double réciproque par laquelle l'homme absorbe la vie et restitue, dans l'acte suprême de l'expiration, une parole intelligible[10] ».

2. Du corps méconnu au corps-sujet : la quête des Occidentaux

L'idée que les Indiens, particulièrement les yogis, se font du corps, plus complexe qu'il ne paraît au premier abord, ne s'est pas adaptée en Occident sans déformations multiples. En effet, beaucoup d'étrangers à la culture hindoue ont cru trouver dans cette discipline à médiation corporelle une célébration libératrice de la chair ; tandis que d'autres, moins rares qu'on ne pourrait croire, en ont fait un support raffiné pour leur rigorisme… Nous constatons actuellement – parce que nous connaissons mieux les textes et l'esprit qui les anime – que le yoga repose sur une philosophie très complète et hiérarchisée de la nature humaine, qu'il donne à la vie organique une importance remarquable, mais sans la valoriser pour elle-même, puisqu'elle n'a de signification que si elle manifeste la globalité de la personne et sa capacité de mutation. Ce que nombre de contemporains pensent du yoga s'origine plutôt dans les projections de leur propre malaise, de leurs hésitations à choisir une morale vivante, fondée sur l'expérience et intégrant pleinement la réalité physique. C'est pourquoi nous ne pouvons guère évacuer des interrogations si aiguës et si reliées à la pratique de notre discipline dans le contexte actuel.

Ignorance et découvertes

Très rares sont ceux qui viennent au yoga en sachant un peu ce qu'est leur propre corps. Médecins, kinésithérapeutes ou infirmières ont une connaissance fonctionnelle du corps – d'ailleurs généralement plus étendue que celle du professeur de yoga. Sportifs et entraîneurs ont une expérience des capacités physiques et de la résistance, mais ils sont souvent conduits à faire du corps un instrument et un objet de compétition, parfois même de spectacle. Dans notre société, paradoxalement, il arrive que les malades, les accidentés, ceux qui souffrent de divers handicaps découvrent, à travers la souffrance et l'enfermement dans leurs limites, le chemin vers la conscience de leur corps. Cette méconnaissance généralisée se reflète dans une ignorance linguistique tout à fait étonnante : que nul ne sache où se trouve son diaphragme passe encore, mais que l'on confonde fréquemment l'aine et la hanche, l'omoplate et la clavicule, que l'on ignore où est le sacrum laisse perplexe. Plus curieux encore, les troubles de la communication, lorsque l'enseignant donne certaines directives, en particulier dès qu'elles impliquent la droite et la gauche dans des mouvements non symétriques (les torsions, par exemple).

D'une part, donc, une bizarre méconnaissance du corps, même chez des individus très bien adaptés à la vie, ou d'un niveau culturel élevé ; d'autre part, lorsque connaissance il y a, elle s'est presque toujours réalisée dans la douleur : mal au dos, maladies, insomnies… Des témoignages, surtout féminins, illustrent bien ce manque de communication qui empêche le corps de « parler » autrement que par la souffrance, et l'instauration progressive du dialogue bienfaisant :

« "Posez les pieds sur le sol, comme si vous vouliez vous y enraciner. Fermez les yeux et observez !" Ce furent les premières paroles de mon professeur, lors de mon premier cours. Elles restent gravées dans les mémoires, celle de l'intellect et celle de mon corps en raison de la surprise causée par les sensations physiques reçues en cet instant et de la délivrance vécue. Je me souviens d'avoir pensé : "C'est là !…. Enfin je vais m'arrêter : j'ai trouvé ce que je cherchais." J'ai ressenti l'immense fatigue qui pesait sur mes épaules, mon déséquilibre. J'ai vu la nuit dans ma tête, mais également la petite lueur au fond, et j'ai eu la certitude que j'étais en marche vers elle. Je n'avais plus qu'à suivre le chemin que m'indiquait mon corps. […] Avant, je ressentais confusément qu'il me manquait quelque chose d'essentiel sans arriver à discerner ce dont il s'agissait. Pourtant, quels signaux avais-je reçus de mon corps depuis un an : plexus douloureux, gastrite, pancréatite, vésicule bloquée ! Mais le brouillard était trop opaque et je ne voyais rien. D'ailleurs, comment aurais-je pu comprendre puisque à cette époque je n'avais pas vraiment de corps, n'en ayant aucune conscience ! [...] Lorsque j'ai posé mes pieds dans cette salle, j'ai compris que j'avais fini de me chercher. Ce que j'avais perdu depuis plusieurs années, c'était la conscience intérieure de mon corps, ainsi que son langage[11]. »

À l'aide de quels exercices cette accession à une conscience du corps peut-elle se réaliser ? Il faut d'abord dire qu'aucune technique ponctuelle ne viendra à bout d'un malaise global. Mais quelques habitudes nouvelles, qui ne demandent pas d'aptitudes remarquables, constitueront les premiers éléments du dialogue avec le corps propre. L'apprentissage de la relaxation fait découvrir, sous ce que Wilhelm Reich appelle la « cuirasse musculaire », un organisme vivant et souple. La sensibilisation à la descente du souffle dans la cage thoracique rend mobile le diaphragme et déploie la partie haute des poumons. L'instauration d'un état d'observation sans tension et d'une relation d'empathie avec l'enseignant permet d'accompagner cette nouvelle approche par un « sentir-avec », un « respirer-avec ». La découverte que le corps non seulement possède une surface, une apparence, mais présente aussi une intériorité, une profondeur, lui donne une « densité » qui stabilise. La synchronie entre le geste et la respiration joue sur la riche correspondance entre l'expir et tout mouvement de fermeture, d'incubation ou de repli, l'inspir et l'ouverture ou l'accueil. Dans le jeu de la détente ou de la tension musculaire, des zones mortes s'animent, se « réchauffent »... Tous ces moyens et bien d'autres encore n'appartiennent réellement au yoga que s'ils sont pratiqués dans un esprit globaliste et unifiant, inaugurant la découverte du corps comme un tout solidaire. Ainsi la position debout se construit-elle avec toute l'anatomie personnelle, non seulement parce que existe une solidarité objective entre la colonne vertébrale et les deux « ceintures » hanches-épaules, mais encore parce qu'elle porte les traces des déséquilibres subtils ou des compensations recherchées. Les douleurs dorsales ne cessent pas si l'on s'ordonne de « se tenir droit » ou de « basculer le bassin ». Elles s'améliorent lorsque l'ensemble de la statique se trouve subtilement remodelé par des postures d'équilibre, d'étirement, de tonification, et surtout lorsque la conscience accepte de regarder ce « mal au dos » comme une parole douée d'un sens.

Le corps conscient

Le yoga tend vers une appropriation de son corps par la personne, en affinant le sens de la singularité. Il ne s'agit plus du corps, mais de mon corps qui n'est pas une « partie de moi », mais « moi-même en tant que je m'exprime dans une dimension corporelle ». À ce stade cesse le divorce entre un « je » conscient et un organisme non conscient. Sans que l'élève se le dise aussi clairement, il constate cependant un élargissement du registre de ses sensations et, souvent, de ses capacités. Il entre en relation avec des fonctions ignorées et on peut, à ce niveau, constater une libération du corps qui voit ses capacités se diversifier non point tant par l'exercice que par ce renversement qui fait du corps un « sujet ».

Condition essentielle : l'écoute. Aucune parole ne peut se révéler à qui refuse de l'entendre ; la conscience a donc à réaliser un certain vide, ce vide dont l'expir constitue le symbole opératoire. Lâcher-prise, abandon, immobilité, silence intérieur instaurent un espace peuplé d'un véritable réseau de sensations, qui restructurent et posent des repères. Cette écoute présente ceci de particulier qu'elle établit une unité intime entre l'action et le regard que l'on porte sur cette action. Pendant la séance, on « fait » les postures en même temps qu'on « se voit » ou « se sent » les faire : au cœur du « je » qui accomplit l'exercice et se transforme grâce à lui, réside le « je témoin », accompagnant cette transformation. Dans cette double dimension d'une unique présence à soi-même s'exprime le jeu entre deux pôles : celui de l'expérience immédiate et celui de la résonance consciente, facteur d'assimilation et de progrès. Dans la tradition indienne, on parle du « champ » et du « connaisseur du champ », le champ étant la totalité organique, et le connaisseur cette « conscience-écoute » par laquelle le corps devient sujet.

La démarche d'appropriation conduit à découvrir sa propre « interprétation » des postures. Bien qu'entièrement imposé jusqu'au moindre détail – comme une partition de musique –, l'*âsana* demeure pourtant un cadre à l'intérieur duquel chacun exprime son être singulier, la modalité spécifique de sa présence, son « être-là ». Une fois élaborées ainsi, les sensations ne s'oublient jamais ; une posture, abandonnée pendant des années et reprise un jour, manquera peut-être de souplesse et de fermeté, mais la mémoire de sa « forme » sera restée intacte. Ainsi l'imitation de l'enseignant dans son exécution des *âsanas* ne doit-elle intervenir que de manière extrêmement ponctuelle, et surtout dans les premières séances, à titre de support pédagogique. Ensuite, c'est de la vie même de l'élève que découle le travail du yoga : fatigue, conflits ou états de plénitude s'y reflètent immanquablement d'un jour à l'autre, d'une période de l'existence à une autre. Le travail du corps, bien au-delà de l'aspect purement gymnique, devient un miroir où « mieux faire » atteste un « mieux-être ». L'évolution de la pratique posturale témoigne d'une habitation du corps par la conscience, d'une interpénétration de plus en plus harmonieuse entre le physique et le psychique : n'est-ce pas là une « préparation à la sagesse » ?

Nous sommes, au quotidien, complexes et multiples : les sciences humaines, filles de la modernité, le répètent à satiété, mais les Anciens le savaient déjà. L'Inde a spécialement médité cette condition riche et douloureuse ; elle a cherché des remèdes ailleurs que dans le refus, la révolte ou la résignation ; elle s'est focalisée sur le problème « comment devenir simple et un ». Et elle a trouvé, entre voies possibles, une certaine manière d'être, à la fois corporelle et psychique, qu'elle a appelée *âsana*. Nous avons traduit « posture ». Pourquoi pas ? Le mot est beau, il implique l'idée de place et de stabilité ; mais je me demande si le mot « présence » ne conviendrait pas mieux à la traduction d'une notion si simple et si complexe. Il aurait l'avantage de nous permettre de comprendre que l'*âsana* n'est pas de l'ordre de l'action. Nous avons pris l'habitude de dire « faire une posture », mais au fond cette façon de parler n'est pas conforme à l'esprit du yoga.

« Présence » a aussi l'avantage de marquer un rapport particulier au temps. Dans « présence », il y a « présent ». Le présent est le temps où l'action est unifiée, elle a perdu sa tension entre une origine et un but, elle a perdu son statut de projet ; il n'y a donc pas de volonté à exercer. Un présent est aussi un cadeau : il y a une gratuité de la présence, une générosité, un don charismatique.

Il est significatif que cette notion de pure présence, l'usage ne l'ait retenue dans aucune traduction moderne, non plus que sa valeur d'unité et d'unification, puisqu'on dit généralement « les postures », au pluriel. Ce déficit du côté de l'expression de la présence a des raisons trop évidentes : c'est que le point de vue auquel il faut se soumettre pour comprendre vraiment le sens du mot *âsana* et de ses emplois paraît difficilement accessible à la plupart d'entre nous. En fait, le point de vue de la simplicité et de l'unité ne nous est pas du tout spontané. Et si, d'aventure, nous réussissons à l'adopter – par exemple en faisant nôtres les visions orientales ou en défaisant les fils embrouillés de nos mémoires –, il reste fragile et marginal.

Il ne s'agit nullement, ni pour nous modernes ni même pour les Indiens de l'époque ancienne, de disqualifier l'agir, mais de distinguer deux sortes d'agir. Il y a l'agir en fonction d'une fin projetée, donc encadré dans une chaîne de cause à effet : on le fait parce que… on le fait pour que… Et il y a l'agir en fonction d'une transformation qui n'est pas quantifiable, et qui implique donc un certain degré de générosité, d'opiniâtreté, et, pour tout dire, de détachement.

La posture s'inscrit dans ces deux champs, mais c'est le second qui lui donne sa signification. Elle est expérience avant d'être exercice. Le yoga se distingue d'une gymnastique ou d'un sport, aussi excellents soient-ils, par une fondamentale différence de visée : dans le cas des disciplines corporelles, ce qui est en jeu, c'est un apprentissage, un savoir-faire, une compétence, une habilité, une rapidité – toutes qualités qui peuvent être comparées et étalonnées, et donc faire l'objet de compétitions. Elles appartiennent à l'ordre de l'avoir, ce qui ne les empêche nullement de participer à la construction de l'humain et à la connaissance qu'il prend de lui-même et de ses merveilleuses possibilités. Simplement, la posture relève d'une autre dimension. Elle vise un état. Manière de se poser plutôt que d'agir, laisser-être plutôt que vouloir-faire, elle sort des repères communs où le corps, toujours en mouvement, se porte vers un but, est instrumentalisé en vue d'une fin. Du « faire » à l'« être », le corps passe du statut d'objet à celui de sujet.

II.

L'épreuve du temps

Une perception plus riche du corps ne peut se développer que grâce à une réflexion sur le temps. Ne serait-ce que parce que corps et âge sont indissolublement liés : les saisons de la vie s'imposent comme un destin.

Se mettre à l'école d'une sagesse, c'est donc inventer un temps créateur, alors qu'il est trop souvent vécu dans nos sociétés occidentales comme un facteur négativant, voire destructeur. Le mythe de l'éternelle jeunesse, entretenu par la mode ; l'esprit de compétition, qui nécessite un capital santé intact ; la peur de vieillir, fondée sur l'absence d'intérêt accordé à la notion même d'âge ; l'inadaptation de nos structures économiques et culturelles, trop rigides, créant une césure très forte entre activité professionnelle intense et retraite : tels sont, parmi d'autres, quelques-uns des inconvénients qui empêchent de voir dans la durée un facteur d'enrichissement personnel.

En Inde, le temps est également éprouvé sous le signe de l'usure et de la destruction : « Le Temps qui digère les éléments, le Temps qui dévore les êtres[12]. » Il marque l'enchaînement des individus au *samsâra*, au retour perpétuel des mêmes conditions limitantes ; il emprisonne celui qui désire se libérer. Les sagesses indiennes ont beaucoup médité sur la souffrance existentielle liée à cette situation. Si elles ont proposé des « sorties du temps » par le retrait du monde ou par l'extase, elles ont aussi valorisé le temps qui passe. Pris dans une loi universelle inéluctable de croissance et de décrépitude, celui qui aspire à se rendre actif et autonome envisage alors sa propre vie comme une succession de périodes reliées évidemment entre elles, mais portant chacune la marque d'une réalisation spécifique. Ainsi, tandis que s'opère un inévitable vieillissement, et grâce à lui, se révèle un accroissement de lucidité, de finesse, d'intelligence, d'intuition… pourvu qu'une discipline maintienne « éveillés » le corps et la psyché. À toute sagesse qui ne tiendrait pas compte des âges de la vie manquerait un aspect essentiel, cette épreuve du temps dans lequel elle s'incarne au lieu de demeurer purement idéale.

1. Les quatre âges de la vie en Inde

L'hindouisme classique a élaboré un modèle ascendant en quatre périodes. Issu d'un milieu de brahmanes, d'experts en religion, mariés et pères de famille, ce modèle tient pour essentielle la vie dans le monde, et l'élève au même rang que les choix érémitiques ou monastiques. Les textes canoniques le mettent toujours en relation avec la notion de *dharma*, l'ordre cosmique, auquel l'individu a vocation à s'intégrer et à collaborer. Il témoigne d'une culture de castes, qui en réserve l'usage à des secteurs dominants de la communauté. Dans l'hindouisme récent, cependant, l'idéal des quatre âges de la vie est réinterprété dans un sens plus universel et moins austère. Il devient un schéma moderne de réalisation de soi, en harmonie avec les responsabilités familiales, sociales, politiques contemporaines. C'est à cette réinterprétation de l'ancien système d'obligations et de tabous, que les Indiens font aujourd'hui référence. Car il serait impossible de nos jours de vivre la sagesse préconisée par les antiques traités !

« Apprendre »

L'être humain commence par devenir un *brahmachârin*, un étudiant, un candidat à la connaissance, qui acquiert les moyens, pratiques et intellectuels, de son évolution. Le terme *brahmachârya* apparaît dans la liste des *niyamas* que présentent les *Yoga Sûtras*, avec le sens de « pureté d'intentions et de comportements », d'où la traduction fréquente par « chasteté ». Or ce mot connote moins une qualification morale qu'un genre de vie adapté à l'acquisition des éléments fondateurs de la sagesse : vie plutôt recueillie, austère sans être sévère, évitant les déperditions d'énergie et l'éparpillement, et n'empiétant pas sur la phase suivante, fondée, elle, sur le mariage. L'apprentissage a une durée variable ; souvent, les textes préconisent une douzaine d'années à partir de l'âge de sept ans. Il fait passer progressivement l'enfant du cocon familial vers la relation à un guru qui lui enseigne les sciences, profanes et sacrées – la limite entre les deux domaines n'existant quasiment pas. Dans le modèle le plus ancien, l'adolescent devient disciple. N'ayant pas encore de foyer à lui, il ne peut exécuter les rites en son nom propre. Seul son maître se trouve en position d'accomplir pour lui les sacrifices ; il lui montre, dans les moindres événements de la vie, la présence de l'ordre cosmique ou l'effet de la volonté divine ; il l'introduit dans la compréhension de sa propre âme et de ses conflits, afin qu'il dispose de la lumière de la connaissance de soi pour éclairer les savoirs. Ces savoirs, quels sont-ils ? Ils dépendent de la fonction sociale. Autrement dit, en Inde classique, ils diffèrent selon la caste : le jeune brahmane étudie principalement les *Vedas*, les traités rituels, les grandes *Upanishads*, la *Bhagavad Gîtâ*, les *Lois de Manû*[13], un certain nombre de *sûtras* et de commentaires (selon l'orientation philosophique de son maître), l'usage des symboles rituels, sonores, gestuels, l'astrologie. Au futur prince ou guerrier revient la mémorisation des techniques chevaleresques, des épopées, des traités développant le métier de prince ou de roi, et, comme le brahmane, d'une partie de la tradition védique. Enfin, sur l'éducation des adolescents dans le milieu des artisans et des paysans, nous sommes moins bien renseignés, mais les savoir-faire sont toujours dispensés en fonction d'une aptitude intérieure à en recevoir la compréhension et d'une dignité à les exercer.

Cette éducation est conçue comme une initiation, dont la forme varie selon les contextes. Elle fait du *brahmachârin* le dépositaire d'une tradition et le confirme dans son aptitude à la transmettre plus tard. La synergie entre le maître et le disciple se dénoue lorsque le guru a élevé son élève à sa juste place dans le monde.

« Engendrer un fils »

Entre vingt et quarante ans environ, l'homme devient « maître de maison », il possède ses feux sur lesquels il accomplit les rites domestiques, gardant ainsi sa famille sous le signe du *dharma*, de l'ordre cosmique, il exerce un métier qui lui donne une certaine place dans la collectivité. Il a aussi une épouse, choisie selon des critères familiaux, psychologiques et religieux, sans qu'intervienne le « sentiment d'amour », lequel s'épanouit ensuite, tissé de respect mutuel au long d'une existence commune où l'extériorisation de la tendresse demeure retenue. La relation traditionnelle entre époux hindous offre un aspect très différent de ce que nous vivons sous la notion de couple. La « grande affaire », c'est la naissance d'un fils : on dit que le père d'un garçon a « réglé sa dette » envers les dieux, ce qui signifie que, dans sa lignée, il a assuré la continuité des rites. De plus, il sera un homme heureux, car son fils accomplira pour lui ses funérailles, lui permettant de devenir un ancêtre et d'échapper au sort infernal des âmes errantes. L'importance de la filiation par voie mâle présente une dimension symbolique qui peut donner lieu à une éventuelle dépréciation de la femme, bien qu'en principe son rôle soit reconnu comme d'égale importance. Alors que l'épouse a pour fonction sacrée de transmettre la vie, son mari assure une transmission d'un autre ordre, celle du langage et des « codes culturels » par lesquels on communique avec les dieux. La pérennité de la communauté hindoue est donc assurée sur deux niveaux : celui du biologique, concrétisé par le pôle féminin, et celui du symbolique, qui revient au pôle masculin. Grâce à ces deux ancrages complémentaires, la société se renouvelle continuellement et se garantit contre l'usure ou l'aspect destructeur du temps. Or cettc perpétuelle réussite n'est possible que si, à chaque génération, le modèle des quatre âges de la vie fonctionne harmonieusement.

« Se retirer »

Quand le fils, devenu maître de maison, a lui-même un fils, le père et éventuellement son épouse s'en vont. Autrefois, dans l'Inde villageoise, ils se reléguaient volontairement entre le monde civilisé et celui de la nature sauvage. Retirés, ils jouaient néanmoins un rôle très actif, car ils détenaient des enseignements de sagesse qu'ils incarnaient dans leur existence quotidienne : non-attachement, non-violence, recueillement, écoute et abandon au divin, toutes ces qualités que nous retrouvons dans le yoga. Comme tous les « anciens » dans les ethnies encore vivantes, en Afrique, en Polynésie ou ailleurs, ils accomplissaient des tâches où leur degré d'évolution prenait toute sa dimension : justice, récitation des légendes et conservation des chants populaires, connaissances thérapeutiques, etc. Ce qui fait l'originalité de la culture indienne, c'est qu'on a rattaché les âges de la vie à la doctrine de l'acte désintéressé, le *karma-yoga*, tel que le décrit, par exemple, la *Bhagavad Gîtâ*. Cet âge se présente donc comme le couronnement des deux autres, celui où règnent une disponibilité, une gratuité, difficilement mises en œuvre auparavant et très fortement valorisées car elles constituent les ressorts les plus authentiques de l'activité humaine.

« Renoncer »

Chez nous, le renoncement revêt un aspect triste, et un peu incompréhensible, sauf dans des milieux sensibilisés à l'idéal monastique. Renoncer au monde implique de faire le deuil de tout ce que l'on aime, et de perdre les avantages et les sécurités de la vie commune. Dans l'Inde classique, et encore actuellement dans certaines couches de la société, le renoncement couronne l'ensemble de l'évolution spirituelle. Même si très peu y accèdent, c'est vers cet idéal que tendent les hindous pratiquants. Aboutissement de la sagesse, il apparaît en réalité sous deux aspects différents. Soit il constitue le choix des dernières années de l'existence et une préparation à la mort par un retranchement des possessions et affections humaines ; soit il est adopté par des adolescents qui décident de ne pas assumer les deux étapes centrales et à qui l'on autorise cette exception au modèle normal, en raison de leurs dons exceptionnels et de leur sainteté déjà effective. Ce fut le cas de Shankara au VIIIe siècle, de Râmakrishna au XIXe siècle ou de Ramana Maharshi au XXe et, entre eux, de longues cohortes de « libérés-vivants » se sont succédé.

Le renonçant – on l'appelle *samnyâsin* – n'a point d'attaches : il mène donc une vie errante ou confinée dans la solitude. Il mendie pour manger, pratique souvent de longues plages de silence et enseigne lorsque les êtres qu'il rencontre ont besoin de recevoir une parole de lumière. Il a abandonné le système rituel, car il incarne une relation au divin tout à fait différente de celle du brahmane : autant le prêtre est attaché au culte qui constitue sa raison d'être, autant le renonçant, libéré des formes dévotionnelles, est un « homme de l'ailleurs », voué à une communication verticale, immédiate, spontanée, avec l'Absolu. Respecté, admiré pour ses pouvoirs, aimé pour sa compassion sans limites, redouté parfois lorsqu'il fait usage de ses facultés pour prendre de l'ascendant sur les gens qui le suivent, le *samnyâsin* authentique, brisant les liens d'un savoir de caste, témoigne de l'universalité de la « connaissance du Soi[14] ».

2. Habiter les saisons de la vie

En Europe, sans appliquer à proprement parler une conception globale des âges de la vie et de leurs fonctions, les professeurs de yoga varient les grands axes de leur pédagogie suivant l'âge des élèves. On proposera des rythmes et des postures différents à un petit ou à un vieillard, encore que – et ceci est fondamental – ils puissent parfaitement bien travailler dans la même séance et y trouver leur bonheur. Ces distinctions constituent donc moins des degrés de capacité que des accents posés avec nuance sur des besoins spécifiques. Les Occidentaux aiment les enseignements spécialisés : sans cesse on nous demande des cours de yoga exclusivement pour enfants, pour femmes enceintes, pour le troisième âge, pour non-voyants, et même pour homosexuels. Ce désir d'homogénéité, qui se nourrit des thérapies hypercompartimentées, s'enracine probablement dans le sentiment qu'un partage profond ne se réalise qu'entre personnes vivant les mêmes expériences ; mais il laisse supposer une peur enfouie, celle de la différence. Au contraire, le yoga fait peu à peu découvrir aux participants les avantages de se percevoir comme un être, corps et âme, unique et relié à l'autre par des archétypes universels (le souffle, l'effort, l'abandon, etc.). Les réflexions qui suivent doivent donc être lues sur cette « toile de fond » commune, et non comme un plaidoyer pour une spécialisation (une ghettoïsation ?) des techniques de yoga.

L'enfant et le yoga

Les petits Européens « adorent » le yoga et y entrent avec une facilité déconcertante. Souples (encore qu'on trouve beaucoup d'enfants raides), ils aiment le jeu avec leur corps, les alternances de mouvement et d'immobilité, l'exotisme du vocabulaire (surtout des postures : « chat », « chien », « cobra », « crocodile », etc.). Ils découvrent avec ravissement qu'on peut allonger, raccourcir, transformer sa respiration, connaître son organisme de l'intérieur en écoutant ses sensations ; se concentrer sur un point ou construire une image mentale…, toutes choses que l'enseignement général ne leur permet pas de pressentir. Avant ou après le cours, ils parlent d'eux, et parfois, avec une intensité bouleversante, ils décrivent symboliquement les repères de leur vie intérieure. Ils se dessinent aussi, en train d'exécuter leurs postures, et on y voit le schéma corporel s'organiser, se personnaliser. L'enfant s'approprie son corps, il le perçoit comme étant le sien et, en même temps, il a l'intuition que cette expérience, communicable, recouvre une dimension universelle. Le yoga est donc, pour lui, particulièrement formateur.

Souvent, il vaudrait mieux parler d'un « pré-yoga[15] », d'une première approche de ces exercices qui exigent une conscience adulte. D'autant plus que les conditions de l'enseignement ne s'avèrent pas toujours favorables : si les petits participants sont trop nombreux, une certaine excitation risque de naître et, pour la pallier, le professeur proposera des exercices plus proches de l'expression corporelle ou de la danse que du yoga. L'environnement scolaire a ses avantages et ses inconvénients : de nombreuses expériences y sont tentées, dès la maternelle, et souvent avec succès, au point que des enseignants de l'Éducation nationale pensent utiliser notre discipline dans la lutte contre l'échec scolaire. Cependant, le poids d'un grand groupe, le caractère obligatoire de la séance, la nécessité d'obtenir un résultat concret pour justifier cette innovation, le fait enfin que beaucoup d'enseignants n'ont pas suivi une formation complète de professeur de yoga mais se contentent de leur pratique personnelle et de quelques week-ends pédagogiques : toutes ces réalités concrètes limitent les découvertes que l'enfant fera et, surtout, lui donneront une vision assez déformée de ce qu'est réellement le yoga.

Certains parents s'inquiètent lorsqu'ils apprennent que leurs héritiers pratiquent le yoga à l'école ; ils ont raison et doivent poser des questions sur le cursus de l'enseignant et la manière dont se déroule son cours ; une réunion d'information est souvent la solution la plus simple. Il s'agit d'éviter à tout prix les interprétations bêtifiantes, les inventions lancées par des profanes qui n'ont absolument aucune connaissance de la physiologie et de la psychologie et, pire, les séductions de ceux qui entendent prendre un pouvoir sur de jeunes consciences, encore malléables et ouvertes à toute proposition créative. La déontologie de la profession doit être ici plus exigeante qu'ailleurs, et un apprentissage solide, fondé sur la connaissance de soi, est la seule réponse véritable, celle qui garantit que, sous le nom de yoga, on ne véhicule pas n'importe quelle méthode ambiguë.

Un yoga pour les adolescents ?

L'adolescent subit de manière très aiguë un certain nombre de manques dont nous nous accommodons tant bien que mal ensuite. Il vit dans une grande ignorance des réalités physiologiques ou, lorsqu'il a quelques notions sur les grandes fonctions, il s'agit d'un savoir purement théorique, dans une absence totale d'intimité et d'appropriation. La fragilité de l'intériorisation, constamment interrompue par des moments de dispersion, nécessite de la part de l'enseignant une accélération relative des séquences pour soutenir l'intérêt. La résistance à faire des exercices dans lesquels le système musculaire est particulièrement sollicité, « sinon, c'est de la gymnastique », demande une grande créativité, car apparemment la gymnastique n'a pas bonne presse à cet âge… Une demande, fondamentale, est fréquemment réitérée : « être plus calme », « plus détendu », « plus cool », en face des événements, des autres, et aussi – moins explicitement – vis-à-vis de soi-même.

Autre demande caractéristique : le besoin de dialogue. Échanger, expliquer, s'expliquer doit venir compléter le travail solitaire et silencieux. Comparer ses sensations pour s'assurer qu'elles conviennent constitue un remède à l'inquiétude, à l'incertitude de soi et de son propre corps. Aussi faut-il inventer un rythme où des temps de parole succèdent aux plages d'intériorisation, les éclairent et en même temps se trouvent enveloppés par le silence. Dans un autre registre, mais très connexe, le cours de yoga doit alterner phases dynamiques et phases statiques, mouvements parfois rapides et immobilisation dans la posture. De la part de l'enseignant, seule une écoute très subtile et spontanée permet d'accueillir ces demandes contradictoires.

Le langage du professeur constitue d'ailleurs, plus encore qu'avec des adultes, la pierre d'angle de la relation. Il est normatif, au sens où on lui demande de donner le bon mode d'emploi, l'assentiment ou la correction immédiats. Les images, auxquelles on a souvent recours avec des enfants, n'éveillent pas toujours d'intérêt à cet âge, et mieux vaut les utiliser avec parcimonie, car elles deviennent vite débilitantes. Plutôt que de solliciter l'imagination, qui reste souvent évasive et romancée, il conviendra d'éveiller la sensation, la capacité de se représenter un monde réel qui est celui du corps – même si ce monde se vit aussi sur le mode du fantasme. Les adolescents, en effet, ont un grand besoin de cet enracinement dans une intériorité tangible et des moyens d'en expérimenter les profondeurs et les frontières.

Enfin, on repère au fil des dialogues et des attitudes corporelles, une tension impalpable mais bien présente, entre volontarisme et laisser-aller. Pour « y arriver », on se fige, on se durcit, on obtient de son corps un résultat précis par une forme agressive d'imposition ; et puis on se fatigue, on « s'avachit », on se relâche. L'un entraîne naturellement l'autre, et inversement. Dans cette perspective, la fameuse injonction de Patañjali qui veut que la posture soit à la fois ferme et agréable, indissolublement équilibrée entre la rectitude et la souplesse, prend une autre dimension. On peut en effet se demander s'il ne s'agit pas là d'un aboutissement, d'un perfectionnement, d'une maturation de deux tendances innées dans la nature humaine et qui, non structurées, demeurent à leur niveau d'immaturité, dans l'opposition entre volontarisme et laxisme. Loin donc de voir dans cette dualité un obstacle à la pratique du yoga, il faudrait au contraire y chercher les dynamiques primaires de ce que sera la future posture du yogi accompli, ce libre jeu entre la forme qui construit ses axes et la fluidité qui les anime.

Nul doute que le yoga, dans cette perspective, ne soit très structurant pour les adolescents en quête d'eux-mêmes, mais à condition qu'ils aient la chance de travailler avec un enseignant averti de l'intensité des transferts qui s'opéreront sur lui. Les jeunes qui font ce choix original misent en effet très fort sur ses effets, ils l'investissent d'une espérance intense de mieux-être et de résolution de leurs problèmes de vie. Le professeur fait vite figure de modèle ; support indispensable d'idéalisation, il doit savoir se rendre transparent à une autonomie hésitante. Une éthique alliant fermeté et respect de l'autre est ici, plus que jamais, exigée[16].

Hommes et femmes dans le yoga

En Inde ancienne, le yoga est essentiellement une affaire d'hommes ; on le constate à la description de la prise des postures et aux considérations sur la circulation des énergies, plus adaptées à des adeptes masculins, même si l'on entend parfois parler de yoginis habiles et entraînées.

Or l'inverse se produit chez nous, où le yoga a été principalement adopté par des femmes ; on a déjà assez souvent épilogué sur ce phénomène, sociologique et psychologique, dont les causes s'avèrent en partie seulement saisissables. Certainement, l'image qui fait de notre discipline une forme subtile de relaxation, de lâcher-prise, où le volontarisme laisse place à la découverte et à l'écoute des sensations, a surpris ou découragé beaucoup d'hommes, élevés dans une culture physique qu'ils croyaient plus intense. Pour ce que l'on en disait, ils ne pouvaient guère penser que le yoga instaurait aussi une très grande rigueur, un corps et un esprit bien « trempés ». D'autre part, mis dans l'obligation de faire face à une compétition professionnelle extrêmement forte, ils se voyaient mal pratiquer une voie d'intériorité qui apparaissait comme marginale, en tout cas fort peu utile à la réussite en société, et très éloignée du rôle qu'on leur avait assigné, depuis des générations… Les femmes, elles, quêtaient de nouvelles valeurs et, intuitivement, espéraient que ce rapport inédit à soi-même, dans un esprit respectueux de la durée intime, allait leur convenir.

Actuellement, le déséquilibre s'atténue et une meilleure information sur le yoga engage de nombreux hommes à s'y essayer. Mais, sans aucun doute, la différence quantitative demeure, et elle est inverse du yoga indien classique, créant une situation originale. Car les femmes infléchissent la discipline dans le sens de leurs aspirations et si, de plus, elles l'enseignent, elles la « colorent » autrement que ne le faisaient les yogis indiens. À l'évidence, elles y projettent des intuitions que la culture majoritaire refuse de considérer ou qu'elle commence seulement à entendre. Par exemple, que mieux-être ou mieux-vivre n'est pas forcément le comble de l'égocentrisme, mais peut devenir un secret de sagesse qui réharmonise les relations humaines ; ou que la conscience du corps est une clef essentielle pour la compréhension de la vie mentale et sentimentale ; ou encore que l'existence ne consiste pas en une courbe ascendante régulière suivie d'un déclin, mais en un continuel enchaînement de cycles biologiques, psychologiques, spirituels, facteurs de mutations, de passages, dont le déchiffrement enrichit notre vision du monde… À une conception monolithique, un peu rigide, des rôles de chaque individu dans son environnement, une pratique comme le yoga substitue une recherche plus souple d'adaptations, de gradations, de nuances, dictées à la fois par la non-violence vis-à-vis de soi et de l'autre et par le désir de percevoir au plus juste, au plus près, l'évolution en cours afin de l'accompagner sans la précipiter, en préservant son « ici-maintenant ». Le yoga permet ainsi d'assimiler des bouleversements, heureux comme l'attente d'un enfant désiré, ou douloureux comme un accident laissant des handicaps ou la séparation d'avec un être aimé. Sans cesse les professeurs de yoga constatent sa fonction médiatrice et réparatrice, et c'est peut-être dans l'intimité de ces vies d'hommes et de femmes adultes, aux prises avec leurs responsabilités, qu'il mérite le mieux son nom de « sagesse ».

Avancer en âge en pratiquant le yoga

Quand l'être humain dépasse cette zone médiane appelée « âge mûr », et imaginée comme le sommet, plus ou moins rapidement désiré, d'une courbe en cloche, il entre progressivement dans une étape tout à fait privilégiée pour apprendre le sens profond de sa présence au monde et relire ses expériences passées en découvrant les lignes de force de sa personnalité.

Dans les Écoles françaises de yoga, centres de formation à l'enseignement accueillant beaucoup de personnes en quête d'un humanisme structuré et d'un développement des potentialités, les deux tiers des étudiants ont autour de cinquante ans et plus. Pour un certain nombre d'entre eux, le yoga ne représente pas une activité spécifique qu'ils ajouteraient à leur emploi du temps, ou un métier nouveau qu'ils pourraient exercer plus tardivement que le précédent. Ce qu'ils découvrent est à la fois beaucoup plus modeste et beaucoup plus ambitieux : plus modeste au sens où cela ne bouleverse pas visiblement leurs repères habituels et leurs ancrages familiaux ; plus ambitieux lorsqu'ils comprennent que leur mode de vie, qu'ils croyaient n'avoir ni choisi ni construit, leur révèle des potentialités cachées à partir du moment où ils remplissent leurs fonctions dans l'esprit du yoga. On peut citer, parmi d'innombrables témoignages, ceux d'infirmières qui, sans rien contester de leurs comportements professionnels, instaurent une relation totalement différente avec les malades, même lorsqu'elles ne font aucune référence au yoga. Ou encore la très belle prise de conscience de ce professeur de biologie, en formation à l'École française de yoga de Paris : « Scientifique de formation, réfugiée dans la rationalité, je présentais jusqu'ici à mes élèves la vie sous sa merveilleuse complexité physiologique, rigoureusement cantonnée à cela ! Par conviction ? Ou par prudence frileuse ? Peu importe. Maintenant la vie prend sa dimension cosmique, l'être humain que je leur fais découvrir est cette membrane sensible, vibrant entre deux mondes incommensurables, l'univers et son intériorité. Je me bornais à développer en eux la conscience d'être citoyen d'une planète. Insensiblement, je me surprends à élargir cette conscience dans l'espace, et dans le temps. Leurs racines puisent jusqu'aux conquêtes successives de la vie au cours des ères géologiques, elles sont inscrites en eux. Je les invite à ouvrir les yeux sur eux, sur ce qui nous entoure, sur ce qu'ils croient connaître, à porter ce regard neuf, débarrassé du pouvoir déformant de leurs émotions. Je vis ce dont je parle, je les écoute et je découvre que c'est le langage qu'ils attendent de nous, adultes. Leur écoute est émouvante, le regard s'absorbe en eux et je réalise l'importance de l'instant, je suis une indication sur leur route, ils sont en quête de cela. »

Même lorsqu'on approche de la retraite, la découverte ou l'approfondissement du yoga donne lieu à l'épanouissement de capacités encore inexplorées, sur le terrain desquelles fleurit une créativité nouvelle, source de rayonnement et du goût de l'entreprise… réalité aux antipodes de l'image que l'on se fait habituellement de la retraite ! « En Occident aussi, l'âge de la retraite correspond quelquefois à une libération ; les enfants sont élevés, il n'y a plus grand-chose à attendre de sa vie professionnelle et, quelquefois, on arrive même à retrouver du temps. Ce temps retrouvé est propice au yoga, propice à la recherche d'une philosophie qui conduira à une forme de spiritualité », dit une autre étudiante.

Puis, quand vient le grand âge, notre discipline révèle sa nature de sagesse lorsqu'elle aide à conserver son autonomie, à affronter la solitude et à cultiver son monde intérieur. Préserver son autonomie, tout d'abord, cela commence avec l'entretien du corps, de sa souplesse et de sa tonicité, tout à fait réalisable grâce à une gamme de postures bien choisies et régulièrement exécutées. On ne saurait trop insister sur l'importance de la régulation du souffle, qui maintient sans effort une hygiène physique, mais se prolonge dans la circulation de l'énergie subtile, irriguant tout l'être corporel, émotionnel et mental, symbole privilégié de la manifestation de la vie, même si celle-ci devient plus ténue. Grâce à ces pratiques médiatrices et reconstituantes, les vieillards sont moins angoissés, leurs demandes d'assistance restent limitées, ponctuelles, car ils gardent leur liberté le plus longtemps possible. Quant à la solitude, presque inévitable, malheureusement, dans un âge où beaucoup d'amis s'en vont, et où les plus jeunes ont des préoccupations différentes, il faut chercher à en atténuer les effets déprimants ou destructeurs. Le yoga peut y aider de deux manières : en permettant une sortie hebdomadaire ou bihebdomadaire dans un groupe bienveillant où la vieillesse ne constitue pas un handicap, mais surtout en apprivoisant cette solitude par une « culture de l'intériorité ». Méditation et dialogue continuel avec une présence divine, quelle qu'elle soit – même si cela reste implicite, inexprimé ou secret –, sont des états que les pratiquants de longue date expérimentent fréquemment et dont ils expriment l'importance, comprenant qu'au lieu de décliner ils accèdent ici à une sorte d'accomplissement. Autonomie, amour de la solitude et qualité de vie intérieure se renforcent d'ailleurs, entretenant un état d'esprit actif, créatif, attentif aux événements et aux relations interpersonnelles[17].

Passage sur l'autre rive

L'approche de la mort, après avoir été terriblement gommée dans notre société, redevient un vrai sujet de méditation, et de nombreuses actions sont inventées autour de l'accompagnement et du deuil. Le vocabulaire est révélateur d'un changement : on parle moins d'affronter la mort, comme dans un dernier combat, mais de faciliter un passage. Naturellement cette nuance montre la compréhension, par la mentalité collective, de découvertes médicales très complexes, liées aux progrès de la réanimation et de l'exploration des mécanismes cérébraux : la mort n'est plus une rupture immédiate de l'état de vie, elle ne se produit pas instantanément, elle présente une durée avec des phases identifiables, pendant lesquelles s'éteignent progressivement les différentes facultés.

Ces recherches semblent alors décrire, dans leur langage scientifique, des processus que les civilisations indienne et tibétaine avaient déjà pressentis, empiriquement, en faisant de la mort une épreuve initiatique entre deux états de vie[18]. Ceux qui connaissaient ces conceptions si différentes de la destinée et qui croyaient qu'elles contenaient une grande part de vérité ont trouvé dans la recherche médicale une confirmation et surtout une impulsion à aborder l'approche de la mort d'une manière moins tragique, plus sereine.

Le yoga, nous le verrons, n'entraîne pas nécessairement une adhésion aux doctrines, d'ailleurs diverses en Orient, de la réincarnation. Mais il incite à envisager la fin de la vie dans la perspective qui guide les phases précédentes de l'existence. On ne peut en effet le pratiquer sans percevoir une continuité profonde, une sorte de noyau essentiel de l'être, sous-jacent à ses transformations incessantes. À l'agitation spontanée, les postures substituent progressivement une habitude de l'immobilité. Aux émotions désordonnées, les exercices respiratoires proposent une pacification. L'intériorité devient familière grâce à la concentration, le lâcher-prise corporel et mental s'installe durablement. Si ces éléments d'une sagesse médiatrice représentent peu de chose au regard de la rupture radicale, on observe pourtant qu'ils laissent moins démunis que d'autres les mourants et ceux qui les entourent. Si la mort reste, en soi, à ce point mystérieuse qu'on ne peut rien dire du possible soutien qu'apporterait le yoga lorsqu'elle surgit, du moins peut-on témoigner de ce qu'il offre aux vivants qui y sont confrontés, du fait de la disparition d'êtres chers. Nombreux sont les mémoires de fin d'études dans les Écoles françaises de yoga qui, ramenant à la surface le souvenir douloureux de deuils inaccomplis, montrent comment l'acceptation s'est progressivement instaurée. Ils mettent en avant les valeurs de pardon, de continuité généalogique, d'héritage spirituel, de transmission. Ce sont souvent des méditations émouvantes sur la condition mortelle des êtres et sur le lien subtil qui demeure malgré la séparation.

Un constat tout aussi intéressant concerne l'évolution des personnes que leur profession confronte à la mort d'autrui. Beaucoup de soignants font du yoga et y trouvent une aide appréciable. Moins angoissés, ils ont le sentiment de mieux assumer leurs responsabilités humaines lorsque les espoirs thérapeutiques disparaissent. Le yoga apprend à toucher un corps souffrant avec la plus grande délicatesse, à respirer avec celui qui s'en va… Là encore ce sont des actes infimes mais, dans les équipes de réanimation ou de soins palliatifs, on en fait grand cas. Le docteur Abiven, qui a été dans les années 80 en France le promoteur de cette nouvelle empathie avec les mourants, a souvent participé à des rencontres, colloques, tables rondes avec des enseignants de yoga. En 1987, la FNEY avait choisi comme thème d'Assises nationales « Passages, seuils et mutations ». L'assistance y fut d'environ huit cents personnes, et une importante table ronde, sous le titre « Aux confins de la vie et de la mort », s'y est tenue autour de ce grand médecin. Il a écrit plusieurs articles dans la *Revue française de yoga*, et il témoigne de convergences profondes : « Je suis tenté de penser que le passage au réel d'expériences comme celle de l'unité de soins palliatifs de la Cité universitaire, la création d'associations de bénévoles ici ou là, cette réflexion sur la mort menée dans les Assises de yoga manifestent que notre société est en train de reprendre conscience de quelque chose d'important. Au jour le jour, ces initiatives paraissent dispersées. Mais il est probable que, dans vingt ans, il y aura une nouvelle manière d'appréhender ces problèmes[19]. »

III.

Le yoga et les « vertus » de la vie spirituelle

Le mot « vertu » peut surprendre : pourtant, l'étymologie dicte une autre lecture que l'interprétation moralisante insupportable à beaucoup d'entre nous. La *virtus* latine, c'est la qualité de celui qui a développé pleinement ses énergies en vue d'une maîtrise de lui-même et d'une action sur les événements. La traduction ancienne de *virtus* par « courage » reflète d'abord cette dimension, et son enracinement dans la vie corporelle et émotionnelle, si l'on se souvient que « courage » et « cœur » ont la même origine.

Quant au mot « spirituel », il peut irriter : aujourd'hui, beaucoup de cheminements ou d'enseignements sont dits « spirituels », sans que l'on comprenne bien ce que cela recouvre. Pourtant, dans le cas du yoga, le fait est que la vie spirituelle en est vraiment partie prenante. J'ai déjà évoqué le lien étroit entre « spiritualité », « esprit » et « souffle ». Le yoga travaille à la suture des domaines qui sont désignés par ces mots de même origine étymologique. Le domaine du corps et l'espace de l'esprit sont accordés et en interaction grâce au souffle. Pour bien apprécier cette conjonction, pour qu'elle devienne gage de structure et d'ouverture, plusieurs attitudes ou facultés sont à cultiver.

1. Écoute, discernement, ardeur et abandon

Svâdhyâya, l'écoute

Écoute de soi, écoute de l'autre : ces deux aspects complémentaires ont déjà été assez largement développés au fil de ces pages. Qu'on se souvienne ainsi qu'il n'est pas de corps conscient, premier pilier de la sagesse, sans une attention très fine portée aux sensations, à ces messages venus d'une profondeur mi-physique, mi-psychique, et qui constituent peut-être les manifestations premières de notre vie intérieure. Qu'on n'oublie pas non plus que la relation pédagogique, modèle de toute communication, s'enracine dans un très profond échange entre deux états réceptifs et que cette interaction constitue l'espace où s'élabore l'expérience du yoga. Pour ainsi dire, tout débute par là : l'écoute est le maître mot, le grand secret, car celui qui n'en est pas capable s'exclut lui-même du processus.

Elle exige un mouvement hautement significatif : le décentrement du moi, par lequel, tout en demeurant cohérent en lui-même, il se découvre comme un satellite dont l'orbite a pour foyer une autre sphère, l'Autre. Le moi ne perd pas son centre interne, il ne se déstructure pas, encore moins il ne se détruit – malgré le préjugé courant qui veut que l'Orient ait constamment cherché cette destruction.

Il « écoute » ; et l'écoute lui permet d'élargir son champ de perception jusqu'à comprendre qu'il est une part d'une configuration plus vaste, l'*âtman* ou « Soi ». L'épreuve de ce décentrement constitue un passage difficile, elle déconstruit les images de soi-même sur lesquelles on vivait. Elle oblige à revisiter des évidences acquises et à les délaisser au profit d'un doute créateur.

Or cette expérience, qui est naissance à l'« intelligence du cœur », exige des repères précis, dont les textes conservent la description, puisqu'ils ont recueilli, d'âge en âge, le témoignage de ceux qui ont vécu le même passage. Nous trouvons donc ici encore une autre mise en valeur de la notion d'écoute : l'écoute de la tradition, comme rappel lancinant, continuel de cette Présence que le moi découvre en se décentrant. Assimiler la parole originelle, qui instaure le *dharma*, la loi de structure, et s'ouvrir aux expressions diverses des hommes qui ont été transformés par l'éveil consenti à cette parole : tel est le sens, par exemple, des généalogies spirituelles qui servent d'introduction à beaucoup de traités. Nous l'avons vu avec la *Hatha Yoga Pradîpikâ* dont l'auteur mentionne les plus grands maîtres « patrons » du yoga tantrique, mais en prenant soin de remonter jusqu'à l'Adinâtha, le Grand Suprême, Shiva.

Ainsi s'explique l'hésitation de traduction en ce qui concerne le quatrième *niyama*, *svâdhyâya*, que l'on trouvera rendu tantôt par « étude de soi », tantôt par « étude de la tradition ». Car les textes sacrés ne sont sacrés que dans la mesure où ils évoquent cette conversion de l'âme individuelle vers le Tout-Autre. Ils n'ont de résonance, de vitalité, que si leur récitant ou leur lecteur accepte que ce changement de cap soit le sien, que ces enseignements s'adressent à lui en particulier et ne deviennent pas seulement les chiffres d'une universalité mythique. Sonder sa propre profondeur et sonder le sens des traités s'enracine dans un même mouvement. Ce sont deux quêtes complémentaires, qui s'éclairent mutuellement, comme les deux versants, subjectif et objectif, intime et communautaire, d'une même expérience. Si cela s'avère nécessaire – mais on ne peut jamais donner de règle en ce domaine –, *svâdhyâya* peut aller aujourd'hui jusqu'à en passer par un travail sur et avec l'inconscient. On découvre alors, comme le montre si bien Christiane Berthelet Lorelle, que « le yoga n'est pas antinomique à la psychanalyse. Il lui ouvre la voie, l'accompagne et la poursuit hors du divan ». De toute façon, « *svâdhyâya* fait partie de la discipline éthique du yoga : le devoir de se connaître soi-même[20] ».

Viveka, le discernement

Toute écoute n'est pas indifféremment bonne ; un fil directeur doit la guider, et scruter la tradition avec l'humilité qui convient conduit à éveiller des capacités de lucidité, ce que le bouddhisme, pour sa part, appellera la « vision pénétrante ». Les grands yogis indiens, comme d'ailleurs les grands spirituels en général, se distinguent par une acuité d'esprit, une rapidité d'appréciation, une luminosité parfois fulgurante, que leurs élèves admirent et redoutent à la fois, en tout cas dont ils témoignent abondamment[21]. On constate facilement combien leurs biographies vont à l'encontre d'un lieu commun fort répandu en Occident, selon lequel le yoga introduirait dans la conscience le vague et la confusion. On ne connaît d'authentique discipline que celle qui se mesure à une clarté et à une précision grandissantes.

Viveka, le « discernement », prend, dans les textes, une acception métaphysique, et pas seulement psychologique. Il est la faculté qui permet de distinguer l'ordre du « Soi » et l'ordre du « non-Soi », l'essentiel et l'existentiel, le permanent et le passager, la transcendance au cœur de l'immanence. Attention, là encore, aux malentendus ! Discriminer et séparer, ce n'est pas la même chose. Le yoga ne méprise pas la réalité empirique au profit de l'être, et si l'on appelle certains de ses maîtres des *jivan* (vivants)-*mukta* (délivrés), on n'entend pas par là qu'ils sont délivrés *de* la vie, mais délivrés *dans* la vie, ce qui fait une grande différence[22]. *Viveka* est l'épée de l'esprit traçant des limites, à l'intérieur du paysage spirituel de l'homme, entre des domaines hétérogènes. En ceci, le yogi reste fidèle à l'ancienne préoccupation des temps védiques, qui se souciait de définir des aires d'action et des fonctions, afin de les articuler entre elles pour comprendre l'univers et soi-même comme un grand tout organique. Ici, nous trouvons la contrepartie individuelle de ce mouvement cosmogonique, et discriminer apparaît comme l'exact complémentaire de la notion d'union ou d'unification contenue dans la racine *yuj-* du mot *yoga*. On ne peut véritablement unir que deux objets, deux êtres, deux énergies, identifiables et existant indépendamment l'un de l'autre. *Viveka* est cette faculté de reconnaître la spécificité, l'unicité d'une idée, d'une émotion, d'un désir, avant d'agir d'une manière quelconque.

Discerner s'avère absolument indispensable dès qu'il s'agit de vivre l'expérience spirituelle ; les risques de confusion mentale, plus grands aujourd'hui que jamais, exigent une grande méfiance vis-à-vis des interprétations bêtifiantes et des amalgames syncrétistes. Umberto Eco a bien exprimé cela, avec son humour coutumier, dans *Le Pendule de Foucault* : « On leur a dit que Dieu est complexe, et insondable, et donc l'incohérence est ce qu'ils ressentent de plus semblable à la nature de Dieu. » Discerner équivaut donc à une sorte d'ascèse continuelle du psychisme, conduisant à plus de clarté, de finesse et de profondeur, ce vers quoi mène toujours, répétons-le, un authentique yoga.

Enfin, en permettant de distinguer Soi et non-Soi, *viveka* se fait aussi reconnaissance de la Présence au cœur de l'homme ; il rejoint ainsi l'écoute dans un éveil à la transcendance.

Tapas, l'ardeur

Tapas, dans ce contexte, continue bien entendu de désigner les techniques transformatrices incluant les formes d'ascèse et une utilisation des énergies, qui « trempent » le corps et la volonté. Mais, plus largement, il constitue la « part de l'homme » dans sa relation avec le divin. À chacun, en effet, il revient de créer les conditions d'une écoute et d'un discernement justes grâce à la maîtrise du fonctionnement de la conscience, maîtrise du mental jugulé par la concentration, maîtrise de la sensibilité et des émotions obtenue par la connaissance de soi. Citons Patañjali : « L'exercice exige un effort soutenu, et il devient efficace quand il est durable, répété et enthousiaste » ; « le succès est fonction de l'intensité de l'effort » (*Yoga Sûtras* I, 14).

On se tromperait pourtant à vouloir interpréter ces *sûtras* dans le sens d'une sorte d'athlétisme spirituel, qui ne ferait en réalité qu'exalter certaines tendances égotiques. Car la pratique de *tapas* s'origine dans un mouvement d'amour, d'attirance, de polarisation, où le fait d'attiser son propre feu intérieur trouve sa finalité dans une intense communion avec le divin, quel que soit le nom qu'on lui donne. Il s'agit de réunir l'« étincelle » individuelle au « foyer » universel qui se trouve au centre de tout – image traditionnelle dans l'hindouisme, venue des *Upanishads*. Cette nécessité de modeler l'âme afin qu'elle soit capable d'accueillir l'Autre, et qui s'appuie donc sur l'attitude de fermeté et d'opiniâtreté désignée par *tapas*, ne diffère pas fondamentalement de ce que disent beaucoup de grands spirituels. Ainsi Maître Eckhart : « Il n'est pas suffisant que le vouloir foncier de l'homme soit détaché au moment où l'on veut s'unir à Dieu. On doit avoir un détachement bien exercé, qui soit présent et qui suive. Alors on peut recevoir de grandes choses de Dieu, et Dieu dans les choses. Si l'on n'est pas préparé, on aliène le don et Dieu avec le don[23]. »

Ou Jean de la Croix dans *La Montée du Carmel :* « La vérité, c'est que c'est Dieu qui doit placer l'âme dans cet état surnaturel, mais que, pour elle, autant qu'Il est en elle, elle doit s'y disposer[24]. »

Îshvara-pranidhâna, l'abandon

De lui-même, par ses seules forces, le yogi ne peut que se préparer continuellement, devenir à la fois plus ferme et plus transparent afin d'accueillir en lui le divin. Mais il ne peut « être » ou, ce qui revient au même, assurer sa propre libération, car, étant homme, il n'accède à l'ordre de l'essence que si celle-ci se donne à lui. D'où la nécessité, dans les traités, d'adjoindre à l'effort ascétique une vertu tout aussi fondamentale : l'abandon. Le mot sanskrit est complexe, nous l'avons déjà rencontré : *îshvara-pranidhâna*, littéralement « le fait de se déposer en Dieu ». Il désigne un mouvement intérieur permanent qui constitue la première et évidente conséquence du décentrement du moi. Particulièrement sensible dans les états de méditation profonde, et chez les adeptes des voies dévotionnelles, l'abandon dans le yoga fait couple indissoluble avec l'effort : « Ce qui permettra le succès, c'est l'opiniâtreté et la dévotion » ; « la rapidité du succès est fonction de la mollesse, de la demi-mesure, ou de l'ardeur de la pratique, et de l'abandon total au Seigneur Suprême » (*Yoga Sûtras* I, 22-23).

Il est bien clair ici qu'on n'a pas à choisir entre une voie de l'ardeur et une voie passive dominée par la croyance en la grâce. Les deux attitudes sont indissociables : au sein de l'ascèse humaine, l'abandon au divin donne la paix de l'esprit, mais cet abandon n'a de sens qu'au travers d'un certain dépouillement de soi, qui n'est jamais naturel à personne, d'où l'impossibilité de se passer de *tapas*. Là encore, la tradition du yoga se trouve très proche des perspectives de certains mystiques chrétiens. Eckhart, Tauler, Suso, Ruysbroek, les grands Espagnols, les spirituels français de la première moitié du XVIIe siècle, ne disent pas autre chose, bien que les théologies et les métaphysiques soient différentes. On pense à la phrase de Ruysbroek : « Dieu habite en nous, mais dans le trépas de nous-mêmes et de toutes choses, c'est nous qui habitons en lui[25]. »

2. *Du bon usage de la relation pédagogique*

Écoute, discernement, ardeur et abandon délimitent les exigences d'une éthique pour ici, en Occident, et maintenant, en ce début de XXIe siècle. Une observation superficielle donnait à penser que le yoga ne nous était arrivé et ne s'exerçait parmi nous que dénaturé, infidèle à son propos initial, qui était la quête de la sagesse. Mais finalement rien n'est moins sûr. Les deux premiers degrés des *Yoga Sûtras*, les *yamas* et les *niyamas*, en apparence délaissés, continuent en fait de tisser le code qui unit l'enseignant et l'élève.

Revisiter les yamas et les niyamas de Patañjali

Ahimsâ, « ne pas nuire », enjoint au professeur de ne donner de lui-même que ce qui favorise l'évolution, en évitant que le cours ne devienne le lieu où se comble le besoin d'être aimé, reconnu – entrave majeure à l'autonomie de l'autre. *Satya*, « être vrai », implique honnêteté et lucidité : cette nécessité d'authenticité, de coïncidence entre ce que l'on est et ce que l'on propose demeure incontournable, puisque l'on ne transmet réellement que ce que l'on est. *Asteya*, « ne pas s'approprier indûment ce à quoi on n'a pas droit », désigne une règle de vie dans laquelle on ne possède qu'en raison de ses besoins. Ordre économique d'abord, mais, plus subtilement, ordre psychique : si le pratiquant se relaxe et se donne, ne pas se l'annexer, ne se sentir aucun droit sur sa conscience, même et surtout lorsqu'il demande d'être pris en charge ; assumer sa totale confiance sans confisquer sa mutation…, même en refusant de lui démontrer que le yoga est la seule vérité valable ! *Brahmachârya*, que l'on peut traduire par « être pur d'intentions », semble exiger un éclaircissement de l'inconscient, une identification des désirs projetés sur l'élève, qui trouverait sa contrepartie moderne dans la dynamique du transfert et du contre-transfert en psychanalyse. Enfin *aparigraha*, « perdre l'avidité ou le sens de la possession », module la relation réciproque : si l'enseignant ne s'agrippe pas à l'image que ses élèves lui renvoient, ceux-ci, en revanche, ne s'accrochent pas à lui, au risque d'en faire *le* maître qui sait tout et par la procuration de qui ils finiraient par vivre, perdant ainsi une bonne occasion de se connaître eux-mêmes.

Quant aux *niyamas*, on s'aperçoit que tout enseignant de yoga lucide et correctement formé les applique avec un relatif degré de profondeur, sinon son travail ne porte pas de fruits bénéfiques. *Shaucha*, le « sens de la pureté », avec ses corollaires corporels impliquant de ne pas manger n'importe quoi ou vivre n'importe comment, permet, à travers le cours de yoga, de diffuser quelques principes d'hygiène psychosomatique qui manquent à notre éducation. *Samtosha*, le « contentement » – non point de soi mais de ce qui est ! –, ajuste l'attitude positive dans laquelle on évite de s'exposer à toutes sortes de frustrations : en particulier, ne pas attendre de prétendue reconnaissance de la part de l'autre mais comprendre que la relation s'établit sur une adhésion réciproque où « donnant » et « donné » font partie d'un ensemble créateur. *Tapas*, l'« effort de transformation », *svadhyâya*, la « connaissance de soi », et *îshvara-pranidhâna*, l'« abandon à la transcendance », sont cités ensemble, on s'en souvient peut-être, dans la liste donnée par les *Yoga Sûtras*. Cela s'explique très bien. Le don de soi, cette sorte d'abandon mystique à « ce qui est » (*îshvara* recouvrant un contenu métaphysique ouvert), nécessite une vigilance sans faille, une ardeur renouvelée dans les essais et les erreurs inévitables (*tapas*), un déchiffrement de son être intérieur et des projections sur lesquelles il s'est construit (*svâdhyâya*) : toutes choses solidaires entre elles et dont le professeur de yoga ne peut faire l'économie sans abuser de sa fonction.

Accompagner la mutation

L'individu qui a pris conscience qu'il est « passant » dans sa propre vie devient aussi un « passeur ». Cette conscience ne l'engage pas à déserter la relation à l'autre, comme un certain hédonisme irresponsable pourrait le faire croire. Le yoga a certes servi de prétexte, pendant la grande ébullition des années 60, à toutes sortes de libérations, à l'affranchissement de rigidités religieuses, morales, institutionnelles. Certainement nécessaire à l'époque, ce moment est aujourd'hui passé au second plan. Dans une société aux références éclatées se fait jour le souci de disposer, pour le rapport à soi-même et pour la relation à l'autre, d'un système de repérage et de régulation qui soit intériorisé. Les préceptes – *yamas* et *niyamas* – qui précèdent, dans l'exposition des traités classiques, la pratique des postures et des respirations, sont des éléments pour architecturer sa vie intime et apprendre à vivre pleinement présent.

Ainsi, par un curieux détour, ces observances préliminaires à la pratique, qui, dans le contexte indien classique, constituent le rite d'entrée indispensable dans la discipline, restent finalement opératoires aujourd'hui en Occident. Si l'on veut définir des critères d'authenticité d'un enseignement, on redécouvre ce code, relu selon notre propre cadre culturel, mais présent et agissant. Avant de parler d'infidélités ou de déformations par référence à une tradition imaginée comme monolithique et immuable, il faut comprendre que les divergences ne se situent pas nécessairement là où on les attendrait et que, par un phénomène d'équilibrage intuitif tout à fait intéressant, un yoga occidental se construit, avec son langage et sa pédagogie propres, sans pour autant trahir le legs qu'il a reçu.

Accompagnement et transmission dépassent d'ailleurs la question pédagogique. D'une certaine manière, nous sommes en quête d'une conception de la vie qui réinclue la notion de seuils, de passages, d'étapes. Notre vision de la vie s'est fortement individualisée depuis la Renaissance, ce qui fait que chacun peut mener son existence comme il l'entend, dans la limite de la liberté et du respect d'autrui. Ce qui fait aussi que chacun peut faire ou subir des crises à des moments très différents, comme par exemple la crise de l'adolescence et le passage à l'âge adulte que l'on situe aujourd'hui entre douze ou même dix ans (on a inventé la « préadolescence ») et trente ans (on a inventé les « jeunes adultes » qui vivent encore chez leurs parents). Tout ceci est solidaire de transformations sociales complexes. Mais il s'en est suivi que l'idée si riche de « renaissance » a perdu tout support social. Or il semble que les expériences individuelles fortes auraient infiniment plus de sens et de stabilité, elles seraient moins fragiles ou moins tragiques, si elles pouvaient être replacées dans un contexte d'échange interpersonnel plus vaste. Autrefois le rite permettait cet échange ; c'était même sa fonction principale : échanger entre les hommes et les dieux, les vivants et les morts, les maîtres et les disciples, les anciens et les nouveaux. Les sociétés traditionnelles étaient dominées par l'impératif de la transmission : transmission de la vie, des mythes, des croyances et des comportements… Nous sommes définitivement sortis de ces univers anciens et, fondamentalement, il n'y a pas à le regretter. Car cette obsession de la transmission empêchait parfois les expériences originales et figeait certaines communautés dans une sorte d'atemporalité qui pouvait conduire à la stagnation.

En revanche, nous avons à construire sur la place laissée vacante par la fonction traditionnelle du rite. Cela représente une tâche longue et difficile, susceptible d'occuper plusieurs générations. Néanmoins, on voit émerger quelque chose de riche autour de la notion d'accompagnement. Accompagner la naissance permet d'envisager comme interagissants dans un ensemble le bébé, ses parents, leur généalogie, les sages-femmes et les médecins. Accompagner la connaissance de soi, ce peut être, dans le cadre de la psychanalyse, accompagner la confrontation avec l'inconscient : alors il n'y a pas seulement deux personnes, l'analysé et l'analysant, mais les archétypes collectifs et le transgénérationnel dont un individu est tissé. Accompagner le mourant, c'est rassembler autour de lui la communauté diverse de ceux qui peuvent encore quelque chose pour lui et de ceux qui souffrent de l'inévitable séparation. La mutation prend en compte l'ensemble d'une situation où sont noués les fils de temps différents – l'« avant » et l'« après » – et de plusieurs vies individuelles, dont celle de l'accompagnant, du médiateur qui fait nécessairement partie du processus, et se trouve donc aussi modifié par lui.

Ces expériences que sont la naissance, la mort, les seuils, les passages, les épreuves s'accomplissent donc – ou devraient s'accomplir – à la fois dans une profonde solitude, celle de l'individu qui se transforme, et dans une relation à l'autre renouvelée. Elles s'affirmeraient ainsi comme des contrepoids à l'isolement qui replie sur soi, favorisant les fixations et la rigidité, les ruptures et le retour des traumatismes. Tout ce qui mute remet en jeu de l'énergie ; celui qui accepte d'en payer le prix en assumant ses propres passages bénéficie de cette circulation et de cette transmission. Le yoga est l'un des chemins qui permet cette évolution.

3. Retour sur une enquête : « atteindre la sagesse » ?

Revenons pour finir à la seule enquête fiable que nous ayons et à laquelle j'ai déjà puisé pour faire l'« état des lieux » du yoga en France[26]. Après avoir cerné le profil des pratiquants interrogés, qui sont surtout des pratiquantes, les auteurs ont voulu connaître leurs motivations. Ils leur ont présenté une série de listes à l'intérieur desquelles il fallait cocher une ou plusieurs réponses.

La première liste servait à cerner les motivations initiales de la pratique ; les réponses « me relaxer », « m'assouplir », « maîtriser mon corps » ont été les plus fréquentes ; mais « mieux me connaître » et « atteindre la sagesse » étaient bien placées aussi. La deuxième liste demandait de choisir dans diverses définitions du yoga : « religion » ne recueille aucune adhésion, et « art de vivre » recueille le plus grand nombre de suffrages.

La suite de l'enquête avait trait à l'évaluation de la pratique sur la longue durée, pour tenter d'en cerner les effets. D'abord « par rapport à soi-même », l'influence du yoga est perçue positivement en ce qui concerne la « souplesse physique », l'« équilibre psychosomatique », la « concentration », le « dynamisme », puis loin derrière la « curiosité intellectuelle » et la « spiritualité ». Quant à la vie sentimentale et la sexualité, elles sont éprouvées comme très peu ou pas du tout modifiées. Ensuite « par rapport aux autres », le yoga influe positivement sur la vie de couple, l'éducation des enfants, et surtout les relations amicales, qu'elles soient professionnelles ou privées. Enfin, « par rapport aux choses », les réponses sont plus ambiguës, peut-être parce que les questions sont moins claires ; néanmoins, elles mettent en avant une meilleure communication avec la nature et peu de modifications dans les habitudes de consommation de biens matériels.

À tous ces résultats obtenus par des choix à l'intérieur de listes proposées par les enquêteurs s'ajoutaient des questions ouvertes, qui permettaient de s'exprimer plus librement. Voici le résumé des réactions à la question : « Qu'est-ce qui a le plus changé dans ma vie, en moi-même ? » : « Plus d'assurance, d'harmonie, de confiance en soi, de sérénité, mais aussi d'acceptation de soi, de ses propres limites, des situations telles qu'elles sont ; la pratique du yoga interdit de tricher avec soi-même, de fanfaronner ; c'est une école d'humilité [...], une meilleure connaissance de soi, une plus grande lucidité [...], parfois un certain repli sur soi, un certain individualisme, la recherche de la solitude. » « Qu'est-ce qui a changé dans ma vie, avec les autres ? » : « Le terme de tolérance est celui qui revient sous la plume du plus grand nombre d'enquêtés [...]. Il est souvent accompagné des termes d'ouverture et d'écoute. » « Qu'est-ce qui a changé dans ma vie, vis-à-vis des choses ? » : « C'est la notion et le mot de détachement qui reviennent le plus souvent [...], un certain retrait, une certaine distance [...], et paradoxalement une grande jouissance de se sentir à l'unisson avec l'univers. » Enfin, à la demande : « Qu'est-ce qui selon vous pourra encore changer ? », la réponse : « Atteindre la sagesse » arrive première. Dans leurs conclusions, les auteurs soulignent : « C'est ainsi que le yoga, bien loin de conduire à une dissolution ou à une démission de la personne, conduit au contraire progressivement et comme insensiblement à son autotransformation vers une plus grande liberté intérieure et une ouverture spirituelle. »

CHAPITRE V

Entre Orient et Occident

Le yoga se situe actuellement dans un champ entre deux conceptions du monde, tiraillé entre des consciences collectives hétérogènes. C'est la raison pour laquelle on le surcharge d'interprétations sauvages, souvent contradictoires. Certains lui reprochent ainsi de constituer une voie d'évolution à tendance paranoïde, dans laquelle l'homme veut faire seul son salut, en s'appuyant sur des techniques d'autosuffisance et de divinisation. D'autres, au contraire, y voient l'abdication de tout effort humain au profit d'une immersion dans un « grand tout » mythique, qu'il ne faudrait surtout pas essayer de définir puisque sa qualité principale est de se situer au-delà de toute distinction. Tantôt notre discipline est dénoncée comme le summum de l'égoïsme, tantôt elle semble servir d'alibi à un altruisme aussi militant qu'encombrant… Bien entendu – et je ne l'ai pas caché –, dans cette « interface » entre Orient et Occident, de nombreuses déviances sont possibles et alimentent aisément la critique. Mais doit-on juger une sagesse à ses faux-semblants ? C'est pourtant ce que font certains esprits chagrins, dont il me faudra évoquer ici les procès d'intention. Ne pratiquant pas le yoga, ils le dévaluent à partir de préjugés. Ou bien, l'ayant pratiqué sans exercer un choix critique, ils en reviennent, rebutés par certaines expériences qui n'ont de yoga que le nom et ils ne font pas l'effort de s'informer plus objectivement sur une discipline qui a acquis ses lettres de noblesse millénaires. Certains débats très passionnels mettent en jeu la séduction ou le rejet de l'autre ; en ce sens, ils sont révélateurs de positions très fortes dans l'actualité la plus immédiate.

I.

Le yoga et la nouvelle sensibilité religieuse

1. Bref retour sur l'histoire d'une transmission

Rappelons que le mot « yoga », sanskrit, est issu d'une très ancienne racine qui, à travers le latin, a donné au français « joug », « joindre », « jonction ». En dépit des nombreuses évolutions qui ont marqué l'histoire des pratiques réunies sous le terme de yoga, ce sens originel demeure : celui d'une quête d'unification. Il s'agit de résoudre les conflits qui naissent de l'opposition entre l'âme et le corps, de trouver une articulation harmonieuse entre l'individu et le cosmos, d'apaiser les tensions créées par le mouvement vital d'adaptation et par la nécessité de poser des actes. Le yoga, au sens le plus large du terme, englobe donc à la fois une philosophie, capable d'indiquer la finalité de l'existence humaine, et une psychosomatique qui permette d'actualiser, dans l'expérience sensible, cette philosophie. D'où la difficulté de définir le yoga de manière simple et univoque. Le terme de « sagesse » serait le plus approprié, si l'on entend par là un ensemble cohérent, progressif, d'exercices physiques, psychiques et spirituels destinés à opérer, sur l'individu entravé par de multiples déterminismes, une libération consciente.

La portée de cette libération ne peut se comprendre qu'à partir des idées fondamentales de la culture indienne, dans laquelle le yoga est immergé. Il convient d'évoquer d'abord, parce qu'elle est la plus ancienne, la notion de rite, qui recouvre toutes les actions par lesquelles l'homme entend se situer à sa juste place dans un ordre du monde régi par des principes transcendants. Communautaires et institutionnalisés, les rites sont aussi et surtout personnels, intimes, intégrés au rythme des jours. Ils se marquent par des conduites significatives : salutations aux points cardinaux, circumambulation autour du feu et de lieux sacrés, chants ou émissions sonores accompagnés d'attitudes particulières, gestes de purification et de réception des énergies cosmiques, etc. Il est à peu près certain que le yoga s'origine dans ces pratiques religieuses, même s'il a ensuite pris son indépendance par rapport à elles. L'inscription de la dimension symbolique dans le corps, la sacralisation du souffle comme véhicule d'une puissance de nature divine, l'expérimentation des états de recentrement et de méditation constituent le fonds commun d'exercices qui se diversifieront par la suite.

L'action rituelle se distingue de l'acte ordinaire, en ce sens qu'elle est subordonnée à une fin, d'ordre métaphysique, qui couronne le système des valeurs indiennes : la libération de l'être éternel, ou « Soi », enfermé dans le cycle de réincarnations successives.

Dans cette perspective, chaque naissance se trouve produite et déterminée dans ses formes par les intentions et les conduites adoptées dans une existence précédente. La loi subtile de causalité aboutit à distinguer les actes « mauvais », ceux qui enchaînent plus étroitement le Soi à la réalité sensible, et les actes « bons », qui engagent un mouvement d'émancipation. On voit ainsi s'élaborer progressivement ce que l'Inde appelle les « voies de libération », parmi lesquelles le yoga tient une place très importante. Le corps, manifestation immédiate de l'emprisonnement du Soi, infortune scellant l'échec de tentatives antérieures d'affranchissement, devient, grâce à l'ascèse yoguique, le terrain privilégié d'une transformation que l'on peut suivre et vérifier de manière concrète.

Les aspects historiques du yoga, on l'a vu, sont divers et contrastés. Loin de se réunir en un courant spécifique et uniforme, ils font plutôt penser à une arborescence diffuse dont les branches s'allient avec certaines formes de dévotion, ou de spéculation philosophique, ou encore d'ascèse érémitique. Des groupes de yogis professent la croyance en un dieu (généralement Shiva), d'autres sont résolument non théistes. Pour les uns, la progression est le plus sûr chemin ; pour d'autres, l'irruption de l'extase puise dans sa soudaineté l'énergie propre à arracher l'homme à ses conditionnements. Lorsque le yoga se diffuse en Occident, il garde ces visages très divers, qui donneront naissance à des écoles aux spécificités marquées. Il convient de distinguer trois grandes périodes de contacts.

La première (1875-1950 environ) est marquée par la prédominance de la théosophie, qui choisit dans le vaste éventail des traditions indiennes un certain nombre d'idées sur la nature et les pouvoirs de l'esprit, la logique du cycle des réincarnations, la possibilité de communications extrasensorielles, l'importance d'un maître initiateur. Dans cette perspective, le yoga est considéré comme un support technique permettant d'aboutir à certaines réalisations. Une grande insistance est mise sur ses capacités thérapeutiques, à la fois somatiques et psychiques.

Deuxième temps fort : à partir de 1960, la fascination de la jeunesse californienne, puis occidentale dans son ensemble, pour l'Inde. On voit de nombreux jeunes s'initier au yoga dans des centres spirituels, les ashrams, menés par des gurus de traditions très différentes. Le yoga est alors pratiqué dans le but d'une libération corporelle, d'un décloisonnement du moi et d'une capacité à fusionner avec un grand tout cosmique. Le bilan des sixties, en ce domaine, montre une indéniable revitalisation de l'humanisme occidental par l'apport de l'Orient, et un effort pour connaître objectivement la philosophie et les traités du yoga, même si les échecs ont été nombreux.

L'époque actuelle voit un partage plus précis entre un yoga authentique, fidèle à l'esprit de ses sources, et des dérives parfois pathologiques dues à une mauvaise information, à la crédulité, à des tendances sectaires, au goût du pouvoir. Les enseignants de yoga se considèrent de plus en plus comme des professionnels, organisés en fédérations qui supervisent leurs programmes de formation.

Groupes de recherches, séminaires et journées d'études leur permettent de faire avancer une réflexion scientifique, psychologique et médicale sur les effets du yoga. Cette orientation récente, issue des investigations modernes, donne au yoga une nouvelle armature théorique qui devrait permettre d'en conserver le sens initial : une discipline spirituelle à médiation corporelle.

2. Migration des idées et réinterprétations

Le yoga indien, « voie de libération »

La position du yoga vis-à-vis des idées religieuses de sa culture d'origine est à la fois conforme et critique. Prenons deux exemples illustrant chacune de ces positions.

La conformité à l'hindouisme : les yogis n'ont jamais mis en doute que leur discipline comportait un caractère rituel ; même lorsqu'elle ne s'adresse pas à une forme précise du divin, elle participe à l'ordre du monde et sa pratique est encadrée par des prescriptions qui marquent son appartenance au sacré. De plus, le yoga demeure pendant toute son évolution, et encore actuellement, une « voie de libération ». Or cette fonction n'a de sens que dans le cadre d'un système religieux où la loi de la réincarnation régit les relations entre l'esprit éternel et l'existence.

La distance vis-à-vis de l'hindouisme : elle s'exprime par un certain nombre d'attitudes qui marquent un effort pour transcender les aspects conventionnels de cette religion et pour adopter une éthique plus exigeante. La notion de « sacrifice intérieur » se substitue très tôt à la conception védique selon laquelle l'offrande de victimes consacrées par un cérémonial complexe avait le pouvoir de conférer l'immortalité. Cette intériorisation du sacrifice, contemporaine de l'invention de la vie renoncée, marque un indéniable progrès dans la spiritualité hindoue. Elle fondera, en particulier, l'une des premières règles mentionnées par les *Yoga Sûtras*, comme préalable à toute entrée dans les exercices : *ahimsâ*, que nous traduisons par « non-violence », mais dont l'étymologie (« non-nuisance ») contient l'idée d'innocence. Initiatrice de nouveaux comportements qui vont, selon les groupes et les époques, du végétarisme au refus de l'égoïsme de caste, l'*ahimsâ* sert de fondement à un idéal critique vis-à-vis des manifestations passionnelles et exclusives qui traversent la communauté religieuse. Il serait donc tout à fait impropre d'envisager le yoga comme une religion ; la démarche qu'il propose conduit à une sagesse régulant les relations entre le corps, l'âme et l'esprit pur. On peut donc légitimement poser deux questions : le yoga est-il indissociablement lié à l'hindouisme, au point que tout pratiquant un peu assidu soit entraîné à adopter, consciemment ou non, la vision hindoue du monde et du divin ? Ou bien la relative distance dans laquelle le yoga se tient vis-à-vis de ses propres racines permet-elle qu'il s'acculture à d'autres systèmes religieux, ou qu'il se greffe sur la quête d'intériorité dans une modernité profane ?

Si l'histoire ne permet pas d'apporter des réponses, elle donne des références. Nous y voyons, au moins dans un cas, un ensemble important de pratiques concernant la respiration, la contemplation et la méditation migrer vers une autre communauté religieuse, qui ne se sent aucune affinité théologique avec l'hindouisme. Cette translation se fait aux marges de l'islam, par le biais des soufis, qui adoptent et adaptent le yoga à leur expérience mystique. Le voyageur arabe al-Bîrûnî, au XIe siècle, traduit les *Yoga Sûtras*, et commente : « Les soufis ont rejoint la méthode de Patañjali, relativement à la concentration (unitive) en Dieu. » Certes, ces soufis se trouvent fréquemment en conflit avec l'islam légaliste ; ils sont néanmoins reconnus par le peuple, et même par certains docteurs, comme de grands saints.

Ce qu'en ont fait les théosophes et les hippies

Les deux grands moments qui ont présidé, sociologiquement, aux contacts entre l'Inde et l'Occident moderne doivent également faire l'objet d'une réflexion approfondie. Distantes de presque un siècle, l'aventure théosophique et l'aventure hippie sont en effet responsables de fascinations et de rejets toujours actifs aujourd'hui. L'une comme l'autre ont choisi, dans la culture hindoue, les éléments qui entraient en résonance avec des crises de la sensibilité religieuse occidentale. Ces choix, et les interprétations qu'ils ont fait naître, ne sont pas neutres.

Les théosophes installent la tête de leur société à Adyar, près de Madras, en 1882. Mais la doctrine a déjà été élaborée aux États-Unis par la médium Helena Blavatsky dans son livre *Isis dévoilée*, paru en 1875. Héritière de courants hétérodoxes du christianisme, comme l'illuminisme de Swedenborg ou de Saint-Martin, et des ésotérismes franc-maçon et rosicrucien, cette doctrine s'enrichit d'éléments puisés dans l'hindouisme, pour élaborer une sorte d'universalisme syncrétique. La réincarnation, le développement des techniques psychologiques destinées à voyager dans des mondes subtils ou à faciliter les contacts entre âmes incarnées et âmes des morts, la recherche de pouvoirs spirituels conférés par des maîtres initiateurs sont quelques-uns de ses aspects spectaculaires et persistants. Les théosophes ont connu des maîtres de yoga, étudié des traités. Ils ont cru trouver en eux les témoins patentés de la gnose originelle dont les différentes religions de l'humanité ne constitueraient que les cristallisations institutionnelles et concurrentes. Importé en Europe et aux États-Unis dans le cadre de cette construction mythique et volontiers antichrétienne, le yoga commence à s'y implanter autour des années 30. Il intéresse quelques médecins hygiénistes, mais rebute les scientifiques, les historiens et les indianistes de formation universitaire. On trouve quelques très bons maîtres, à la fois praticiens et philosophes ; mais, autour d'eux, les élèves éprouvent le besoin de se regrouper en cénacles professant une cosmosophie et une anthroposophie souvent confuses.

Avec la génération née après la seconde guerre mondiale, le yoga se trouve enlevé par la lame de fond qui entraîne la jeunesse californienne des années 60. Le porte-parole du mouvement, Alan Watts, désigne l'Inde comme l'ailleurs mythique où retrouver l'innocence abolie par la société technicienne, bureaucratique, fondée sur les savoirs mentaux, les compétences spécialisées, l'analyse rationaliste de la matière et de la conscience humaine. Sur le plan religieux, cette jeunesse entend protester contre des institutions trop lointaines, qui se méfient des manifestations émotionnelles, et qui semblent avoir participé à ce que Max Weber a très bien appelé le « désenchantement du monde ». On réclame que le cœur et le corps soient pris en compte, afin de rendre à l'individu son intégrité et lui permettre d'accéder de manière brute, spontanée, fusionnelle à un divin qui ne serait plus défini par des théologiens. Le yoga devient une pratique emblématique qui signale clairement que l'on participe à la critique des valeurs modernes et à une entreprise d'affranchissement de tous les interdits élaborés par une classe « bourgeoise ».

Là encore, mais de manière très différente de celle des théosophes, c'est en fonction d'elle-même, de ses impatiences et de ses manques, que la génération *peace and love* choisit et interprète certains aspects du yoga, sans égards pour sa tradition classique. On évite soigneusement, par exemple, les deux premières étapes des *Yoga Sûtras* de Patañjali, les *yamas* et les *niyamas*, consacrées à l'instauration d'une conduite de vie, contrôlant les affects et les pensées. On privilégie les postures et le travail sur le souffle pour « libérer le corps », le réinvestir et même lui conférer une dimension sacrée, en le sentant comme le réceptacle d'énergies cosmiques. Quant à la méditation, pratiquée très assidûment, elle est la porte vers une autre conscience d'être, où le moi perd son enveloppe limitée pour se répandre dans une infinitude. Le lieu privilégié de cette expérience globale, c'est l'Inde, ou bien Katmandou, en tout cas l'ashram, école de vie traditionnelle, communauté restreinte autour d'un maître initiateur, qui parle directement, permet qu'on l'imite, et témoigne de la possibilité de vivre heureux dans un « monde réenchanté ». Il ne faut pas chercher dans cet élan une construction théorique, ni lui reprocher de n'en avoir pas eu puisqu'il se voulait résolument opposé à toute systématisation. De même, il ne faut pas s'étonner que les échecs aient été nombreux, puisque la marginalité et la confusion faisaient partie intégrante de ce voyage vers l'ailleurs. Mais les idées suspendues, en vrac, dans cette effervescence hippie, lentement retombées dans la décennie 70, fondent pour une grande part les mutations de la sensibilité religieuse actuelle. Si le grand *happening* s'est terminé sans avoir changé le monde, il a ouvert la voie à ce que la sociologie des religions française appelle les « nouveaux mouvements religieux ».

3. Le yoga et les « nouveaux mouvements religieux »

On regroupe sous le nom de « nouveaux mouvements religieux » (NMR) une nébuleuse de mouvements en marge des grandes religions instituées, qui se développent contre elles ou à l'intérieur d'elles, selon les cas. Mouvants, très peu élaborés sur le plan métaphysique ou théologique, mêlant des croyances d'origines diverses jusqu'alors considérées comme incompatibles, ils s'avèrent très difficiles à saisir dans leurs spécificités.

Leurs caractères communs les plus évidents reposent sur le profond individualisme de ceux qui y participent : individualisme qui les conduit à adopter des conduites religieuses à contre-courant de la société profane, à revendiquer le primat de l'expérience immédiate sur les élaborations savantes, à chercher dans des cultures étrangères des réponses et des soutiens – et le yoga joue ici un rôle important. La suprématie de l'individu se marque par quelques thèmes centraux, désirs, espoirs, interprétations qui traversent les différentes manifestations de cette sensibilité.

« Être proche »

Perdre la distance qui sépare de soi-même engage à chercher dans les exercices corporels du yoga une intimité plus grande avec ses propres sensations, à sentir la circulation des énergies, à percevoir de manière immédiate le mouvement vital du souffle. La relaxation permet d'entrer dans sa profondeur, et le lâcher-prise du mental ouvre sur certains aspects de l'inconscient.

Par le jeu traditionnel de correspondances symboliques qui a toujours relié, dans la tradition du yoga, l'organisme individuel et le cosmos, cette proximité s'élargit au sentiment d'être inclus dans une totalité, d'être branché sur la vie de la nature, dont la société moderne exclut par sa complexité et son appareil technologique. Sentiment qui s'exprime comme un retour heureux à ses propres origines.

Enfin le désir d'être proche s'adresse aussi à une communauté, chaleureuse parce que restreinte, qui partage la même sensibilité, le même respect de la vie intérieure de chacun, et de l'écologie du monde.

Soulignons qu'il s'agit là d'un choix privilégiant certaines dominantes, pour en abandonner d'autres. En effet, le yoga indien a été aussi marqué par un énorme effort d'individuation, d'émergence d'une personnalité humaine structurée hors de la conception archaïque et mythique de la Grande Mère Nature, et hors d'une communauté conditionnante parce que fondée sur les castes.

« Être transformé »

On utilise le yoga comme un moyen pour transmuter progressivement le corps et l'esprit vers un mieux-être et une meilleure communication. Ce processus permet de devenir plus sensible à des forces qui sont considérées comme émanant du « divin ». Il est très frappant de constater que, dans cette perspective, des attitudes préconisées par les religions institutionnalisées, comme le repentir, sont laissées de côté. On ne se repent pas, on ne se convertit pas, on est transformé. La tension porte sur l'énergie, plutôt que sur la polarité vertu/péché, perçue comme étroitement moralisatrice.

« Être transformé » marque aussi le désir de « ne pas être jugé » à l'aune de normes qui ne conviennent pas à un cheminement très fortement valorisé dans son intimité et son unicité. L'enseignement du yoga insiste, il est vrai, sur la nécessité de renoncer à l'esprit de compétition, à la comparaison de performances, qu'elles soient physiques ou mentales. Il apparaît donc comme un havre protecteur à ceux qui s'insèrent mal dans une culture imposant des modèles, ceux de la mode, des médias, de l'intellect dominateur.

On pourrait se demander si cette crainte d'« être jugé » ne va pas beaucoup plus loin, jusqu'à l'angoisse ultime d'un « jugement dernier ». Dans cette hypothèse, l'idée de la réincarnation, sur laquelle je vais revenir, fondée sur une appréciation comptable du bon et du mauvais en chacun, semblerait rassurante. Elle fonderait une autoresponsabilité vis-à-vis de son propre destin. En tout cas, la notion d'un dieu juge est très absente d'une telle sensibilité religieuse.

Là encore, on remarquera qu'un choix s'accomplit, qui interprète le yoga dans un sens tout à fait particulier. Car le yogi indien est souvent sévèrement encadré par son maître, qui lui demande plus et mieux. D'autre part, ce qui motive sa quête, en réalité, ce n'est pas la perspective d'une nouvelle incarnation, qui lui paraît profondément douloureuse, mais celle d'une libération définitive, sans retour dans le cycle des existences.

« Être heureux »

Les nouveaux courants religieux sont très centrés sur la question de la souffrance, qui n'est généralement plus vécue comme rédemptrice. Ils puisent souvent au bouddhisme et au yoga, non point pour trouver un sens à la souffrance, mais pour s'en affranchir dès cette vie. Lorsqu'ils se reconnaissent dans une religion, par exemple dans le christianisme, ils en mettent en valeur les éléments thérapeutiques. Ainsi le Christ guérisseur, capable de miracles, rejoint-il le Bouddha médecin des âmes, et le yogi qui transcende la douleur par la pacification du corps et de l'esprit – les promesses de béatitude dès cette vie semblant d'ailleurs plus assurées du côté des grandes spiritualités d'Orient.

Là aussi une analyse objective engagerait à plus de circonspection, car, en ce qui concerne le yoga, l'état le plus élevé auquel peut accéder l'être humain n'est pas défini comme une expérience de bonheur, mais un état « au-delà du malheur et du bonheur », transcendant des polarités qui apparaissent comme trop affectives et intéressées. Les yogis s'imposent, dans ce but, une ascèse difficile qui passe nécessairement par une souffrance, un réfrènement, puis un détachement.

Nous voyons donc, à travers ces très rapides observations, que la nouvelle sensibilité religieuse est essentiellement individualiste et pratique. Elle prend, dans une sagesse, en l'occurrence le yoga, ce qui lui semble manquer pour faire des grandes religions des lieux véritablement chaleureux pour une démarche personnelle de transformation. Cette conception instrumentale, dans laquelle une démarche est adoptée pour son efficacité, guide des choix qui pourraient paraître arbitraires s'ils ne satisfaisaient, justement, les nouvelles aspirations spirituelles. Elle permet aussi que coexistent, et même soient mêlées, des croyances hétérogènes. Par exemple, certaines personnes qui croient en la réincarnation, c'est-à-dire en une loi neutre déterminant le rapport entre les actes et leurs effets, disent qu'elles croient aussi en la possibilité de thérapies miraculeuses et en la grâce divine. Ou encore le sentiment de la toute-puissance et de l'omniprésence de la nature, qui fonderait un panthéisme de type païen, n'empêche pas de professer la croyance dans la transcendance du dieu chrétien. Aussi l'analyse est-elle rendue très complexe ; elle demande des études détaillées cas par cas, groupe par groupe, presque individu par individu.

Dans la nouvelle religiosité, une ligne de partage se dessine assez naturellement : d'une part, l'armature théologique, la transmission des textes sacrés, la pratique des rites restent du ressort des religions ; d'autre part, la vie intérieure, la sensibilité et ses manifestations, tout ce qui est de l'ordre de l'expérience devient le domaine du yoga (ou d'autres disciplines comme le zen). Pour parler grec, on dirait qu'il existe un partage implicite entre la *theoria* et la *praxis*, entre le *logos* et le *bios*. La *praxis*, la dimension *bios*, semble avoir été désaffectée par l'évolution religieuse et sociale de l'Occident depuis la Renaissance. C'est pourquoi on réclame ailleurs, aux grandes traditions d'Orient, leur *praxis* dont elles n'ont pas perdu les sources et l'usage. C'est aussi pourquoi le contact approfondi avec les cultures orientales est vécu comme une « seconde Renaissance », après la Renaissance du XVIe siècle, qui a rendu l'Antiquité grecque à l'Europe[1].

Ce partage est-il loyal ? Peut-il déboucher sur une forme cohérente de vie spirituelle ? Ici, la réponse est plus délicate. Elle renvoie à une question de fond : y a-t-il une acculturation possible du yoga, sans que celle-ci ne provoque un syncrétisme avec les conceptions fondamentales de l'hindouisme ? Le débat reste ouvert. Pour ma part, je sens cette acculturation comme possible et légitime, à certaines conditions : une bonne connaissance intellectuelle de l'histoire du yoga et des grandes notions hindoues ; une pratique du yoga très équilibrée sous la conduite d'un enseignant bien formé ; une bonne lucidité, capable de faire contrepoids aux réactions passionnelles d'engouement ou de rejet, si fréquentes à l'heure actuelle ; un refus du syncrétisme, qui conduirait, par exemple, à parler de « yoga chrétien », alors qu'on devrait parler de « chrétiens pratiquant le yoga ». Toutes ces attitudes requièrent une clairvoyance, un « discernement des esprits », qui, en lui-même, est déjà ascèse et « exercice spirituel ». Essayons, sur deux sujets qui font problème, génèrent enthousiasmes et dénis, d'y voir un peu plus clair…

II.

Renaître ?

La problématique du sens à donner à sa propre mort est parallèle à celle du « sens de la vie » qui hante la pensée contemporaine. Autrefois on mourait plus dans une acceptation de l'inévitable, soutenue par la croyance en l'au-delà, un outre-monde où se déroulerait la survie de l'âme. Aujourd'hui la vie spirituelle est clairement sous le signe de la quête, qui fait naître une nouvelle exigence : celle de tenir pour vraies les idées religieuses que l'on s'est choisies parce qu'elles présentent la plus forte adéquation à soi-même. Une telle exigence découle en partie de l'évolution de nos consciences, qui se sont individualisées de plus en plus. Elle découle aussi d'une situation inédite, qui met en contact les diverses cultures avec une ampleur sans précédent dans l'histoire humaine. La « mondialisation » affecte aussi les religions ; elle les relativise en faisant apparaître leur coexistence comme la juxtaposition de différents systèmes, également crédibles, qui traitent de la vie, de la mort, du mal… Cette situation nouvelle permet, par exemple, qu'un chrétien, catéchisé de manière traditionnelle, abandonne certaines de ses croyances héritées pour en adopter d'autres, qu'il fait vraiment siennes, et qu'il aura connues par une série d'enseignements du Dalaï-Lama sur le *Livre des morts tibétain* ou bien grâce à la lecture d'un récit chamanique sur le voyage de l'âme dans l'au-delà. Nombreuses sont les personnes qui témoignent d'un tel engagement aujourd'hui. On parle volontiers à leur propos de « syncrétisme », de « consommation du religieux », de « bricolage entre traditions », mais ces expressions critiques n'expliquent pas grand-chose.

Ce dont il est question ici, c'est de constater que ces personnes accomplissent une démarche intime d'une religion qu'elles avaient reçue à unc spiritualité qui, tout en conservant une part d'héritage, se vivifie par l'introduction de notions et d'expériences choisies. Ce que l'on s'est approprié soi-même se révèle en effet plus solide face à l'épreuve que ce que l'on a appris passivement – ou tout au moins le charge d'un sens plus authentique. Les quêtes d'aujourd'hui, si hétéroclites au regard des traditions classiques, se justifient en partie par un choix qui s'autorise à emprunter ailleurs au nom d'une utilité personnelle plus grande.

La séduction exercée par la thématique de la réincarnation s'inscrit dans ce contexte général. Je parle de « thématique » plutôt que de « croyance » ; car il ne s'agit pas d'adopter un système étranger dans toute sa rigueur, celui qui sous-tend la vision indienne de la vie et de la mort, que généralement on ne connaît pas ou très peu. Il s'agit plutôt de faire sien un fonds de notions diffuses et réinterprétées, qui permettent d'envisager avec moins d'angoisse sa propre fin. Cependant la question se pose : que sont ces croyances dans leur contexte d'origine ? Et quelles déformations subissent-elles ici et maintenant, pour répondre à quels besoins et avec quels espoirs ?

1. La réincarnation selon l'Inde

Je passerai ici sous silence l'existence, en Occident même, depuis de nombreux siècles, de théories réincarnationnistes, dans des courants ésotériques et théosophiques ; il serait bien trop long d'en faire l'historique. De toute façon, ceux-ci se sont presque toujours alimentés à des sources orientales, et en général, lorsque l'on adopte de telles idées aujourd'hui, on les identifie explicitement comme venues d'Orient. C'est pourquoi je remonterai directement à la conception hindoue traditionnelle ; elle est la première à avoir formalisé en un ensemble cohérent des croyances partout diffuses dans les pays d'Extrême-Orient.

Un vieux texte très court, à la jonction de la médecine et de la religion, l'*Upanishad de l'embryon*, nous servira de guide. Il explique comment se forme un nouvel individu. Selon ce traité, le corps humain est constitué des cinq éléments de la nature, combinés en proportions variables : l'espace ou le vide, le vent, le feu, l'eau et la terre. Le corps de chair est donc en continuité avec l'univers. L'évolution embryonnaire n'est cependant que l'aspect secondaire de la formation de la personnalité.

L'essentiel est rapporté aux rémanences qu'ont laissées sur l'*âtman* les existences antérieures par lesquelles il a migré pour venir se réincarner dans l'existence actuelle. Le fœtus est réputé avoir encore la mémoire de ses vies précédentes, que le traumatisme de la naissance efface. Le texte le fait parler de manière saisissante : « "Après avoir vu des milliers de matrices autrefois, j'ai mangé des nourritures diverses, j'ai bu à tant de seins ! Je suis né, je suis mort, allant sans cesse de naissance en naissance […] Si je me libère de la matrice, je prendrai refuge en Maheshvara (Shiva) […] Si je me libère de la matrice, alors je prendrai refuge en Nârâyana (Vishnu) […] Si je me libère de la matrice, alors je m'appliquerai au sâmkhya-yoga […] Si je me libère de la matrice, je méditerai sur l'éternel *brahman.*" Mais, ayant atteint la porte de la matrice […], sitôt né […] il perd le souvenir de ses naissances et de ses morts. »

Commentons : le fœtus ne rêve que d'un destin, c'est ne pas renaître ; revenir, c'est souffrir encore ; il se promet donc que cette nouvelle vie sera la dernière, grâce à une intense dévotion envers les dieux (Shiva, Vishnu), à la pratique des voies de libération (sâmkhya, yoga), ou à la méditation continuelle sur l'Absolu (le *brahman*). Toutes ces doctrines, religieuses ou philosophiques, sont réputées en effet permettre, si on les pratique très intensément, de sortir définitivement du cycle des existences. Mais voilà que le « traumatisme de la naissance » fait tout oublier au fœtus, et ses résolutions, et même la loi générale de la réincarnation, ce qui l'empêchera d'inscrire sa vie dans un continuum plus vaste et de se libérer. Le texte est d'abord là pour lui rappeler ce savoir oublié, avant d'être un traité médical.

Par la suite, il est évident que la croyance en la réincarnation a façonné de manière originale l'anthropologie hindoue ; il est ici impossible d'en retracer l'histoire, complexe, car, loin d'être originelle, elle s'est forgée peu à peu et présente des contours différents d'un courant philosophique à l'autre, d'autant plus que la critique bouddhiste s'est particulièrement exercée contre l'idée d'un Soi immuable. Ce qui reste incontesté dans l'hindouisme actuel, c'est que l'origine d'une vie individuelle, la conception de tel ou tel enfant est toujours rapportée, en définitive, à cette doctrine. Il y a vie nouvelle dans la mesure où l'*âtman* est conduit à descendre dans un nouveau corps d'une manière déterminée par ses expériences antérieures. Le désir d'enfant chez les parents est lui-même expliqué dans cette perspective : « L'individu choisirait ses parents en fonction de ses actes passés, de manière plus ou moins inconsciente, tandis que ceux-ci, selon leur propre *karma* et leurs dispositions intérieures, attireraient vers eux le type d'âme correspondant[2]. »

Insistons un instant sur ce mot sanskrit, *karma*, que nous utilisons souvent de manière ambiguë, comme un équivalent de « destin », d'enchaînement déterministe. *Karma* en Inde désigne à la fois toute action humaine et ses conséquences à partir du moment où elle est posée. Selon l'expression indienne, toute action « porte du fruit ». Or ce « fruit » n'est pas seulement matériel ou économique, il est psychologique et métaphysique, il se prolonge dans une chaîne d'effets subtils qui affectent la prochaine vie dans laquelle s'incarnera le Soi. L'action est portée par la dynamique d'un désir, et c'est ce désir, indépendamment du résultat, qui « produit du fruit ». Quelle que soit l'issue, c'est la malignité à l'œuvre dans le désir qui induira un *karma* négatif, et c'est la régulation morale du désir qui produira un *karma* positif. La destinée future se joue donc présentement, et elle dépendra de la modification de l'équilibre entre « bon » et « mauvais » *karma*. Il existe aussi en Inde des propositions de voies radicales, censées libérer définitivement l'individu dès cette vie, en lui permettant de « solder son compte » par l'ascèse, le renoncement et d'autres disciplines. Mais ces propositions ne peuvent être suivies par tout un chacun, et le sort commun est de s'efforcer d'améliorer le passif hérité d'existences antérieures afin de progresser, de renaissance en renaissance, vers la libération définitive du Soi qui, alors, retournera au *brahman*. Ce cadre spéculatif très large a permis aux cultures issues du tronc indien de développer des systèmes assez divers, mais fidèles à l'idée fondamentale que la mort est un passage entre deux états d'existence, un passage déjà éprouvé et dont, peut-être, le Soi a quelque réminiscence, ce qui le rendrait moins étranger et moins angoissant. Cet aspect est fortement développé dans le bouddhisme tibétain, dont le *Livre des morts* n'est que l'un des textes les plus célèbres, représentant des spéculations qui ont constamment nourri le lamaïsme, en ce qu'il s'efforce d'intégrer et d'apprivoiser la mort. Car, pour le bouddhisme en général, et plus particulièrement himalayen, l'acceptation pleine et entière de la mortalité, dans tout ce qu'elle implique, est le pilier central de la sagesse.

2. La réincarnation en Occident aujourd'hui : quelles significations ?

L'indianiste universitaire ne peut être que surpris du sort réservé par les Occidentaux aux croyances en la réincarnation ; dans ce passage vers l'Ouest, la séduction d'un Orient mal connu les transforme et les interprète. La disqualification relative dont souffrent dans certains milieux les idées chrétiennes sur la mort et la vie éternelle encourage à chercher ailleurs d'autres conceptions que l'on remodèle, semble-t-il, selon les besoins et les angoisses de l'époque.

Il est clair qu'aux yeux de ceux des Indiens qui sont en quête d'une sagesse, renaître est un échec, l'issue d'une vie supplémentaire après bien d'autres vies passées à errer dans le cycle du temps, la sanction d'une existence qui n'a pas trouvé sa pleine réalisation, qui n'a pu permettre au Soi de recouvrer sa liberté métaphysique. Certes, les croyances populaires affirment que la libération définitive est extrêmement exigeante, et que l'on peut commencer par espérer revenir en une incarnation plus satisfaisante et plus heureuse. Mais, eu égard aux idéaux religieux et philosophiques, cet espoir n'est qu'un pis-aller, un compromis moral, qui permet à ceux qui sont malheureux de supporter leur souffrance, à ceux qui subissent l'injustice sociale d'ajourner leur revendication d'une meilleure considération, à ceux qui seraient tentés par un certain désengagement éthique de continuer à s'améliorer. D'autre part, la conception du *karma* humain et de ses « fruits », qui paraît au premier abord si simple, est bien difficile à exposer précisément et ne se prête pas aisément à une interprétation assurée. Jusqu'à quel point l'intention prime-t-elle sur l'acte ? Comment calculer les effets, éminemment subtils, des pensées et des désirs qui ne se cristallisent pas dans un comportement ? Une intervention guidée par l'ambition personnelle mais productrice d'un bien pour autrui est-elle à mettre au crédit ou au débit de la future existence ? Menue ou d'envergure, l'action est-elle quantifiable, et selon quelle échelle ? Et encore : comment savoir de quoi l'on dispose en naissant ? Ce que l'on devra compenser ou déduire ? Toutes ces questions ont donné lieu à une casuistique de la réincarnation aussi compliquée que celle de l'enfer, du purgatoire et du paradis chez nous.

Au contraire, les Occidentaux qui ont choisi aujourd'hui d'adhérer aux croyances orientales voient principalement des aspects positifs dans la loi de la réincarnation. L'éventualité d'une renaissance est source d'espoir : on ne disparaît pas définitivement du monde, on reviendra le visiter sous une nouvelle forme ; c'est donc que quelque part on subsiste, même si le passage entre la mort à cette existence et la naissance à une autre semble mystérieux et angoissant. Il se construit là certainement un puissant rempart contre l'idée d'une néantisation de soi, qui hante l'homme moderne plus ou moins distant vis-à-vis de ses propres traditions religieuses. De plus, la notion de *karma* prend une apparence tout à fait rationnelle, qui correspond aussi aux exigences contemporaines. Comme on a vécu, on est rétribué. Nulle divinité n'intervient, qui pourrait exercer son arbitraire, en bien comme en mal, sur les âmes ; ni dieu vengeur, ni dieu justicier, ni « bon dieu ». L'homme juste comme le criminel reçoivent la part qui leur est due en fonction des actes qu'ils ont posés et cette sorte de justice immanente, fondée sur l'enchaînement des causes et des effets, rassure tout en faisant l'économie du mystère insondable d'une transcendance. En un temps où le domaine de la loi s'étend de plus en plus largement, un temps où l'on s'efforce de pallier, au moins en théorie, l'irrationnel des coutumes humaines, l'idée que la mort et la vie sont elles-mêmes susceptibles d'intelligence est peut-être rassurante. D'un point de vue plus émotionnel, la croyance en la réincarnation remplit également une fonction positive, car elle permet de penser que la mort a été une expérience vécue plusieurs fois par le même être dans sa dimension essentielle. On admet que disparaissent avec elle les aspects existentiels de la personnalité et que se déchirent les liens humains ; on comprend que la lutte des forces vitales contre la maladie provoque d'intenses souffrances. Mais tout de même, quelque chose de soi « sait » déjà ce passage, bien qu'il l'ait « oublié ». Pour certains, l'idée de ce savoir enfoui, de cette connaissance qui s'ignore mais qui perdure au fin fond de la psyché, revêt une dimension profondément désangoissante. La mort n'est pas une fin, mais un passage, et ce chemin a déjà été emprunté. Son altérité radicale est apprivoisée – sans doute en partie aussi évacuée. Une continuité s'instaure dans la rupture, s'efforce d'apporter un sens là où bute la raison humaine.

À cela s'ajoute ce que l'on pourrait désigner comme une morale de l'action, bien contemporaine en ceci qu'elle renforce le sentiment d'une individualité qui se maintient à travers ce qu'elle pose comme traces dans le monde. Si l'on revient, c'est en quelque sorte pour finir ce que l'on a commencé et dont on accepte difficilement que la mort vienne l'interrompre. Si l'on revient, c'est que l'on ne s'est pas encore totalement accompli, qu'une progression est encore possible, que des virtualités non encore exploitées demeurent à réaliser. Les témoignages de ceux qui se sont sentis aux portes de la mort, mais que les avancées des techniques de réanimation ont ramenés à l'existence, disent expressément que leur retour implique la poursuite d'une « mission de vivre » dont la signification s'est dévoilée ou élargie. Ils ont éprouvé, dans l'état de coma, une aspiration terrifiante vers un espace merveilleux qu'ils décrivent par des images et des sensations que les religions ont toujours utilisées pour représenter l'au-delà ; puis ils se sont vus refusés par cet outre-monde, mais ce refus est moins décourageant que stimulant. Désormais ils se veulent au service d'autrui, porteurs d'une éthique plus ouverte, en marche vers une sagesse.

3. Au-delà du conflit

Alors, est-il possible de faire du yoga sans se voir progressivement conquis et subrepticement convaincu par l'idée que la réincarnation est la « meilleure hypothèse » sur une vie après la mort ? Est-il légitime, quand on est chrétien, d'abandonner la croyance en une vie éternelle, telle que les Évangiles et la Tradition apostolique l'ont définie ? À vrai dire, on ne saurait donner une réponse juste en posant ainsi une alternative qui n'offre d'autre issue que la confrontation et peut vite tourner au débat stérile. Aussi faut-il déplacer la question dans un autre espace, celui où se joue la vie présente, ici et maintenant, responsable et ouverte sur l'élan créateur qui la porte.

Dans cette perspective, l'existence est un chemin exposé au risque d'une incarnation vigilante, qui ne se justifie plus avec les traces du passé, mais les assume en faisant effort pour les connaître et les accepter. Elle est aussi exigeante discipline pour éviter les projections dans l'avenir. Cela n'empêche nullement de se reconnaître dans un horizon d'espérance en un au-delà qui transcende tout ce que nous expérimentons et tout ce que nous sommes. Mais cet au-delà est d'ores et déjà agissant au plus profond de la vie, ni « avant » ni « après ». Il l'irrigue et permet qu'elle se ressource continuellement.

Les enseignements de l'Inde et la spiritualité chrétienne se rejoignent, par-delà les différences, dans cette attention à la valeur éminente du présent.

Car il est le temps d'une action qui fructifie sans que celui qui la pose s'en attribue le bénéfice. « Celui qui, sans s'attacher au fruit de l'acte, accomplit l'action lui incombant, c'est lui le renonçant, lui l'ascète unifié, non celui qui néglige le feu sacrificiel et délaisse l'action », dit la *Bhagavad Gîtâ*[3]. Est-on si loin de la leçon de la parabole des talents, dans laquelle le Christ présente un sage intendant qui a augmenté le capital reçu pendant l'absence de son maître, pour le lui rendre avec les intérêts à son retour[4] ? N'est-ce pas, dans les deux cas, de la fécondité de la vie actuelle qu'il s'agit ?

Le présent est aussi le temps de l'abandon à une providence – qu'elle apparaisse ou non comme volonté divine personnelle –, ou tout simplement le temps de la confiance qui garantit une authentique liberté intérieure. Le texte de l'évangéliste dans lequel le Christ exhorte ceux qui le suivent à devenir comme les oiseaux et les lys aurait pu être écrit par le disciple d'un maître indien : « Ils ne sèment ni ne moissonnent, ils n'ont ni cellier ni grenier et Dieu les nourrit ! Combien plus valez-vous que les oiseaux ! » ; « Regardez les lys, comme ils ne filent ni ne tissent. Or Salomon lui-même, dans toute sa gloire n'a pas été vêtu comme l'un d'eux. Ne vous inquiétez donc pas du lendemain : demain s'inquiétera de lui-même[5]. » Sans métaphore, Swâmi Prajnanpad, un maître védantin du XXe siècle, dit : « Non pas ce qui devrait être mais ce qui est[6] », ce qui rejoint, là encore, l'énigmatique parole de Jésus : « Dis : c'est, c'est ; ce n'est pas, ce n'est pas, car tout le reste vient du Malin[7]. »

Pas plus que la joyeuse insouciance des oiseaux et des lys, *samtosha*, le contentement, l'un des *niyamas* du yoga, ne signifie régression et irresponsabilité. J'y vois plutôt une attitude quasi mystique, qui préserve la nouveauté de l'être contre l'usure produite par le souci de soi et de ses biens, meubles ou immeubles. Contre toute fixation, elle soutient la « naissance par en haut[8] », l'appel à une vie de l'esprit qui retourne l'âme en son fond et la rénove, lui apportant un salut intérieur et, comme dit Lytta Basset, pasteure et professeure de théologie, la « joie imprenable[9] ». La force libératrice d'un présent conscient, qui appelle jouissance et gratitude, devient le lot de ceux qui se convertissent au sens étymologique du terme, c'est-à-dire qui cessent de tourner le dos à l'essentiel. En elle, l'Occident de la vie éternelle et l'Orient de la réincarnation, si différents, se rencontrent pour dire la signification éminente de cette existence-ci et rappeler les exigences qui en découlent.

III.

Méditer

Pourquoi le nier ? La méditation selon le yoga est suspecte aux yeux de certains groupes ou communautés se rattachant à des spiritualités très différentes les unes des autres. Ainsi, j'ai été invitée en tant que présidente de la FNEY à un colloque organisé par un centre bouddhiste tibétain. Le sujet traitait, je crois, des grandes voies de méditation à travers les cultures et on m'avait demandé d'y parler du yoga de Patañjali.

Quelle ne fut pas ma surprise de constater que, pour la plupart des bouddhistes présents, les yogis ne « savaient » pas méditer ou passaient pour ne connaître des états méditatifs qu'une approche extérieure ou des « niveaux » préliminaires ! Par ailleurs, j'ai souvent entendu, et je continue d'entendre, des chrétiens se questionner, pas toujours sereinement, sur la « valeur » des techniques de méditation orientales et sur les « contre-indications » possibles – évidentes, diront certains. Enfin, il m'est arrivé de rencontrer des personnes qui se pliaient à de prétendus exercices de méditation yoguique qui m'ont laissée rêveuse et dont je n'ai trouvé aucun écho dans la littérature classique. Je ne suis pourtant pas certaine d'avoir envie de répondre aux critiques ou de défendre une certaine vision de la méditation. Les polémiques sont excessives et passionnelles, en un domaine qui mériterait plus d'ouverture, de non-violence, de respect de l'autre – s'agissant de l'activité la plus intime de l'être humain, celle qui met en jeu sa profondeur, avec sa force et sa fragilité. Réfléchir à ce qu'est et à ce qu'exige cet état me paraît donc bien plus fructueux que de définir de « bonnes » et de « mauvaises » méditations.

En Occident comme en Orient, les grands spirituels affirment que la méditation ne s'acquiert pas, mais qu'elle survient ; ne découlant pas automatiquement de l'exercice, elle surgit comme un état de grâce, attendu mais spontané, préparé mais gratuit. Ils insistent également sur la nécessité, pour l'homme, de construire sa capacité à accueillir cet état. Sous des expressions diverses – celle de la veille, de l'éveil, de l'ouverture, du vide –, ils proposent des techniques ou des moyens qui, au fond, se ressemblent parce qu'il n'y a pas mille manières de faire silence, de contrôler ses émotions, de pacifier son corps ou d'abandonner son vouloir propre… Cependant, enseigner ces instruments, c'est souvent approcher les croyances ou l'incroyance de ses élèves, toucher aux images qu'ils se font du divin ou à leur athéisme, dans un monde qui – difficulté supplémentaire – ne favorise pas ce type de recherches, ou alors d'une manière très désordonnée. En Europe, aujourd'hui, le brassage des cultures et des identités religieuses, même et surtout s'il demeure inconscient ou implicite, fait que les conditions de transmission, particulièrement dans l'étude et dans la pratique de la méditation, ne peuvent simplement et naïvement reproduire le modèle hindou.

Pour y voir un peu plus clair, il faut lire et mettre en regard deux documents d'Église aussi significatifs l'un que l'autre pour l'appréhension, par les chrétiens d'Occident, des formes orientales de méditation. Ici, il n'est pas question que du yoga, mais il est largement impliqué. Ces documents émanent de commissions du Vatican différentes, et cela n'est pas sans intérêt. L'une, la Congrégation pour la doctrine de la foi, alors présidée par le cardinal Ratzinger, a une mission de sauvegarde et de rappel des enseignements fondamentaux ; en 1983, elle a produit une *Lettre aux évêques sur quelques aspects de la méditation chrétienne*. L'autre, la Commission internationale pour le dialogue interreligieux monastique, moins axée sur les questions dogmatiques, plus sensible à la mondialisation et aux échanges, rédige en 1993 *Contemplation et vie monastique*. Deux textes, donc, séparés par dix années riches de mutations ; deux textes qui s'adressent en apparence à des « publics » très différents, mais qui en réalité témoignent d'options très fortes de l'Église, intéressant bien des individus, chrétiens ou non. Deux textes dissemblables par le ton, ne serait-ce que parce que l'un dit ce qu'il faut faire ou ne pas faire, tandis que l'autre témoigne d'une pluralité d'expériences nouvelles et d'un désir de communiquer les richesses et les questions qu'elles suscitent. Il importe de les juxtaposer pour faire ressortir le débat qui existe à l'intérieur de l'Église sur ce sujet de la méditation, débat qui est au cœur du rapport que les chrétiens entretiennent avec les autres grandes traditions spirituelles de l'humanité.

1. Méditation chrétienne et yoga : les raisons d'une méfiance

Dans l'esprit de certains chrétiens, et non des moindres, la méditation du yoga passe pour une technique du vide, qui finit par obnubiler la conscience de soi dans une sorte d'indifférence qui s'étend aussi à la relation avec autrui. Un ouvrage collectif, *Des bords du Gange aux rives du Jourdain*, paru en 1983, développe cette thématique jusque dans ses conséquences les plus extrêmes. Or, parmi les auteurs, on compte plusieurs théologiens et intellectuels chrétiens qui ont de l'audience. Leurs points de vue partisans ont eu de l'influence, troublant des chrétiens qui faisaient du yoga sans penser à mal. Dès leur introduction, les auteurs affirment en effet que « pour un chrétien ayant accédé à la liberté baptismale, les techniques de méditation orientales ressemblent fort à une régression, sinon à un reniement » (p. 11). Et le titre de la première contribution, celle de Hans Urs von Balthazar, est dans la même ligne : « Une méditation ?… Plutôt une trahison. » Daniel Ange, comparant les représentations du corps et du visage dit : « Mains et visages sont privilégiés par le christianisme, négligés par l'hindouisme », ce qui est tout à fait inexact. Il en déduit une étrange opposition entre, d'un côté, un « recueillement ouvert à l'autre », une « intériorité accessible par ses blessures mêmes », et, de l'autre, une « sérénité aseptisée », un « silence replié sur soi », un « au-dedans hermétique » (p. 54). Étienne Dahler, développant un point de vue philosophique, croit que le *samâdhi* a pour but de « détruire la personnalité », qu'il se revendique comme un « autosalut » et que le yoga tend à faire accéder à un « état indolore ». Le père de Monléon reproche à la méditation du yoga ou du zen de créer des « automatismes spirituels » au lieu d'être sous le signe du don. Il voit même là une « ruse du démon » qui provoque à la longue « perte de la conscience de soi », « anesthésie » ou « sommeil ».

On est désolé de devoir citer des phrases aussi violentes et des jugements de valeur aussi injustifiés, mais on est bien obligé d'en passer par là pour tenter de comprendre la méfiance qui peut exister, dans certains cercles heureusement limités. Car il faut savoir qu'il existe une littérature dénigrante, par chance assez confidentielle, qui se dit chrétienne. Le thème principal en est, sur le modèle du témoignage personnel, à peu près ceci : « J'étais perdu et désaxé ; j'ai été séduit par le yoga ; et puis un jour j'ai compris qu'il était l'œuvre de Satan ; Dieu m'a envoyé sa grâce pour me tirer de là et je me suis converti au christianisme. » Ce qui frappe dans ces témoignages, c'est la persistance d'une pathologie, la personne passant de l'incroyance à une adhésion inconditionnelle, puis à un rejet, et à une nouvelle religiosité tout aussi inconditionnelle ;

tout ceci sans se rencontrer elle-même, sans que le désordre psychique fondamental qui la domine ne soit abordé pour ce qu'il est. Certains témoignages prennent une forme simpliste ; d'autres, plus savants, emmêlent tristement le vide, le Soi, l'Absolu, le *karma*, les rejetant comme ils les avaient adoptés, sans savoir ce qu'ils sont réellement[10]. *Des bords du Gange aux rives du Jourdain* est plus dommageable pour le yoga, car certains de ses auteurs ont par ailleurs écrit de bons ouvrages de théologie et d'histoire de la spiritualité chrétienne. Aussi, dans l'Église catholique, on s'est ému d'une telle partialité.

Yoga et christianisme : il y a de l'eau vive dans tous les fleuves de la Terre est édité en 1984, à la suite d'un colloque tenu à la Sainte-Baume. Certaines communications sont remarquables. Michel Delahoutre, qui a créé un enseignement sur l'histoire de l'hindouisme à l'Institut catholique de Paris, part d'une observation historique : les *Yoga Sûtras* de Patañjali, et en particulier son *niyama îshvarapranidhâna*, « application de l'esprit sur le Seigneur », ont été relus et commentés de diverses manières. Il en choisit deux : celle de Vyâsa, qui les relit dans le sens dévotionnel (*bhakti*), et celle d'Al-Birûnî, qui a traduit Patañjali en arabe, et chez qui *pranidhâna* devient le « culte exclusif de Dieu ». D'où la conclusion : « Puisque tant d'auteurs se sont permis de commenter les *Yoga Sûtras* de Patañjali dans le sens dévotionnel et même théiste, puisque Al-Birûnî l'a fait dans le sens de la foi islamique, pourquoi le chrétien ne serait-il pas autorisé à en faire autant dans le sens de la foi chrétienne ? » (p. 59). La réponse est oui, si le chrétien sait justifier sa relecture, comprendre que dévotion et foi ne sont pas exactement superposables, qu'il y a ici deux conceptions spécifiques de l'intériorité, et que l'interprétation d'*îshvarapranidhâna* dans une lumière chrétienne apporterait quelque chose de nouveau et d'original. Michel Rondet, étant jésuite, s'applique à créer une confrontation entre les *Exercices spirituels* de saint Ignace de Loyola, le fondateur de la Compagnie de Jésus, et les exercices pratiques dans le yoga. Il le fait avec sympathie, axant son exposé sur des thèmes essentiels, comme le « lien entre ascèse et vie spirituelle » ou la « place du corps dans la prière », insistant sur des thèmes un peu oubliés par les chrétiens, le réalisme du « Verbe fait chair », ou la grandeur du corps comme « signe et sacrement » d'un passage, celui « du temps à l'éternité ». François Chenique aborde le problème « dans la perspective de l'unité transcendante des religions ». Il est le seul à poser la vraie question préalable : « Quel yoga et quel christianisme ? » Je le cite, car il précise bien des choses : « Qu'est-ce que le "yoga chrétien" ? Existe-t-il ou peut-il exister un yoga chrétien ? La réponse est tout à fait simple : pratique le yoga chrétien celui qui "médite" sur des thèmes chrétiens. On dira alors que nombre de moines et de laïcs ont pratiqué et pratiquent encore le yoga chrétien sans le savoir. C'est sans doute vrai si l'on donne au mot "yoga" son sens étymologique d'"union", mais il convient d'apporter une double précision à la définition que nous venons de donner. Tout d'abord, il faut prendre le mot "méditation" dans le sens le plus ancien qui est proche de “contemplation”. La théorie catholique de la contemplation est aujourd’hui assez compliquée par les querelles des siècles passés ; nous n’entrerons donc pas dans les détails, mais la “méditation” selon le yoga n’est pas seulement un exercice rationnel : c’est la succession des quatre étapes spirituelles du yoga qui sont le recueillement (*pratyâhâra*), la concentration méditative (*dhâranâ*), la méditation contemplative (*dhyâna*) et la contemplation unitive (*samâdhi*). » Cela ne l’empêche pas de souligner les vrais problèmes, en particulier celui de deux conceptions différentes du divin.

La différence dans la conception du divin, c’est bien là, en effet et en dehors de toute polémique médiocre, la question de fond sous-jacente à l’acceptation ou non des pratiques méditatives issues du yoga dans un contexte de croyance chrétien. Le Dieu d’Abraham, d’Isaac et de Jacob est une Personne transcendante, qui se révèle par sa parole et ses actes dans l’histoire des hommes. Et Jésus-Christ, Personne divine et humaine à la fois, est celui auquel le chrétien s’efforce de se conformer en suivant sa voie et en méditant les Évangiles.

En 1989, dans sa *Lettre aux évêques sur quelques aspects de la méditation chrétienne*, la Congrégation pour la doctrine de la foi réaffirme, à l’usage des évêques de l’Église catholique, le lien organique entre la prière et la révélation, en un temps où le contact avec les religions orientales diffuse d’autres méthodes de méditation. Enregistrant dès l’introduction le désir de prier et de méditer de nombreux chrétiens malgré le contexte très peu favorable d’aujourd’hui, elle se veut l’écho de la question qu'ils se posent, ou pourraient se poser : « Ne serait-il pas possible, par une nouvelle éducation à la prière, d'enrichir notre héritage en y incorporant aussi ce qui lui était jusqu'ici étranger ? » (paragraphe 2). Et, d'entrée de jeu, le texte instaure l'opposition entre une prière qui est adresse au Dieu personnel et des « techniques impersonnelles ou centrées sur le moi, capables de produire des automatismes dans lesquels celui qui prie reste prisonnier d'un spiritualisme intimiste, incapable d'une libre ouverture au Dieu transcendant » (paragraphe 4). Une telle opposition nous intéresse dans la mesure où « la question concerne surtout les méthodes orientales », et où une note précise : « Par l'expression "méthodes orientales", on entend des méthodes qui s'inspirent de l'hindouisme et du bouddhisme, comme le "zen" ou la "méditation transcendantale" ou encore le "yoga"[11]. » Cette divergence initiale va sous-tendre tout le texte, lui donnant un ton particulièrement critique à l'encontre des grandes traditions d'Orient.

La lettre en vient ensuite à ce qui constitue l'essentiel du propos : redéfinir ce qu'est la prière chrétienne, et cela ne peut se faire qu'« à la lumière de la Révélation », dont la signification ultime est délivrée par les paroles, les œuvres, la Passion et la Résurrection du Christ. L'être humain est rendu capable de recevoir la Révélation et d'en contempler les mystères grâce à l'Esprit saint, mais aussi grâce à la méditation de la Parole de Dieu. Le texte y insiste à plusieurs reprises : méditer chrétiennement, c'est méditer selon le mouvement spirituel induit par la Parole. Méditer et prier, c'est la même chose.

Ayant rappelé les éléments fondamentaux de la doctrine (paragraphes 4 à 7), la lettre fait un rapide résumé de deux déviations que l'Église antique a connues : la tentation gnostique, pour qui la connaissance est supérieure à la foi, rendant au fond la prière inutile ; le messalianisme, qui confondait l'Esprit avec ses manifestations psychologiques. Si l'on exhume ces vieilles hérésies oubliées, c'est que les dérives qui les ont produites sont toujours présentes dans le monde contemporain (paragraphes 10 et 11) : confondre ce qui est de l'ordre de la Grâce avec une « connaissance supérieure » ou bien une « expérience » qui ressortissent en réalité à la seule humanité ; vouloir s'élever vers le divin en se délestant du terrestre et du sensible, alors que le chrétien se laisse élever par une méditation qui assume la densité et l'imperfection de la chair. C'était déjà, souligne-t-on, les erreurs du néoplatonisme, qui ont eu une influence sur le christianisme naissant, mais que l'on retrouve « dans l'inspiration religieuse de nombreux peuples ».

Le dernier paragraphe (12) de cette troisième partie se lance dans une violente diatribe contre les pratiques et expériences spirituelles qui tentent d'unir méditations chrétienne et non chrétienne. Les auteurs refusent aux méthodes orientales toute validité, ne serait-ce que dans la préparation aux états de contemplation chrétiens. Ils s'opposent à ce que l'on considère comme « analogues » des expériences spirituelles engendrées par ces méthodes et les expériences des grands mystiques chrétiens. Ils s'inquiètent de ceux qui « ne craignent pas de placer l'absolu sans images ni concepts, propre à la théorie bouddhiste, sur le même plan que la majesté de Dieu ». Car cela les conduirait à proposer d'« abandonner non seulement la méditation des œuvres salvifiques que le Dieu de l'Ancienne et de la Nouvelle Alliance a accomplies dans l'histoire, mais aussi l'idée même du Dieu un et trine, qui est amour », cela en faveur d'une immersion « dans l'abîme indéterminé de la divinité » (paragraphe 12). Il est à remarquer que, cette dernière citation étant empruntée à Maître Eckhart, c'est aussi tout un très haut courant de mystique chrétienne qui semble questionné. Or, ce courant – et ce n'est pas un hasard – est celui qui, dans la perspective d'un rapprochement, serait le plus à même de dialoguer avec les expériences méditatives en Extrême-Orient.

La quatrième partie, de même, commence par un très bel exposé de la « voie chrétienne d'union à Dieu » et se termine par cette déclaration : « Dans la réalité chrétienne, toutes les aspirations présentes dans la prière des autres religions sont comblées » (paragraphe 15). C'est là une conception de l'originalité du christianisme qui est toujours très présente dans l'Église, mais qui ne favorise pas le dialogue… Le paragraphe suivant introduit pourtant une correction : on peut s'appuyer sur des « indications » de traditions autres, « recueillir en elles ce qui s'y rencontre d'utile », à condition de rester dans la droite ligne de ce qui vient d'être rappelé sur la prière. Alors, peut-on ou ne peut-on pas ? Les « questions de méthode » posent des limites et des distinctions. Par exemple, à propos du vide, il faut distinguer entre se vider de soi, ascèse indispensable contre l'égocentrisme, et perdre toute représentation de Dieu, au risque de perdre le sens de son altérité radicale. Plus loin, à propos des « méthodes psychophysiques et corporelles », l'importance du corps est fortement affirmée, en conformité avec une tradition bien attestée dans le christianisme oriental. En même temps, on nous avertit que « certains exercices physiques produisent automatiquement des sensations de quiétude et de détente, des sentiments gratifiants, voire des phénomènes de lumière et de chaleur qui ressemblent à un bien-être spirituel. Les prendre pour d'authentiques consolations de l'Esprit saint serait une manière totalement erronée de concevoir le cheminement spirituel ». Cela peut même aboutir à une « sorte de schizophrénie mentale », à des « troubles psychiques », à des « aberrations morales » (paragraphe 28). Quels sont ces exercices si dangereux ? Le yoga, le zen sont-ils visés ? Ou bien certaines déviances internes au christianisme ? Comment le savoir en l'absence de toute précision ?

Entendons-nous bien : cette lettre aux évêques ne dit jamais que l'on ne peut pas à la fois être chrétien et méditer selon le yoga, mais un lecteur attentif ne peut qu'en déduire une incompatibilité. Cette déduction peut produire un trouble intérieur profond chez ceux qui considèrent avec sérieux les questions spirituelles. D'autre part, une telle lettre, avec l'autorité qui est la sienne, permet que des ministres de l'Église croient avoir toute latitude pour dénigrer le yoga de manière bien plus malveillante et, pour tout dire, scandaleusement caricaturale. Je pense en particulier aux écrits ou aux conférences du père Verlinde.

Que des personnes qui assument des responsabilités pastorales soient irritées par le caractère ambigu de l'intérêt pour le yoga, par les formes étranges qu'il prend parfois dans le *melting-pot* contemporain des spiritualités, on le comprend. Que les garants de la doctrine chrétienne s'alarment d'un syncrétisme diffus et dépourvu de discernement, qui pourrait entraîner la grande tradition de la prière dans des déviances et des impasses, on le comprend aussi. Mais, dans ce cas, il leur faut de même entendre le meilleur des spiritualités orientales, s'intéresser sans a-priori partisans à des traditions qui sont plurimillénaires, et qui comptent parmi les plus belles et les plus exigeantes de l'humanité.

Ainsi, reprocher à la méditation du yoga de « dissoudre la personnalité », quel malentendu ! *Dhyâna*, le septième « membre » du yoga de Patañjali, est solidaire des six autres. Cela veut dire que le yogi doit d'abord faire des choix, prendre la décision de se comporter selon une norme éthique intériorisée : les *yamas* et les *niyamas*, le discernement, l'ardeur, l'engagement dans la connaissance de soi en inspirent de bout en bout la pratique, tandis que l'« abandon au Seigneur » préserve des tentations de la toute-puissance, ouvre l'intimité sur l'altérité. Il est également requis que la vie du corps, des sens, l'affectivité, l'intellect soient explorés, ordonnés, structurés. Alors seulement, par degrés d'intériorisation de plus en plus concentrée, l'état de méditation peut être expérimenté. Je n'y vois aucune « dissolution de la personnalité ». À moins qu'on ne veuille exprimer par là le dépassement des mouvements contraires de l'ego dans l'harmonie d'un recueillement pacifié. Mais alors il s'agit de tout autre chose que d'une dépersonnalisation. C'est travailler à laisser s'accomplir sa propre unité dans l'Un principiel, tâche « mystique » par excellence dont les grands saints hindous ont témoigné avec une justesse d'action et une précision de langage qui ne méritent pas tant d'incompréhension.

Par ailleurs, dévaloriser la méditation du yoga sous le prétexte qu'il lui manquerait ce qui ferait la spécificité de la prière chrétienne, l'adresse au Dieu qui se révèle comme Personne, semble un parti tout aussi sommaire. La grande voie du *bhakti-yoga* prône en effet la dévotion envers une divinité qui se révèle comme le Seigneur du monde et des êtres vivants – relire, pour s'en persuader, la *Bhagavad Gîtâ*. Cet Être parle à la première personne et se révèle à son dévot. Certes, la différence théologique avec le christianisme est immense, mais l'oraison méditative et la manifestation d'une réciprocité d'amour entre la divinité et l'être humain sont des réalités constamment avérées dans le *bhakti-yoga*. L'autre grande voie, celle de *jñâna*, la connaissance illuminante, unitive, ne tend pas, comme on voudrait le faire croire, vers une sorte de fusion-indifférenciation. Elle exige le dépouillement des images, des concepts, des affections qui font écran à la transcendance, qui la confinent aux dimensions de la psyché. Le *brahman*, « Cela qui n'a pas de nom », peut alors être perçu comme pure présence dans le vide d'une âme qui s'est laissé déposséder de ses représentations et de ses désirs. Cette vacuité n'a rien à voir avec une néantisation de soi, avec un vague fusionnel. Là encore, les témoignages des grands saints et renonçants yogis sont absolument explicites : la méditation se convertit chez eux en une vacuité créatrice et amoureuse. « Dès qu'on a goûté la saveur de ton Amour, plus n'est besoin de discourir au sujet du différencié », dit Abhinavagupta[12].

Il apparaît ainsi que l'expérience de la méditation n'est pas perçue dans sa dimension authentique si on la pose dans le champ de l'alternative : ou bien elle s'adresse à Quelqu'un, un Être personnel qui se révèle dans une parole interpellant l'être humain ; ou bien elle est un état de pure présence, vide de toute référence explicite à un Autre. Méditer, c'est vivre de ces deux sources à la fois qui, ensemble, permettent de se laisser trouver par le divin. « Laisser être ce qui est, se poser, s'asseoir dans la posture qui convient. Ici et maintenant [...]. C'est un sentir. [...] Mais ce sentir n'est pas renfermé sur lui-même. [...] Décentrement : je n'existe que dans [...] cette ouverture à ce qui n'est pas moi ; et je ne me fais pas exister, je reçois à chaque instant mon existence d'une source, d'une origine qui m'échappe. » Le méditant qui s'exprime de si juste manière s'interroge alors sur le rapport existant entre cette méditation sans objet et la prière du chrétien. Il laisse résonner des paroles évangéliques dans l'expérience vécue de la posture, du souffle, du consentement à ce qui est, de la difficulté de se maintenir dans le recueillement : « Quand de tels rapprochements se produisent, dit-il, une sorte de renversement s'opère : l'espace d'un instant, le méditant ne se sent plus relié à un centre en quelque sorte anonyme, mais posé et rejoint par l'initiative de Celui qui se dit et se manifeste à travers ces paroles et ces intuitions, qui se communique en suscitant le désir de le chercher. De façon ponctuelle et imprévue, les frontières semblent ainsi s'abolir entre la prière et la méditation sans objet[13]. »

2. Du yoga chez les moines : ouverture et échanges

En 1993, la Commission internationale pour le dialogue interreligieux monastique – connu sous les sigles français DIM et américain MID – élabore un document d'Église sur *Contemplation et vie monastique*[14]. Le texte englobe et dépasse la question de la pratique du yoga pour s'intéresser à l'évaluation de la rencontre entre spiritualités d'Orient et d'Occident. Néanmoins, il aborde largement la place et le rôle du yoga dans l'expérience contemplative. Il se situe aussi dans un contexte particulier, qui est celui de la vie monastique. Toutefois, dans son préambule, il désigne très explicitement ses destinataires comme tous ceux qui, des simples laïcs aux théologiens et aux moines, sont engagés dans une « pratique de silence contemplatif élaborée dans une autre religion ». Le document entend dresser un premier bilan de ce partage initié dans les années 60 et intensifié à partir de Vatican II. Il entend offrir à la fois des « conseils de prudence » et des « conseils d'audace ». Il se situe sur un plan différent et complémentaire de la *Lettre aux évêques sur quelques aspects de la méditation chrétienne* dans la mesure où « il s'agit de conseils de sagesse et non pas d'exposés de doctrine », et où le souci pastoral n'est pas son objet principal.

Texte magnifique, fort et modeste en même temps, il tient que « les formes de méditation, de prière ou de contemplation élaborées hors de la tradition chrétienne ne sont pas *a priori* une menace pour la foi chrétienne ». Il s'appuie sur les encouragements prodigués par le pape Jean-Paul II à des moines chrétiens et bouddhistes lors d'une audience de septembre 1989.

Une première partie est consacrée aux « dispositions spirituelles pour entrer en dialogue ». Elle pose un certain nombre d'exigences, non point comme des normes extérieures, mais comme conséquence de l'examen de parcours personnels. Au soutien confiant de son supérieur et de sa communauté, le moine ou la moniale doivent pouvoir ajouter une grande maturité, un enracinement sans faille dans la vie ecclésiale et dans la tradition chrétienne, et ils doivent bénéficier d'un accompagnement spirituel continu. Les rédacteurs, dans leur sagesse, estiment que « celui qui n'est pas déjà familiarisé avec des méthodes orientales avant son entrée au monastère ne devrait pas y être initié pendant son noviciat ». Il s'agit ensuite de « vérifier le mouvement » en gardant le contact avec le désir intense de chercher Dieu et de le connaître, sans syncrétisme dicté par une quelconque convenance personnelle. Cela implique un examen sans concession de ses propres motivations, afin d'éviter divers écueils :

recherche d'états de conscience extraordinaires, de pouvoirs, ou de concordances qui masquent le projet inconscient d'assimiler l'autre. Il y faut une longue « patience ».

La deuxième section concerne la démarche de dialogue en elle-même. Elle s'effectue dans un esprit de respect inconditionnel qui permet de communiquer « de cœur à cœur ». Elle s'efforce d'établir des critères de discernement : choisir dans l'offre si diverse de notre monde les « représentants les plus authentiques » des spiritualités orientales ; vérifier leur autorité en évaluant la liberté, le détachement, l'humilité, la qualité de formation, l'absence de manipulation et de prosélytisme. Conformément à la tradition millénaire de l'hospitalité monastique, l'étranger doit être accueilli « jusque dans notre cœur », là où son interpellation manifeste un aspect de la présence de Dieu. Accueillir l'autre, c'est faire un effort de connaissance, de lecture de ses textes sacrés (« Que penserions-nous d'un hindou qui prétendrait bien connaître le christianisme mais n'aurait jamais lu le Nouveau Testament ? »). Encore faut-il être attentif aux interprétations possibles de ces savoirs, leur garder leur pertinence en évitant de les sortir de leur contexte, de gommer les complexités, ou d'y perdre son identité propre.

Le document s'ouvre pour finir sur un espace plus vaste : « Mouvement dialogal et renouveau contemplatif ». Il affirme que la rencontre avec l'autre favorise une « redécouverte de notre propre identité », et que « trois dimensions de la foi chrétienne sont ainsi "revisitées" » : l'universalité, l'incarnation, l'intériorité. L'universalité devient effective quand on ne prie « plus seulement pour l'ensemble du genre humain, mais avec les priants de toutes les religions », comme cela s'est fait à Assise en 1986. Relevant la désaffection paradoxale du corps dans le christianisme qui est pourtant fondé sur la théologie du Dieu incarné, les rédacteurs voient dans les méthodes orientales, en particulier dans le yoga, une possibilité d'équilibrage et d'unification. Enfin, beaucoup de moines et de moniales témoignent que, dans un contexte de sécularisation grandissant qui fragilise leur vocation, « la pratique contemplative renouvelée par le recours à l'Orient a apporté l'antidote nécessaire à la redécouverte du goût pour leur vie monastique ». La prière, le désir de silence, l'intériorisation en sont renouvelés et stimulés. Sans minimiser les risques de dérive, le texte conclut hardiment que « cette rencontre avec l'Orient est une chance pour l'ordre monastique occidental en permettant un réveil de cette quête contemplative qui lui est constitutive ».

Les membres du DIM soulignent volontiers, quand on discute avec eux, que l'expérience de la rencontre entre moines de religions différentes en est encore à ses débuts. Elle est un chemin aventureux que quelques grands pionniers, comme Thomas Merton ou Henri Le Saux, ont ouvert. Elle a encore un caractère informel. Des bénédictins partagent pendant quelques mois l'existence des monastères japonais, et invitent des moines zen dans leurs propres abbayes. Des ashrams chrétiens sont nés en Inde, comme Shantivanam, fondé par Jules Monchanin en pays tamoul, et Kurisumala, fondé par Francis Mahieu au Kerala. De grandes rencontres ont lieu périodiquement où s'échangent les témoignages, structurant peu à peu l'invention de la rencontre et du « vivre avec l'autre » dans ce qu'il a de plus profond. Le moine chrétien s'y sent frère du renonçant hindou. Dans un numéro spécial du *Bulletin international du DIM*, édité à l'occasion du vingt-cinquième anniversaire des commissions pour le dialogue interreligieux monastique, le frère Alvarez Velasco, du monastère de Silos en Espagne, constate : « Au long de l'histoire, les meilleures spiritualités sont celles qui ont su représenter et accueillir les inquiétudes les plus authentiques et vivantes des époques dans lesquelles elles se déroulaient. Nous-mêmes, nous devons vivre au début du XXIe siècle, période caractérisée par la facilité des échanges, par l'abondance des relations ; à notre époque, nous avons besoin d'une "spiritualité de dialogue", qui représente et incarne la volonté d'interrelation sociale et culturelle[15]. »

3. Soi-même au miroir de l'autre

Je crois que la question de l'identité est, pour les Occidentaux, au centre des débats qui concernent la réincarnation et la méditation. On perçoit, à travers les propos négatifs qui ignorent délibérément les valeurs anthropologiques du yoga et, plus largement, des traditions indiennes de sagesse, une certaine peur de se perdre en tant que moi individualisé, unique. La vision indienne fait impact sur une conception, centrale en Occident, de la singularité de la personne. Elle semble la menacer quand elle affirme que l'essence en l'être humain migre à travers une pluralité d'existences, ou bien se défait de tout ce qui la particularise dans la méditation.

Cette question de l'identité, quand elle n'est pas reconnue dans sa différence de traitement, aboutit à des crispations. D'un côté, les Indiens ont tendance à penser que l'Occident développe un culte de l'ego. De l'autre, les Occidentaux croient volontiers que la libération indienne est dissolution dans un grand tout indifférencié. Les deux représentations sont simplistes dans leur affrontement. Il est nécessaire de leur donner une densité et une profondeur en rendant à chacune sa complexité. Il faut aussi les laisser résonner entre elles, dans un jeu de miroirs où chacune ouvre sur l'autre : une plus juste conscience de soi s'enrichit de l'écoute et de la réception de l'étranger.

Sudhir Kakar, psychanalyste formé en Europe et aux États-Unis, en particulier avec E. Erikson, le dit très bien. Dans *Moksha, le monde intérieur, enfance et société en Inde*, traduit en français en 1985, il applique une approche méthodologique élaborée en Europe à la recherche des interactions entre les mythes hindous et la maturation de la personne. Dans son introduction, il décrit la genèse de sa recherche et la façon dont le « voyage effectué à travers l'enfance afin de découvrir les sources de l'identité indienne » n'a été possible qu'à partir du miroir que lui tendait la psychanalyse occidentale. Il va même plus loin et, de façon émouvante, évoque ce que, intimement, la confrontation de son

« indianité » et de sa formation américaine a eu de réellement cathartique : « Éclairer le sens de l'identité indienne a eu [...] un effet thérapeutique ; pour ma part, cela a clarifié et engagé ce qu'il y avait de profondément indien en moi, renforçant par là un sens de la continuité personnelle et historique. » Cette conception de l'« autre comme miroir », qui, par sa différence, permet de s'appréhender soi-même dans sa spécificité, est une voie féconde et très actuelle en ces temps de mondialisation. Il semble qu'elle évite le double écueil du syncrétisme (pour qui toutes les religions, au fond, se valent et sont superposables) et de la concurrence (qui cherche toujours à attribuer des qualités supérieures à telle ou telle confession). On peut en illustrer, très succinctement, la richesse par une lecture de quelques textes bibliques à travers le filtre de la pensée indienne, non point dans le but d'extraire ces passages de leur contexte ou d'en dénaturer le sens, mais, au contraire, pour mieux les éclairer.

« Et vous, que dites-vous ?
Pour vous, qui suis-je ? » (Luc, 9, 20)

Le Christ pose cette question à ses disciples après avoir constaté que la foule le prenait tantôt pour Jean Baptiste, pourtant assassiné par Hérode, tantôt pour Élie – en tout cas pour une sorte de prophète faiseur de miracles. L'interrogation, abrupte, implique une sorte de lâcher-prise immédiat, d'éclair soudain qui marque la reconnaissance, par l'homme, de la véritable nature du Christ comme Dieu incarné.

Or une question parfaitement complémentaire court tout au long du vedânta non dualiste ; les maîtres la posent afin de déclencher chez leurs disciples le processus de la libération du Soi hors de la conscience individuelle, limitée par le moi. Elle prend des formes diverses. Ainsi, très tôt, dans la *Brihad Âranyaka Upanishad*, « “Je suis venu pour recevoir l'initiation !” ; par cette formule, il s'offre au *brahman*. “Je veux devenir un initié !” ; par cette formule, il se voue au *brahman*. Alors, le maître lui demande : “Quel est ton nom[16] ?” ». Ou, beaucoup plus tard, en plein XXe siècle, dans la bouche de Ramana Maharshi : « Trouvez la réponse à la question “Qui suis-je ?”. Le “Je” à l'état pur est la réalité, l'essence-conscience-félicité absolue[17]. »

Dans les deux traditions, ces questions apparaissent au terme d'un exercice préliminaire de négation des représentations habituelles. Jésus n'est ni Jean Baptiste ni Élie. Quant au « Je » vedantin, il se découvre comme le « reste », ce qui demeure au-delà de toutes les définitions que l'on peut se donner de la conscience ; il est *neti neti*, « ni ceci ni cela », et répondre à la question du « Qui suis-“Je” ? » fait basculer dans la dimension du Soi. En méditant en même temps ces textes chrétiens et hindous, il semble que l'on tienne deux chemins pour une reconnaissance de Celui qui s'énonce comme « Je suis » : dans la Bible, Dieu lui-même se révèle sous ce « nom » ; dans la tradition hindoue, ce « nom » sourd des profondeurs intimes de l'être humain, d'au-delà de son identité personnelle. Les deux questions ne se recouvrent pas ni ne s'opposent ; mais dans ce « regard en miroir » que nous avons suggéré, elles s'avancent à la rencontre l'une de l'autre, pointant vers une profondeur qui les éclaire, les rendant à leur acuité première, leur donnant une présence et une intensité qu'elles avaient peut-être perdues.

« Voici que Yahvé passe dans le murmure d'une brise légère » (I Rois, 19, 11-12)

L'état de celui qui fait du Soi la demeure permanente et l'assise de son individualité porte sur les bords du Gange le nom de *mauna*, désignant la solitude unifiée. La marque extérieure de cette condition, c'est le silence, un silence qui frappe par sa fréquence et sa durée chez de nombreux maîtres ou apprentis. On aurait tort de penser que s'abstenir de paroles équivaudrait à une sorte de pénitence, vécue comme privation. Au contraire, *mauna* constitue, d'après ceux qui le décrivent, un fabuleux état d'écoute et de communication, hors des frontières de la psyché, car tout langage porte la marque de ce moi, excepté la Parole du Dieu qui dit « Je suis ».

Ramana Maharshi, à travers son enseignement, y insistait fortement : la vie érémitique dans les grottes d'Arunâchala, haut lieu sacré depuis l'aube de l'humanité en pays tamoul, lui avait appris qu'au cœur de la solitude, enfin, le mental se taisait dans la réponse à la question « Qui suis-je ? ». Là, le divin « murmure » et seul l'entend celui qui affine son ouïe spirituelle[18]. À la lecture des récits sur l'existence quotidienne du sage de Tiruvannamalai, on est frappé de la similitude de ses attitudes avec celles des hommes de la Bible, et en particulier des prophètes. Bien que leurs fonctions demeurent différentes à l'intérieur de chaque tradition, l'ambiance qui émane de Ramana Maharshi, son intimité avec la nature habitée par une présence transcendante, rappelle et rend très contemporaine la dimension théophanique de l'expérience d'Élie dans le premier livre biblique des Rois. Il y reçoit ainsi la révélation de Yahvé, son « passage » : « Il y eut un grand ouragan [...], mais Yahvé n'était pas dans l'ouragan ; et après l'ouragan, un tremblement de terre, mais Yahvé n'était pas dans le tremblement de terre ; et après le tremblement de terre, un feu, mais Yahvé n'était pas dans le feu ; et après le feu, le bruit d'une brise légère. Dès qu'Élie l'entendit, il se voila le visage avec son manteau, il sortit et se tint à l'entrée de la grotte. Alors une voix lui parvint, qui dit : "Que fais-tu ici, Élie ?" » Encore la même question sous une autre forme...

La « grotte du cœur »

Si, à certains égards, la rencontre entre les philosophies et les théologies a du mal à s'instaurer sur des bases objectives, dénuées de parti pris, ici il s'agit moins d'un dialogue institué que d'une résonance immédiate, existentielle. Par exemple, dans le *bhakti-yoga*, la grotte représente le cœur : « Plus ténu que le ténu, plus grand que le grand, l'*âtman* a été déposé dans la grotte du cœur » ; « L'*âtman* se meut à l'intérieur des êtres omniformes, dans la caverne de leur cœur[19] ». Ainsi, celui qui habite la grotte habite également son propre intérieur ; il peut être appelé à l'extérieur de lui-même par toutes sortes de dispersions ; mais il peut l'être aussi par le Tout-Autre : c'est certainement ce qui arrive à Élie…

C'est aussi ce qui arrive au père Henri Le Saux, bénédictin parti en Inde vivre comme les renonçants, sans rien abandonner du christianisme, et qui a pleinement assimilé cette symbolique de la grotte, du silence et de l'intériorité. Dans *Souvenirs d'Arunâchala*, il raconte son cheminement à la rencontre du vedânta et des *Upanishads*. Il explique comment cette autre voie l'a redéposé sur son propre rivage, mais pénétré d'une profondeur tout à fait imprévue : « Ma grotte était […] un lieu merveilleux pour la prière et la méditation […]. À l'aube, j'y attendais le lever du soleil qui apparaissait juste en face, entre les gopuras[20] du temple. Avec les anciens chrétiens de Syrie, je chantais le *Gloria* au Seigneur ressuscitant dans sa gloire. Et le soir, quand l'ombre avait déjà tout envahi et qu'au sommet des gopuras s'allumaient les veilleuses de la nuit, c'était tout naturellement le *Phôs hilaron*, l'hymne que ces mêmes chrétiens chantaient au Christ, Lumière incréée et source de toute joie, qui me venait aux lèvres. En ces temps-là, en effet, j'éprouvais encore le besoin de chanter tout haut au Seigneur. Plus tard, Arunâchala me recueillit en soi et me fit découvrir l'hymne intime du silence, celui qui sous-tend tout chant que chantent les hommes, et tout chant que chante aussi la création, l'hymne essentiel que nul chant que profèrent les lèvres n'arrivera jamais à formuler adéquatement, si vibrant ou au contraire si apaisé fût-il jamais. Et si parfois, à certains jours de fête, ces chants qui m'avaient ravi et tant aidé autrefois me revenaient, j'étais pris comme d'un besoin de les murmurer à nouveau, sinon de les clamer ; mais il était trop tard, leur temps était révolu ainsi que celui des joies dont ils étaient porteurs. Du fond du cœur, j'entendais sourdre un autre chant, au-delà de tout élan du désir comme de toute quiétude qui pût encore se sentir[21]. »

La sorte de dépassement de sa propre tradition, sensible à travers ce texte, ne doit pas être compris comme un délaissement ou un abandon, mais comme une approche des limites de l'esprit humain, qui côtoie le mystère. Pour Dom Le Saux, comme pour son prédécesseur, l'abbé Jules Monchanin, et pour son successeur, le père Bede Griffiths, l'appel de l'Inde aura été « l'appel au-dedans, l'ouverture au-dedans, toujours plus au-dedans, non point l'enseignement de quoi que ce soit de nouveau – le vedânta n'a rien à apprendre –, mais simplement l'éveil à ce qui *est* au sein du fond[22] ». Chez eux, les erreurs du syncrétisme ne sont guère à craindre : ils ont trop conscience de la richesse des différences pour les abolir. Ils cherchent pourtant constamment un au-delà de l'opposition entre la quête du Soi, thème majeur de l'hindouisme, et la révélation du Tout-Autre, telle que la vit le christianisme. Ils sont alors conduits vers une compréhension plus vaste, dans laquelle le Soi et le Tout-Autre deviennent des noms pour une unique réalité, des chemins vers un même sommet. L'auraient-ils découverte dans leur seule communauté d'origine ? Personne ne peut répondre à cette question, pas même eux. Mais cette descente au cœur de la tradition hindoue a été pour eux la porte étroite qui leur a permis de renaître à l'expérience chrétienne de Dieu.

Car il s'agit bien avant tout d'une expérience : le don de l'Inde, c'est cette présence vivante, en actes, du divin dans le quotidien. Symbolique des postures de méditation ou de prière, souffle de la Parole, vibration subtile des antiques chants védiques, simplicité d'un modèle de vie en conformité avec sa propre recherche spirituelle, dénué des complexités et des pesanteurs de la modernité : tout cela, l'Inde peut – encore combien de temps ? – l'offrir au chercheur de vérité mû par une quête, celle d'accorder ce qu'il dit à ce qu'il pense, et ce qu'il pense à ce qu'il est, dans une existence qui témoigne de cette intime harmonie. En ceci, l'Inde fait à juste titre figure de « mère spirituelle », pour un certain nombre d'Occidentaux, croyants ou non, qu'elle enfante à une véritable pratique de la sagesse, c'est-à-dire à la dimension cachée de leur être.

Épilogue

Des mythes qui auréolent une discipline millénaire venue de l'Inde lointaine à la réalité d'une pratique contemporaine qui répond à de multiples besoins, j'ai voulu retracer le parcours complexe. De l'épopée d'Alexandre jusqu'au XVIe siècle, nous avons côtoyé l'Inde par éclipses : monde de sages nus et de râjas couverts de diamants, de non-violents à la compassion universelle et d'extrémistes religieux, de solitaires dans leurs grottes et de foules innombrables pérégrinant vers les temples, de saints analphabètes et de puissants métaphysiciens, l'Inde a été l'un des creusets de notre imaginaire et de nos projections. Du XVIe siècle à nos jours, entre aventures marchandes, évangélisation et échanges intellectuels, une connaissance mutuelle a lentement permis de remplacer ces images par des représentations plus vérifiables. Mais l'ancienne fascination n'a pas disparu, même si elle porte aujourd'hui le nom très peu poétique de « choc culturel ». L'Inde, rêvée ou vécue, garde son potentiel d'étonnement, sa fonction de révélateur, elle continue de soutenir une quête d'ailleurs. Elle fait toujours figure d'altérité.

Le yoga est partie prenante de cette rencontre ambivalente par nature. Recyclé dans le mouvement mondial qui permet à l'Occident de s'approprier des traditions orientales, il est devenu une discipline de bien-être et de connaissance de soi. Il offre un support privilégié au souci de se développer, corps et âme, qui est le grand objectif dans des sociétés libérales où l'individu se perçoit comme la mesure des choix et la finalité par excellence. Ce tour imprévu que prend son histoire ne l'éloigne pas autant qu'on pourrait le penser de ses fonctions premières. Du moins, quand on ne se borne pas à une consommation égoïste et simpliste. J'y vois en effet la chance de redonner de la valeur existentielle à trois grandes préoccupations.

L'action juste : elle découle de l'adéquation entre la vie intérieure et les circonstances ou caractéristiques de l'environnement. Or c'est peu de dire que cette harmonie, dans des cultures aussi complexes que les nôtres, devient précaire. Le déphasage entre les rythmes personnels et collectifs fragilise. D'où l'abandon, parfois de toute pensée directrice en ce qui concerne la conduite de l'existence, et un sentiment d'inadaptation qui peut inciter au repli sur soi et à une certaine marginalisation. Le yoga, dont la *Bhagavad Gîtâ* a fait, il y a bien longtemps, la discipline de l'acte désintéressé et libérateur, propose des formes de responsabilité moins volontaristes, plus à l'écoute de la dynamique intime.

L'unité : on rappelle toujours, à juste raison, que « yoga » a pour origine une vieille racine qui signifie « mettre sous le joug ». Le joug est une formidable invention : il permet d'assembler un animal et un attelage, ou bien deux animaux entre eux, pour obtenir un mouvement continu dans une direction donnée. « Yoga », le bien nommé, est depuis l'origine la discipline du rassemblement, de la mise au pas des énergies dispersées en vue d'une marche équilibrée et d'une démarche consentie. Or le manque d'unité déchire les quêtes contemporaines et ce mal-être qui réclame une solution urgente se laisse souvent piéger par des caricatures de l'Un : retour à un grand tout, perte des contours de soi, refus de la définition et de la distinction. Le yoga, aux prises depuis toujours avec le désir d'unité, a mûri le parcours qui permet d'y atteindre : exigence de la discrimination, précision de l'analyse, épreuve des polarités, reconnaissance de la limite. De cela nous pouvons aujourd'hui faire notre miel.

La simplicité, enfin : c'est une autre face de l'unité. Depuis Marx, Nietzsche et Freud, les fractures qui nous traversent individuellement et collectivement sont visibles à l'œil nu, nous condamnant à ne plus ignorer la complexité des jeux de pouvoir et des affects contraires. Cette lucidité est cruelle lorsqu'elle semble n'avoir d'autre but que le soupçon et le doute permanents. Entre « ce que je suis », « ce que je pense » et « ce que je fais », l'écart est-il irrémédiable ? Le yoga montre pourtant l'accès à la simplicité du « qui suis-je ? ». S'il exige un certain détachement qui libère de la multiplicité des objets, intérieurs et extérieurs, il ouvre sur l'être profond, qui s'éprouve comme stable et pacifié. Quitter l'avoir des certitudes toutes faites pour s'exposer au risque de la reconnaissance de cet être profond, que l'Inde appelle le Soi, est une expérience singulière et souvent douloureuse. Mais cette singularité et cette possible souffrance ont un sens : se rencontrant dans ce qui fait son originalité, la personne vit des « douleurs de croissance » pour remplir les exigences nées de cette rencontre. En ceci le yoga est bien proche de certains aspects de la psychanalyse.

L'action juste, l'unité, la simplicité, il faut les vouloir avec constance car elles n'ont rien de naturel. C'est seulement chez les grands spirituels qu'elles deviennent spontanées… Les vouloir, c'est s'obliger à un chemin ; je dis « s'obliger » non pas comme « se forcer, s'imposer de », mais comme on dit « noblesse oblige ». Touchant à l'essentiel dans l'être humain, le yoga impose une éthique.

Comme on voit, ils sont bien étrangers pour moi le *yoga baba-cool* des années 60 ou la *yoga attitude* du microcosme new-yorkais branché. Non que je les trouve déviants ou hérétiques par rapport à une norme qui serait celle d'un « yoga authentique ». Même les *Yoga Sûtras* de Patañjali laissent largement ouverte la question de l'interprétation et une pléiade d'exégèses y trouve leur compte, légitimant des pratiques parfois très différentes. Simplement, ces yogas de la modernité, et même de l'hypermodernité, comme on se plaît à dire aujourd'hui, ne me paraissent pas faire suffisamment droit à l'illimité qui nous fonde et qui est une forme d'intime transcendance.

Pour autant, je ne leur préfère pas les écoles qui se déclarent « traditionnelles », souvent guettées par l'illusion d'incarner une plus grande vérité historique. Elles aussi sont des interprétations auréolées par l'image d'une doctrine dont les contenus auraient été révélés et définitivement fixés par les maîtres d'autrefois et dont il faudrait suivre à la lettre les enseignements. C'est là encore un piège bien actuel : celui de croire en un passé intangible, que l'on pourrait détenir, par une transmission directe qui n'en changerait rien. Or la nécessaire fidélité n'exclut pas l'inventivité. Bien au contraire : c'est en recréant à sa propre adresse les concepts et la pratique reçus que l'on se rend le plus fidèle à leur esprit. Ainsi, on ne peut être non violent aujourd'hui comme du temps de Bouddha ou même de celui de Gandhi ; mais la non-violence, premier précepte du yoga, reste sa ligne de force incontournable. À nous d'en trouver les chemins, là où nous en sommes.

Le yoga, on l'aura compris, est pour moi une très grande voie. Toujours j'y trouve plus que je n'en peux expérimenter, plus que je n'y cherchais. Il a introduit dans ma vie rigueur et intériorité, et la promesse de cette vigilance tranquille que l'Inde appelle *shanti*, la paix.

ANNEXES

1. Structures administratives du yoga en France

Le monde du yoga n'est pas unifié sur le plan professionnel ; beaucoup d'enseignants préfèrent rester indépendants ; il n'existe pas de diplôme d'État. Cependant, depuis 1967, se sont élaborées des instances de référence et de formation. Nous décrivons ici la principale.

UNION NATIONALE DE YOGA
Revue : *Les Carnets du yoga*

→ 130 associations de pratiquants en métropole et Dom-Tom

UNION EUROPÉENNE DE YOGA

FÉDÉRATION NATIONALE DES ENSEIGNANTS DE YOGA (FNEY)

800 enseignants ; revue : *Revue française de yoga* ; délivre le certificat fédéral ; congrès, séminaires ; formation continue des enseignants.

SYNDICAT NATIONAL DES PROFESSEURS DE YOGA (SNPY)

Défense de la profession, services juridiques, comptables, etc.

ÉCOLES FRANÇAISES DE YOGA

Paris, Aix, Bordeaux, Lille, Lyon, Nantes, Strasbourg ; formation personnelle ; formation professionnelle (4 ans + examens et mémoire)

2. Note sur le CP-FFP d'enseignant de yoga

Il n'existe pas de diplôme d'État d'enseignant de yoga : les diplômes universitaires délivrés par certaines universités, dans lesquels il arrive que le yoga intervienne, ne sont pas des diplômes d'État. Pour combler ce vide, les responsables de la Fédération nationale des enseignants de yoga, qui chapeaute les différentes EFY (Écoles françaises de yoga, de Paris et régionales), ont fait dans le passé de nombreuses démarches, mais il n'a pas été possible de trouver une place qui convienne au yoga dans aucune structure administrative d'État.

Devant cette difficulté, les dirigeants de l'EFY de Paris se sont tournés vers les structures privées, d'importance considérable, qui ont développé tout un système de validation de la qualité dans la formation. L'EFY de Paris, organisme de formation, a été qualifiée par l'ISQ (« Intellectual Services Qualification ») dans deux domaines répertoriés : « développement personnel » et « formations spécifiques à des métiers ».

Ayant obtenu cette qualification, l'EFY a pu demander et obtenir son adhésion à la Fédération de la formation professionnelle (FFP), un très gros organisme, réunissant plusieurs centaines d'associations ou d'entreprises qui font de la formation dans toutes sortes de domaines (des cours de langues à l'aide à domicile ou à la fabrication des bétons…).

Ces différentes démarches supposent des audits et des procédures de vérification exigeants. En 2010, l'EFY de Paris a obtenu de la FFP la délivrance du « certificat professionnel de professeur de yoga », reconnu au niveau national.

Informations :

www.efy.asso.fr
www.ffp.org
www.cpffp.com

Lexique

La transcription des mots sanskrits ne respecte pas les normes scientifiques, mais permet une lecture simple de ces termes. Le *u* se prononce *ou*, le *ch* se prononce *tch*.

advaita : non-dualité ; doctrine de l'unité absolue du réel sous l'apparence de la multiplicité et de la différence ; interprétation moniste des *Upanishads* par le vedânta shankarien.
abhinivesha : attachement obstiné aux choses ou aux êtres, d'où naît la peur de perdre.
ahimsâ : non-nuisance ; non-violence ; amour.
anga : membre, partie d'un organisme ou d'un tout.
aparigraha : refus des richesses indues, non-possessivité.
âsana : posture, position maintenue pendant une durée plus ou moins longue, fermement mais sans contractures, et fondée sur des lois énergétiques précises.
ashrâma : stade de la vie ; lieu de vie renoncée.
asteya : non-convoitise, fait de ne pas voler.
âtman : « soi-même » ; Soi en tant que principe éternel, présent dans les profondeurs de la psyché humaine ; souffle vital.
bandha : contraction musculaire destinée à guider le *prâna* selon certains circuits énergétiques ; dans le

hatha-yoga, il existe trois *bandhas* classiques : *mûladhara-bandha, uddiyâna-bandha* et *jâlandhara-bandha*.

bhakti : participation unitive au divin, dévotion amoureuse envers la Personne divine ; le *bhakta* est le dévot.

brahmachârya : chasteté corporelle, pureté de l'imagination ; premier âge de la vie.

brahman : puissance mystérieuse qui fonde l'efficacité du rite védique et réside dans la formule sacrée ; Absolu, à la fois transcendant et immanent ; conscience animant le cosmos.

chakra : roue de char ; disque tournoyant du dieu Vishnu ; centre énergétique présidant, sur le plan subtil, à des fonctions spirituelles, psychiques et corporelles.

darshana : point de vue sur l'être, voie de salut s'appuyant sur une philosophie.

dhâranâ : sixième étape des *Yoga Sûtras* de Patañjali, état de conscience concentré.

dharma : ordre cosmique fondant la morale hindoue et l'organisation de la société.

dhyâna : septième étape des *Yoga Sûtras*, état méditatif profond qui peut s'appuyer encore sur des représentations mentales, ou tendre au vide des concepts.

dîkshâ : initiation permettant aux *aryas* de première et deuxième castes de « naître une deuxième fois » en accédant à la dimension spirituelle.

guru : maître spirituel.

hatha : effort intense, d'où surcroît de force donné par la pratique régulière du *hatha-yoga*.

indriya : organe des sens, comme l'ouïe, la vue, etc. ; organe d'action, comme la main, le pied, etc.

îshvara : désignant le « divin » en général, il peut, selon le contexte, se rapporter à un dieu personnel ou au Principe, à l'Absolu (voir aussi *pranidhâna*).

îshvara-pranidhâna : abandon du vouloir propre au profit de la volonté divine.

jivan-mukta : libéré-vivant, sage ayant atteint la réalisation, mais continuant de vivre et d'agir dans ce monde.

jñâna : gnose ou connaissance suprême du divin, au-delà du mental et de l'intellect.

kaivalya : libération, autonomie du principe spirituel ; la finalité du yoga de Patañjali.

kali : « sombre », comme dans *kali yuga*, l'« âge sombre » ; la grande déesse Kalî symbolise l'aspect mystérieux de la transcendance.

karma : dans les *Vedas*, l'acte rituel ; à partir des *Upanishads*, toute action ; conséquence des actes ; loi de cause à effet qui fonde la réincarnation.

krama : degré ; désigne les voies dans lesquelles l'accès aux états supérieurs de conscience suppose des méthodes progressives.

kundalinî : littéralement « lovée » ou « endormie », c'est l'énergie latente qu'active la pratique du *hatha-yoga* tantrique.

lingam : symbole ; signe de vie et de fécondité ; représentation phallique, particulièrement dans le culte de Shiva.

manas : mental, intellect, centre interne qui organise les perceptions des sens.

mantra : formule sacrée dont la répétition purifie le mental et fait accéder à la méditation.

mârga : chemin, voie spirituelle.

mauna : silence rituel, silence volontaire du solitaire.

mudrâ : geste symbolique qui, avec les *bandhas*, donne à la posture son sens profond.

nâda : son ; les dieux créant le monde à partir des vibrations sonores, le son devient le support d'une véritable voie spirituelle, le *nâda-yoga*.

nâdî : ligne énergétique selon laquelle circule le *prâna* dans le corps subtil.

niyamas : ensemble des observances permettant au yogi d'avancer sur la voie en surmontant les obstacles psychologiques inhérents à la nature humaine, deuxième étape des *Yoga Sûtras*.

pâda : pied, mètre poétique, chapitre.

prâna : désigne la dimension énergétique de tout phénomène dans le monde et en l'homme ; identifié au vent, il se manifeste aussi par le souffle, mais différencié en fonctions par les sept *chakras*, c'est encore lui qui préside à tous les aspects de la vie organique, psychique et spirituelle.

prânâyâma : respiration consciente ; les exercices permettant d'obtenir des effets psychosomatiques particuliers.

pranidhâna : abandon de soi au dieu personnel, comme dans la *bhakti*, ou au principe, comme dans les *Yoga Sûtras*.

pratyâhâra : recueillement, cinquième étape des *Yoga Sûtras*.

purusha : homme cosmique dans les anciens mythes, il devient l'Esprit comme pôle complémentaire de la matière (*prakriti*).

rishi : voyant, sage et poète védique ; titre encore donné aux grands spirituels, comme Ramana Maharshi.

rita : action d'ajuster, acte rituel collaborant au maintien de l'ordre cosmique.

sâdhaka : celui qui pratique une *sâdhana*, une discipline spirituelle.

sâdhana : discipline spirituelle (yoga, vedânta, sâmkhya, etc).

samâdhi : huitième et dernière étape des *Yoga Sûtras* de Patañjali, expérience unitive dans laquelle le moi se joint, momentanément ou durablement, au Dieu ou à l'Absolu.

sâmkhya : système (*darshana*) présentant la réalité comme manifestation d'étapes successives à partir d'un principe naturel primordial (*prakriti*), tandis que l'Esprit (*purusha*) est non affecté. Le *sâmkhya* a donné beaucoup de notions philosophiques au yoga classique.

samnyâsa : quatrième stade de la vie (*ashrâma*) ; renoncement aux prérogatives de la vie sociale au nom de l'appel du divin ; le renonçant est un *samnyâsin.*

samsâra : cycle continu de naissances et de morts qui marque tout être du sceau répétitif de l'éternel retour, sauf si les individus sont libérés par la pratique des voies spirituelles.

samtosha : contentement.

svâdhyâya : étude de la tradition.

satya : véracité, conformité au réel.

shakti : puissance divine consciente, représentée comme l'épouse d'un dieu dans sa fonction créatrice, elle devient dans le shivaïsme la Grande Déesse parèdre de Shiva.

sharîra : le corps.

shaucha : propreté interne et externe.

soma : boisson enivrante utilisée dans le rituel védique et sacralisée comme moyen d'entrer en extase, d'accéder au monde des dieux.

sthira-sukha : « ferme et souple », « rigoureux et adaptable », ce sont les deux qualités complémentaires qui président à l'esprit du yoga.

sûtra : fil, fil conducteur, traité.

tapas : chaleur, énergie dégagée par la pratique fervente, ardeur, ascèse.

veda : science spirituelle, dispensée dans les Écritures sacrées que sont les quatre *Vedas.*

vedânta : école philosophique qui prône le salut par l'identification du Soi individuel et du *brahman* neutre, et par le discernement qui permet de lever l'illusion d'une existence séparée. On distingue un vedânta moniste (celui de Shankara) et un vedânta dévotionnel (celui de Ramanuja).

viveka : discernement.

yamas : attitudes renoncées, première étape des *Yoga Sûtras*.

yoga : de la racine *yuj*, « unir en mettant sous le joug », le yoga est d'abord la discipline unifiant en l'homme les dualités, lui permettant ainsi de participer à la vie divine, celle de l'« Un sans second » des *Upanishads*.

Notes

Préface

1. Voir Ysé Tardan-Masquelier, *Un milliard d'hindous. Histoire, croyances, mutations*, Paris, Albin Michel, 2007.

2. Je parle plus loin de ces organismes et de leur rôle. Ils sont connus comme faisant partie de la « rue Aubriot », du nom de leur adresse parisienne.

I. État des lieux

1. Ces « prescriptions » – « tête en arrière » et « bouche grande ouverte » – administrent la preuve que le Dr Muret ne connaît absolument rien au yoga, car tous ceux qui ont pris ne serait-ce qu'un ou deux cours savent que l'on respire par le nez, la nuque longue et le menton légèrement rentré !

2. Titre du gros dossier du *Canard enchaîné* de juin 1990.

3. *Lettres à l'ashram*, Paris, A. Maisonneuve, 1937, pp. 133, 139 et 142.

4. Ghislaine Guillemin et André Monjardet, « La pratique du yoga dans les Hautes-Alpes. Enquête psychosociologique », in *Carnets du yoga*, revue de l'UNY, n° 136, février 1989, pp. 2-11, et n° 137, mars 1989, pp. 2-12.

5. Voir le magnifique travail de Christiane Berthelet Lorelle, qui est psychanalyste et qui utilise le yoga avec ses patients, de manière complémentaire mais sans mêler les deux

voies : *La Sagesse du désir. Yoga et Psychanalyse*, Paris, Le Seuil, 2003.

6. Voir annexes 1 et 2.

II. Retour aux origines

1. C'était l'hypothèse d'un certain nombre d'historiens des religions, en particulier de Mircea Eliade, dans *Le Yoga, immortalité et liberté*, Paris, Payot, 1952, et également, avec des fondements historiques à questionner, d'Alain Daniélou dans *Shiva et Dionysos*, Paris, Fayard, 1979.

2. *Rig Veda* I, 164, 39.

3. *Jaiminîya Upanishad Brâhmana* III, 16, 1.

4. J'emprunte l'expression à Mircea Eliade, qui l'avait choisie comme titre de son livre sur le chamanisme et qui me paraît bien convenir ici malgré la différence d'époque et de culture.

5. *Taittirîya Samhitâ*, 3, 2, 5.

6. L'expression est d'Alan Watts qui, avec Timothy Leary, a été le théoricien du mouvement hippie californien, où l'on utilisait des drogues pour « voyager » dans d'autres dimensions de la conscience.

7. La constitution même du mot « ex-stase » indique un état dans lequel le moi est arraché à lui-même et transporté « ailleurs » ; le mot « en-stase » convient donc mieux à une voie d'intériorité où le Soi se révèle à la fine pointe des profondeurs de la personnalité.

8. Voir l'article de Walter Kaelber « *Tapas*, birth and spiritual rebirth », dans la revue *History of Religions*, éditée sous la direction de Mircea Eliade et ses successeurs à l'université de Chicago, n° 15, 1976, 4, pp. 343-386.

9. À vrai dire, les premières grandes *Upanishads* sont antérieures : la *Chândogya* et la *Brihad Âranyaka* datent sans doute du VIIIe siècle.

10. Huit d'entre elles ont été traduites et annotées par Jean Varenne, *Upanishads du yoga*, Gallimard-Unesco, 2e éd., 1990.

11. Voir aussi « La voie du souffle », *Revue française de yoga*, n° 28, août 2003.

12. *Prashna Upanishad* II, 1, 6.

13. *Atharva Veda* 11, 4 ; traduction et commentaire de Jean Varenne, *Revue française de yoga*, ancienne série, janvier 1982, n° 6, pp. 38-46.

14. *Shatapatha-Brâhmana*, 10, 6, 2.

15. *Prashna Upanishad*, III, 3.

16. *Taittirîya Âranyaka Upanishad* X, 1. (Les *Âranyaka* sont des traditions d'ascètes de la forêt à la charnière des époques védique et upanishadique.)

17. *Mahâ Nârâyana Upanishad* 152 et *Mundaka Upanishad* I, 1, 7.

18. *Birhad Âranyaka Upanishad* III, 7, 23 ; *Maitrâyanîya Upanishad* III, W ; *Shvetashâhvatâra Upanishad* III, 20 ; *Mundaka Upanishad*, 2, 2, 6.

19. Ce très court texte – pas plus de quatre pages dans la traduction qu'en a donnée Louis Renou en 1943 aux éditions Adrien Maisonneuve – fait partie de la « grande » tradition upanishadique. Son thème est on ne peut plus simple : sous tout phénomène, toute forme, toute perception, tout mouvement de pensée, réside l'unique *brahman-âtman ;* comprendre cela, c'est être sauvé.

20. *Lois de Manu* II, 3-4.

21. Madeleine Biardeau, *L'Hindouisme, anthropologie d'une civilisation*, Paris, Flammarion, 1981, p. 78.

22. *Kaushitaki Upanishad* II, 5.

23. *Rig Veda* X, 121, 31-32.

24. Chapitre VI, versets 10 à 14 de la traduction la plus accessible, celle d'Anne-Marie Esnoul et Olivier Lacombe, dans la collection « Points Sagesse » au Seuil.

25. *Bhagavad Gîtâ* III, 22, 24 ; II, 47 ; V, 18, 23, 25 ; II, 50, 58.

26. *Bhagavad Gîtâ* II, 71 ; II, 61 ; VIII, 7-8.

27. *Brihad Âranyaka Upanishad* IV, III, 1.

28. Sur l'ensemble de cette question, voir le n° 1 de la *Revue française de yoga*, « De maître à discipline », qui réunit, sur deux cents pages, des analyses descriptives et thématiques touchant aux différentes traditions (éd. FNEY, 1990) ; ainsi que le numéro de la revue *Hermès*, « Le maître spirituel » (réédition Les Deux Océans, 1983).

29. C'est-à-dire qu'il atteint l'immortalité. Ce sont les dernières lignes de l'une des plus grandes *Upanishads*, la *Chândogya* (VIII, XV, 1). Brahmâ, Prajâpati et Manu, dieux du panthéon hindou, relient cette lignée à l'originel.

30. *Bhagavad Gîtâ* V, 4.

31. Il faudrait pouvoir commenter longuement chaque *yama* et *niyama*, ce qui n'est pas l'objet de ce livre. Cependant, à propos de la « chasteté », tellement de malentendus se sont développés, eu égard à notre difficulté relationnelle avec le corps, qu'il paraît utile de préciser quelques points : « Il n'est pas question de l'abstention de l'acte sexuel, mais bien de toutes les sortes d'émotions qui lui sont inhérentes afin que celui-ci ne soit entièrement éclairé que par le sentiment unique d'amour total, pleine expression de cette tendance incommensurable que seul permet l'abandon de toute recherche égoïste ou d'une quelconque satisfaction personnelle » (Patrick Tomatis, *Revue française de yoga*, ancienne série, printemps 1987, n° 28-29, p. 59).

32. Là encore, il s'agit d'une pratique globale impliquant toutes les dimensions de l'être, et pas seulement corporelle ou morale : « *Shaucha*... se subdivise en deux grandes catégories : la pureté extérieure et la pureté intérieure... La pureté extérieure comprend elle-même la pureté du corps, la pureté du lieu et la pureté de l'orientation... La pureté intérieure est celle de l'"être". Elle est le fruit de la possession des "trésors célestes" ou "vertus" qui représentent les qualités spécifiques à l'être humain » (*ibid.*, pp. 60-62).

33. Traduction inspirée de celle de Françoise Mazet, *Yoga Sûtras*, Paris, Albin Michel, 1991, pp. 102-123.

III. Les traditions indiennes de yoga

1. *Sept récits initiatiques tirés du Yoga Vashistha*, traduits du sanskrit avec introduction et notes par Michel Hulin, Paris, Berg International, 1987.

2. *Yogayâjñavalkyam, corps et âme, le yoga selon Yâjñavalkya*, traduit du sanskrit, présenté et annoté par Philippe Geenens, Paris, Gallimard, 2000.

3. *Upanishads du yoga*, traduites du sanskrit et annotées par Jean Varenne, Paris, Gallimard-Unesco, « Idées », 1971, comprenant : *Yogatattva, Dhyânabindu, Yogakundalinî, Kshurikâ, Hamsa, Amritanâda, Amritabindu, Mahâvâkya Upanishad.*

4. Traduction, introduction et notes de Tara Michaël, Paris, Fayard, coll. « Documents spirituels », 1974.

5. *Le Yoga du corps, la Gheranda samhitâ*, traduction et commentaires de Jean Papin, Paris, Dervy éd., 1992.

6. *Les Yogasûtra de Patañjali, avec le commentaire de Bhoja*, introduction et traduction de Philippe Geenens, Paris, éd. Agamat, p. 137.

7. *Yoga Darshana Upanishad* I, 7, trad. Jean Varenne, in *Le Yoga et la Tradition hindoue*, Paris, Denoël, 1973, p. 233.

8. *Lois de Manu* VI, 34-36.

9. Abhinavagupta, *Anubhavanivedana*, *in* L. Silburn, *Hymnes de Abhinavagupta*, Paris, éd. de Boccard, 1970, p. 38.

10. *Les Dits de Lalla et la Quête mystique.* XIVe *siècle au Cachemire*, trad. M. Bruno, Paris, Les Deux Océans, 1999.

11. Toukaram, *Psaumes du Pèlerin*, trad. Guy Deleury, Paris, Gallimard, 1956.

12. *Au cabaret de l'amour. Paroles de Kabîr*, trad. C. Vaudeville, Paris, Gallimard, 1959.

13. Maître spirituel dans l'islam indien.

14. Voir le beau livre de Jackie Assayag, *Au confluent de deux rivières. Musulmans et hindous dans le sud de l'Inde*, Paris, Presses de l'École française d'Extrême-Orient, 1995.

15. Sur cette difficulté, voir André Padoux, *Comprendre le tantrisme*, Paris, Albin Michel, 2010, chap. I, « Le domaine tantrique ».

16. Ne pas confondre *yoga* et *yuga*, le « cycle » !

17. Kshemarâja (XIe siècle, shivaïsme cachemirien) dans le *Pratyabhijnâhridaya*, traduction d'André Padoux, « Corps et cosmos, l'image du corps du yogin tantrique », in *Images du corps dans le monde hindou*, V. Bouillier et G. Tarabout (dir.), Paris, éd. du CNRS, 2002, p. 167.

18. F. Bhattacharya, « De sang et de sperme. La pratique mystique baul et son expression métaphorique dans les chants », in *Images du corps dans le monde hindou*, *op. cit.*, p. 246.

19. *Le Vijñâna Bhairava*, texte traduit et commenté par Lilian Silburn, Paris, de Boccard, 1983, pp. 23 et 60.

20. C. Vaudeville, *Kabîr*, Oxford, Clarendon Press, 1974, p. 96.

21. Sur les *bandhas* et les *mudrâs*, voir « Le geste sacré », *Revue française de yoga*, n° 30, juillet 2004.

22. Voir André Padoux, *Recherches sur la symbolique et l'énergie de la parole*, Paris, Le Soleil noir, 1980, et ici même, dans chapitre II, « Le son, vibration créatrice ».

23. Cité par G. Tarabout, « Résonances et métaphores corporelles dans l'astrologie appliquée aux temples (Kerala) », in *Images du corps*, *op. cit.*, p. 156.

24. Cité par Solange Lemaître, *Râmakrishna et la vitalité de l'hindouisme*, Paris, Le Seuil, coll. « Maîtres spirituels », 1975, pp. 88-89.

25. *Ibid.*, p. 96.

26. *L'Enseignement de Ramâkrishna*, paroles réunies et annotées par Jean Herbert, Paris, Albin Michel, 1949, p. 464.

27. *Ibid.*, p. 463.

28. *Ibid.*, p. 465.

29. Cité par Romain Rolland, *La Vie de Vivekânanda et l'Évangile universel*, Paris, Stock, 1930, p. 173.

30. *Ibid.*, p. 189.

31. *Ibid.*, p. 196.

32. *La Synthèse des yoga*, t. I, *Le Yoga des œuvres*, trad. française, Paris, Buchet-Chastel, 1972, p. 3.

33. A. Osborne, *Ramana Maharshi et le Sentier de la connaissance de soi*, trad. française, Neuchâtel, Attinger, 1957, p. 19.

34. *L'Enseignement de Ramana Maharshi,* traduit par Dupuis, Perelli et Herbert, Paris, Albin Michel, 1972, par. 383, p. 374.

35. Voir l'entretien avec Chadwick *in* A. Osborne, *Ramana Maharshi...*, *op. cit.*, pp. 161-162.

36. *L'Enseignement de Ma Ananda Moyi*, traduit par Josette Herbert, Paris, Albin Michel, 1974, pp. 292-293.

37. *Ibid.*, p. 302.

38. « Discipleship », *The Voice of India*, nov. 1946, p. 170, cité par Guy Bugault, *L'Inde pense-t-elle ?*, Paris, PUF, 1994, p. 79.

IV. Le yoga : une sagesse

1. Christiane Berthelet Lorelle, *La Sagesse du désir. Le yoga et la psychanalyse*, Paris, Le Seuil, 2003, p. 341.

2. C.G. Jung et Ch. Kerenyi, *Introduction à l'essence de la mythologie*, Paris, Payot, 1951, p. 117.

3. *Hatha Yoga Pradîpikâ*, 32, *op. cit.*, p. 107.

4. Voir Ysé Tardan-Masquelier, *Carnets du yoga*, n° 117, mars 1990, pp. 30-33.

5. K.G. Durkheim, *Le Hara*, Paris, Le Courrier du livre, 1974, p. 97. À paraître : « Être debout, marcher », *Revue française de yoga*, n° 32, juillet 2005.

6. Voir Ysé Tardan-Masquelier, « S'asseoir, être assis », *Carnets du yoga*, n° 83, novembre 1986, pp. 23-32, et « Postures de l'assise », *Revue française de yoga*, n° 22, juillet 2000.

7. *Dhyânabindu Up. 42-43*, *Upanishads du yoga, op. cit.*

8. Pour une étude détaillée, voir « La voie du souffle », *Revue française de yoga,* n° 28, août 2003.

9. Cité par M. Plourde, *Paul Claudel. Une musique du silence,* Montréal, 1970, p. 77.

10. Paul Claudel, *La Ville*, in *Œuvres en prose*, Paris, Gallimard, p. 1407.

11. Témoignage cité par Monique Dupuy et Henriette Martin, professeurs de yoga, dans *Le Yoga et les femmes*, Paris, éditions M.A., 1985, p. 151.

12. *Mahâbhârata*, I, 1, 273.

13. Les *Lois de Manu*, ou *Manava dharma shâstra*, datant du IIe siècle avant Jésus-Christ au IIe siècle après, élaborent toutes les règles de la société indienne du point de vue de ceux qui possèdent le plus haut degré de pureté, les brahmanes.

14. Pour une étude plus détaillée des âges de la vie, Ysé Tardan-Masquelier, *L'Hindouisme. Des origines védiques aux courants contemporains*, Paris, Bayard, 1999, pp. 160-172.

15. J'emprunte cette expression à Dominique Galet-Lalande : « Quatre années d'aventure avec des enfants », *Carnets du yoga*, n° 84, décembre 1986.

16. Voir aussi Ysé Tardan-Masquelier, « Une expérience du yoga avec des adolescentes », *Revue française de yoga*, ancienne série, n° 31, hiver 1987.

17. Voir Colette Feuerstein, « Une pratique du yoga dans une maison du troisième âge », *Carnets du yoga*, n° 88, avril 1987.

18. Sur ce sujet, une énorme bibliographie a fleuri en quelques années, attestant de l'intensité de l'attente. Citons les ouvrages d'Élisabeth Kübler-Ross, le livre de Patrice Van Eersel, *La Source noire*, Paris, 1987, et les nombreuses traductions du *Bardo-Thodol* tibétain.

19. « Passages, seuils, mutations », *Revue française de yoga*, n° 13, janvier 1996, p. 228.

20. Christiane Berthelet Lorelle, *La Sagesse du désir. Le yoga et la psychanalyse*, *op. cit.*, pp. 107 et 12.

21. Voir, par exemple, *L'Enseignement de Râmakrishna*, *op. cit.*, ou *L'Enseignement de Ma Ananda Moyi*, *op. cit.*

22. Différence que, dans son interprétation partisane, Étienne Dahler n'a pas vue, ou pas voulu voir, puisqu'il veut montrer que le « libéré-vivant » méprise la vie, la sienne propre et celle des autres (*Des bords du Gange aux rives du Jourdain*, Fribourg, éd. Saint-Paul, 1983, pp. 81 et suivantes).

23. *Les Traités*, J. Ancelet-Hustache (éd.), Paris, Le Seuil, 1971, p. 79.

24. R.P. Bruno de J.M., *Vie d'amour de saint Jean de la Croix*, Paris, Desclée de Brouwer, 1935, p. 122.

25. *La Pierre brillante*, IX.

26. G. Guillemin et A. Monjardet, « La pratique du yoga dans les Hautes-Alpes. Enquête psychosociologique », in *Carnets du yoga*, n° 136, février 1989, pp. 2-11, et n° 137, mars 1989, pp. 2-12.

V. Entre Orient et Occident

1. Voir Raymond Schwab, *La Seconde Renaissance*, Paris, Payot, 1950, et Christine Maillard, *L'Inde vue d'Europe. Histoire d'une rencontre (1750-1950)*, Paris, Albin Michel, 2008.

2. Hélène Stork, *Enfances indiennes. Étude de psychologie transculturelle et comparée du jeune enfant*, Paris, Le Centurion, 1986.

3. VI, 1.
4. Matthieu 25, 14-30.
5. Luc 12, 24-27 et Matthieu 6, 25-34.
6. Voir Daniel Roumanoff, *Svâmi Prajnanpad*, Paris, La Table ronde, 1990, tome II, p. 108-116.
7. Matthieu 5, 36.
8. Celle dont Jésus s'entretient avec Nicodème dans Jean, 3, 1 à 21.
9. Titre de son beau livre paru à Genève, Labor et Fides, 1996.
10. Citons : L. Fleurian, *Le Yoga et l'Occultisme à la lumière de l'Évangile* ; L.C. Sadrin, *Le Yoga à la lumière de la foi* ; M. Ray, *Non au yoga*.
11. J'ai protesté, en son temps, dans *Le Monde* du 26 janvier 1990, contre cette assimilation entre des disciplines millénaires comme le yoga ou le zen, et une création toute récente dont certains considèrent qu'elle a toutes les caractéristiques d'une secte, la M.T. On trouvera le texte complet de la lettre aux évêques, ma réponse, la mise au point des évêques d'Asie et d'autres contributions dans le numéro triple des *Carnets du yoga*, n° 121, juillet-août-septembre 1990.
12. « La vingtaine relative au grand enseignement », 8, *Hymnes de Abhinavagupta*, trad. L. Silburn, Paris, Éd. de Boccard, 1970, p. 78.
13. « Prière et méditation sans objet. Réflexions d'un débutant du troisième âge », *Bulletin trimestriel de la Maison de Tobie*, n° 53, septembre 2002.
14. *Bulletin du Conseil pontifical pour le dialogue interreligieux*, 1993, n° 84, et *La Documentation catholique*, 20 mars 1994, n° 2090, pp. 291-297.
15. On peut retrouver le *Bulletin spécial du DIM* sur le site www.dimmid.org.
16. *Brihad-Âranyaka Upanishad* 11, 5, 4.
17. *L'Enseignement de Ramana Maharshi*, Dupuis, Perelli et Herbert éd., Paris, Albin Michel, 1972, lors d'un entretien avec l'indianiste Evans-Wentz.
18. Voir H. Hartung, *Présence de Ramana Maharshi*, Paris, Cerf, 1979, et Dervy Livres, 1989.
19. *Mahâ Nârâyana Upanishad*, versets 201 et 469.

20. Ce sont les portes monumentales des temples tamouls qui s'aperçoivent de très loin et sont particulièrement belles à l'aurore et au crépuscule.

21. Henri Le Saux-Swami Abhishiktananda, *Souvenirs d'Arunâchala. Récits d'un ermite chrétien en terre hindoue*, Paris, Épi, 1978, pp. 57-58.

22. Henri Le Saux, *Les Yeux de lumière. Écrits spirituels*, Paris, Le Centurion, 1979.

Bibliographie succincte

On trouvera une mine d'informations, études de fond, enquêtes, etc., dans :

– la *Revue française de yoga*, éditée par la Fédération nationale des enseignants de yoga (FNEY, 3, rue Aubriot, 75004 Paris) ; deux numéros de 250 pages par an ;
– les *Carnets du yoga*, mensuel édité par l'Union nationale de yoga (UNY, 3, rue Aubriot, 75004 Paris) ;
– sur le site web : www.lemondeduyoga.org

Traductions des Yoga Sûtras

Propos sur la liberté. Commentaires des Yoga Sûtras de Patanjali, traduction, commentaires Satyananda Sarasvati, Bihar School of Yoga et Union européenne des fédérations de yoga, 1984 (épuisé).

La Voie du yoga. Yoga Darshana. Les aphorismes de Patanjali, traduction, commentaires Jean Papin, Paris, Dervy Livres, 1984.

Yoga Sûtras, traduction, commentaires Françoise Mazet, Paris, Albin Michel, 1991.

I.K. Taimni, *La Science du yoga, de l'humain au divin*, Madras, Adyar, 1961 et trad. française, Paris, Adyar, 1980.

Les Yoga Sûtras de Patanjali avec le commentaire de Bhoja, introduction, traduction Philippe Geenens, Paris, éd. Âgamât, 2003.

Yoga Sûtras, introduction, traduction, commentaires Alyette Degrâces, Paris, Fayard, 2004.

Études sur le yoga (hors méthodes de yoga, trop nombreuses pour être présentées ici)

Christiane Berthelet Lorelle, *La Sagesse du désir. Le yoga et la psychanalyse*, Paris, Le Seuil, 2003.

Mircea Eliade, *Le Yoga, immortalité et liberté*, Paris, Payot, 1954 ; *Patanjali et les Yoga Sûtras*, Paris, Le Seuil, coll. Maîtres spirituels, 1976.

Pierre Feuga et Tara Michaël, *Le Yoga*, Paris, PUF, Que sais-je ?, 1998.

Tara Michaël, *Introduction aux voies de yoga*, Paris, éd. du Rocher, 1980 ; *Aspects du yoga*, éd. du Rocher, 1986.

Ysé Tardan-Masquelier, *Le Yoga*, Paris, 2e éd., Plon-Mame, 1995.

Jean Varenne, *Aux sources du yoga*, Paris, éd. J. Renard, 1989.

Le contexte indien (hindouisme et tantrisme)

Madeleine Biardeau, *L'Hindouisme, anthropologie d'une civilisation*, Paris, Flammarion, coll. Champs, 1981 (rééd. revue et augmentée de *Clefs pour la pensée hindoue*).

André Padoux, *Comprendre le tantrisme. Les sources hindoues*, Albin Michel, 2010.

Ysé Tardan-Masquelier, *Un milliard d'hindous. Histoire, croyances, mutations*, Albin Michel, 2007.

Études sur le corps

Les Chemins du corps, Ysé Tardan-Masquelier (dir.), Paris, Albin Michel, 1996.
Revue française de yoga, Ysé Tardan-Masquelier (dir.), éd. Dervy-FNEY :
« La relation corps-esprit », n° 29, janvier 2004 ;
« Le corps médiateur », n° 33, janvier 2006 ;
« Le corps, le sujet, l'altérité », n° 35, janvier 2007 ;
« Le cours de yoga », n° 40, juillet 2009 ;
« La dynamique du désir », n° 41, janvier 2010 ; etc.
Images du corps dans le monde hindou, Véronique Bouillier et Gilles Tarabout (dir.), Paris, éd. du CNRS, 2002.
David Le Breton, *Anthropologie du corps et modernité*, Paris, PUF, 1990.

Études sur l'interculturel et l'interreligieux

Christine Maillard, *L'Inde vue d'Europe. Histoire d'une rencontre (1750-1950)*, Albin Michel, 2008.
Doctrine de la non-dualité et christianisme. Jalons pour un accord doctrinal entre l'Église et le vedânta, par un moine d'Occident, Dervy, Paris, 1982.
Les Spiritualités au carrefour du monde moderne. Traditions, transitions, transmissions, Ysé Tardan-Masquelier (dir.), Paris, Centurion, 1994.
Michel Meslin *et al.*, *Maître et disciples dans les traditions religieuses*, Paris, Le Cerf, 1990.
Le Livre des sagesses, Frédéric Lenoir et Ysé Tardan-Masquelier (dir.), Paris, Bayard, 2001.

Table

DU MÊME AUTEUR

Jung et la question du sacré, Albin Michel, 1988

Le yoga, Plon, 1995

Les chemins du corps. Assises nationales du yoga (dir.), Albin Michel, 1996

La sagesse, Desclée de Brouwer, 2001

Un milliard d'hindous. Histoire, croyances, mutations, Albin Michel, 2007

Les maîtres des Upanishads. La Sagesse qui libère, Points, 2014

Petite spiritualité du yoga, Bayard, 2018

ESPACES *libres*

TITRES PARUS

Psychologie

Pourquoi j'ai faim ? De la peur de manquer à la folie des régimes, Marie Thirion
Empathie et manipulations. Les pièges de la compassion, Serge Tisseron
Père-fille, une histoire de regard, Didier Lauru
Les verrous inconscients de la fécondité, Joëlle Desjardins-Simon et Sylvie Debras
La pornographie, une agression sexuelle sur mineurs, Gérard Bonnet
Le harcèlement fusionnel. Les ressorts cachés de la dépendance affective, Eudes Séméria

Histoire

Les routes de l'esclavage. Histoire des traites africaines, VIe-XXe siècle, Catherine Coquery-Vidrovitch
Les juifs dans le Coran, Meir M. Bar-Asher

Idées

Pourquoi lire les philosophes arabes. L'héritage oublié, Ali Benmakhlouf
Et si Platon revenait... Un regard philosophique sur le monde d'aujourd'hui, Roger-Pol Droit
Arendt et Heidegger. La destruction dans la pensée, Emmanuel Faye
Walden ou La vie dans les bois, Henry David Thoreau
N'oublie pas de vivre, Pierre Hadot

Le ventre des femmes. Capitalisme, racialisation, féminisme, Françoise Vergès

Sagesses

Le Cercle de vie. Initiation chamanique d'une psychothérapeute, Maud Séjournant
La sagesse des contes, Alexandro Jodorowky
Thérapie de l'âme, Cheikh Khaled Bentounès

Sciences

Notre troisième cerveau. La nouvelle révolution psychologique, Jean-Michel Oughourlian
Le vivant comme modèle. Pour un biomimétisme radical, Gauthier Chapelle et Michèle Decoust
Biodiversité. L'avenir du vivant, Patrick Blandin
Vie et mœurs des abeilles, Karl von Frisch
Conversations avec le Sphinx. Les paradoxes en physique, Étienne Klein

Spiritualités vivantes

Les Quatre Vivants de l'Apocalypse, Michel Fromaget
Le Coran. Essai de traduction, Jacques Berque
L'Apocalypse de Jean, traduite et commentée par Jean-Yves Leloup
Le guide du yoga, Shrî Aurobindo
La respiration essentielle, suivi de *Notre rendez-vous avec la vie*, Thich Nhat Hanh,
Le langage des oiseaux, Farîd-ud-Dîn 'Attar
La Bhagavad-Gîtâ ou le grand Chant de l'Unité, commentée par Gisèle Siguier-Sauné
Le féminin de l'Être. Pour en finir avec la côte d'Adam, Annick de Souzenelle
L'Évangile de Jean, traduit et commenté par Jean-Yves Leloup

L'Évangile de Philippe, traduit et commenté par Jean-Yves Leloup
L'Évangile de Marie. Myriam de Magdala, traduit et commenté par Jean-Yves Leloup
Les récits d'un pèlerin russe
L'Autre Dieu. La plainte, la menace et la grâce, Marion Muller-Colard
Yoga-sutras, Patanjali
Contes de sagesse de Rabbi Nahman de Braslav, Adin Steinsaltz
Aux sources de la joie, Mâ Ananda Moyî
La montagne dans l'océan. Méditation et compassion dans le bouddhisme et le christianisme, Jean-Yves Leloup
Bardo Thödol. Le livre tibétain des morts
Le livre des œuvres divines, Hildegarde de Bingen
Les Psaumes, traduits et présentés par Patrick Calame et Frank Lalou
La Passion de Thérèse d'Avila, Christiane Rancé
La Bhagavad-Gîtâ, Shrî Aurobindo
La voie soufie, Faouzi Skali
Prendre soin de l'être. Philon et les thérapeutes d'Alexandrie, Jean-Yves Leloup
La pratique du Zen, Taisen Deshimaru
Le « Notre Père ». Une lecture spirituelle, Jean-Yves Leloup
Le miroir des âmes simples et anéanties, Marguerite Porete
Job sur le chemin de la lumière, Annick de Souzenelle
L'Égypte intérieure ou les dix plaies de l'âme, Annick de Souzenelle
Les Illuminations de La Mecque, Ibn 'Arabî
Isis l'Éternelle. Biographie d'un mythe féminin, Florence Quentin
Commentaire sur le Mystère de la Fleur d'Or, Carl Gustav Jung
Psychologie du yoga de la Kundalinî, Carl Gustav Jung
Sâdhanâ, Rabindranâth Tagore
L'esprit du yoga, Ysé Tardan-Masquelier

EXTRAITS DU CATALOGUE

Spiritualités vivantes

3. *Les Yogas pratiques*, Swâmi Vivekânanda.
5. *Lettres à l'âshram*, Gandhi.
7. *Trois Upanishads*, Shrî Aurobindo.
13. *L'Enseignement de Râmakrishna*, paroles groupées et annotées par Jean Herbert.
18. *Carnet de pèlerinage*, Swâmi Ramdas.
23. *La Mythologie hindoue, son message*, Jean Herbert.
29. *Âshrams. Grands Maîtres de l'Inde*, Arnaud Desjardins.
53. *L'Art de la réalisation*, Chandra Swami.
69. *Métaphysique et psychologie*, Shrî Aurobindo.
91. *Écrits*, père Henri Le Saux, choisis et présentés par Marie-Madeleine Davy.
127. *Réflexions sur la Bhagavad-Gîtâ*, Jean Herbert.
140. *Le Yoga et Saint Jean de la Croix*, Swâmi Siddheswarananda.
148. *Présence de Râm*, Swâmi Ramdas.
209. *L'Enseignement de Mâ Ananda Moyî*, traduit par Josette Herbert.
210. *Tantra Yoga. Le tantra de la « connaisance suprême »,* Daniel Odier.
218. *L'Enseignement de Râmana Maharshi*, édition intégrale traduite par Eleonore Braitenberg.
222. *Le Mahâbhârata conté selon la tradition orale*, par Serge Demetrian.
223. *Le Râmâyana conté selon la tradition orale*, par Serge Demetrian.
237. *Nâgârjuna et la doctrine de la vacuité,* Jean-Marc Vivenza.
238. *ABC d'une sagesse*, Svâmi Prananpad.
243. *Comprendre le tantrisme*, André Padoux.
267. *Kabir. Une expérience mystique au-delà des religions*, Michel Guay.
303. *Ramana Maharshi au jour le jour.*

Composition Nord Compo
Impression Black Print en mars 2021
Éditions Albin Michel
22, rue Huyghens, 75014 Paris
www.albin-michel.fr
ISBN : 978-2-226-46102-5
N° d'édition : 16172/03
Dépôt légal : avril 2021
Imprimé en Espagne